제4판

스마트시대의 회계의 이해

| 박보영 박종찬 공저 |

UNDERSTANDING OF ACCOUNTING IN THE SMART ERA

창 민 사

제4판 머리말

'스마트시대의 회계의 이해' 초판을 출간한 지 벌써 8년이 지났다. 이번 제4판부터는 서일대학교 스마트경영학과 박보영 교수님이 공동저자로 새롭게 참여하였다. 그동안 수강생들의 질문, 강의하신 교수님들의 피드백을 통해 많은 부분을 수정 · 보완하였지만, 이번 제4판에서 추가 · 수정된 부분은 다음과 같다.

1. 각 장별로 〈객관식 문제〉를 새롭게 추가하였다. 〈객관식 문제〉는 최근 회계 관련 자격시험 기출 문제 중에서 본 교재에서 다룬 내용과 관련된 문제를 사용하였다.
2. 각 장별 〈○×문제〉에 새로운 문제를 추가하였고, 〈연습문제〉를 〈주관식 문제〉로 변경하여, 수정 · 보완하였으며, 〈실제 기업 사례 문제〉를 최신 자료로 교체하였다.
3. 본문에 나오는 실제 기업의 재무제표 또는 재무제표 주석 예시를 최신 자료로 교체하였다.
4. 본문에서 실무를 소개하는 〈Accounting in Practice〉의 내용에 '회계 관련 자격시험', '원천징수와 연말정산'을 추가하고, 기존의 내용을 최신 사례로 교체하였다.
5. 2027년부터 적용될 K-IFRS 제1118호의 새로운 손익계산서의 양식에 대한 설명을 〈제3장 보론〉에 새롭게 추가하였다.

6. 제조기업의 제조원가 개념을 확장하여 커피전문점의 커피 한 잔의 원가 산출에 관한 내용을 〈제4장 보론〉에 새롭게 추가하였다.
7. 그동안 제기된 수강생들의 질문을 바탕으로 보충 설명이 필요한 부분을 수정 · 보완하였다. 특히, 제1장의 외부감사, 제2장의 차변과 대변의 기원, 총계정원장의 그림과 설명, 〈보론〉의 회계와 복식부기의 역사, 제5장 대손충당금 분개, 제7장 단기차입금, 제8장 자본금의 변동, 제9장 실제 기업 사례, 제10장 재무비율 등을 수정 · 보완하였다.
8. 제10장 재무제표 분석의 실제 사례를 최근 급성장 중인 ㈜CJ올리브영으로 변경하였고, ㈜쿠팡과 ㈜아성다이소와의 비교 분석을 포함하였다.

본 교재를 사용한 수업에서 제기된 수강생들의 다양한 질문과 피드백은 이번 개정 작업에서도 많은 도움이 되었다. 회계에 관심을 갖고 질문과 피드백을 아끼지 않은 모든 학생들에게 고마운 마음을 전한다. 제4판 출간에 도움을 주신 창민사의 윤동구 사장님과 출판에 관여하신 모든 분들께도 깊이 감사드린다. 끝으로, 저자들이 연구와 강의에 전념할 수 있도록 늘 아낌없는 응원과 지지를 보내준 가족들에게 무한한 감사를 표한다.

2025년 8월

박보영, 박종찬

머리말

경영학자 피터 드러커는 말하기를 "기업의 목적은 새로운 제품과 서비스를 제공함으로써 고객을 만족시키는 것"이라고 했다. 몇 년 전에 읽은 일본의 베스트셀러 경영도서, "만약 고교야구 여자 매니저가 피터 드러커를 읽는다면"에서는 야구부 매니저가 피터 드러커 식으로 야구부의 목적을 고민한 결과 야구부는 야구부원, 학생 등의 고객에게 감동을 주는 것을 목적으로 한다는 결론에 도달하였다. 나는 이 책을 읽다가 나의 회계 강의의 목적은 무엇일까를 생각해 보았다. 나의 강의의 고객은 수강생이고 따라서 나의 강의의 목적은 회계 강의 수강생을 만족시키는 것, 더 나아가서는 수강생에게 감동을 주는 것이라고 결론지었다. 이때부터 나는 강의에 임하는 자세가 더욱 진지해졌고 강의실로 가는 발걸음 또한 더 가벼워졌다. 강의의 목적이 분명해졌기 때문이다.

회계 강의 수강생에게 감동을 주기 위해서는 회계가 재미있어야 한다. 그러나 많은 사람들은 회계에 흥미를 느끼지 못하고 그래서 그다지 좋아하지 않는다. 그 이유가 여러 가지 있겠지만 가장 큰 이유는 복식부기의 기본원리를 터득하지 못한 상태에서 계속 새로운 개념의 이해를 강요받기 때문이라고 본다.

이 책은 회계를 처음으로 배우고자 하는 사람에게 회계를 가능한 이해하기 쉽고 재미있게 설명하여 독자들에게 감동을 주겠다는 목적에서 저술하였다. 15년 넘게 회계를 가르치면서 이해하기 쉬운 회계 책을 써 보겠다는 생각을 갖고 있었고 그 첫 번째 결실이 바로 이 책이다. 이 책의 특징은 다음과 같다.

첫째, 기업의 회계부서에서 거래를 기록하는 직원보다는 그 외의 부서 직원이 훨씬 더 많은 만큼 거래의 기록 위주의 회계교육에서 탈피하여 스마트시대에 걸맞게 재무제표 정보의 이해를 위주로 서술하였다.

둘째, 회계의 기본인 복식부기의 기본원리를 암기할 필요 없이 읽고 이해할 수 있도록 설명하였다.

셋째, 재무제표 간의 연관성에 중점을 두어 서술하였고, 초보 단계에서는 잘 다루지 않지만 중요성이 증가하고 있는 현금흐름표를 자세히 설명하였다.

넷째, 기업의 상당수를 차지하는 제조기업의 회계를 소개하고, 제조원가의 산출과정을 알기 쉽게 설명하였다.

다섯째, 가능한 많은 실제 기업의 사례를 소개하였으며 매 장마다 실제 기업의 사례 문제를 추가하여 현실에서 회계가 실제로 어떻게 적용되는가를 이해할 수 있도록 노력하였다.

좋은 책을 쓰고자 많은 고민과 노력을 하였으나 도중에 부족함도 많이 느꼈던 것도 사실이다. 아무쪼록 이 책이 회계를 이해하는데 도움이 되고, 앞으로 더 많은 회계 공부를 하기 위한 계기가 되기를 바란다.

마지막으로 이 책이 나오기까지 도움을 주신 분들에게 고마움을 전하고 싶다. 먼저, 책을 쓰고 싶다는 생각을 행동으로 옮길 수 있도록 격려해 주시고 책의 제목까지도 추천해 주신 이상범 전 서울시립대학교 총장님께 감사의 말씀을 전하고 싶다. 다음으로 원고를 교정해 주고 좋은 아이디어를 제공해 준 서울시립대학교 일반대학원 경영학과 석사과정생 최진희 양과 서울시립대학교 경영학부 졸업생 이민주 공인회계사에게도 감사한 마음을 전한다. 사랑스런 쌍둥이를 돌보느라 매일 녹초가 되는 아내와 늘 든든한 후원자가 되어주신 부모님께도 고마움을 전하고 싶다. 끝으로 창민사의 윤동구 사장님과 이 책의 출판에 관여하신 모든 분들께도 감사드린다.

2017년 1월

박 종 찬

차 례

제1장 회계와 재무제표

제2장 회계순환과정

제5장 유동자산의 주요 계정

제6장 비유동자산의 주요 계정

제7장 부채의 주요 계정

제8장 자본의 주요 계정

제9장 현금흐름표

제10장 재무제표 분석

제 1 장

회계와 재무제표

1.1 회계의 정의와 역할

회계(accounting)는 기업을 비롯한 여러 조직에서 특정 기간 동안 발생한 경제적 거래를 기록한 후 정기적으로 그 결과를 요약하여 정보가 필요한 사람들에게 제공하는 일련의 과정을 말한다. 회계와 더불어 **부기**(bookkeeping)라는 용어가 흔히 사용되는데, 부기는 발생한 거래를 기록하는 것을 뜻하는 것으로서 회계의 일부분으로 볼 수 있다.

주변에서 가장 쉽게 접할 수 있는 부기는 가계부일 것이다. 가계부는 한 가정의 현금 수입과 현금 지출을 날짜별로 기록한 것으로 한 달 동안의 가계부 기록을 통하여 들어온 현금과 지출된 현금이 얼마인지를 날짜순으로 볼 수 있고, 잔액이 실제로 보유하는 현금과 일치하는지 여부도 파악할 수 있다. 또한 불필요한 지출이 무엇이고, 전월과는 어떤 차이가 나는지도 비교할 수 있기 때문에 돈을 절약하여 저축하는데 도움을 준다. 그러나 가계부는 특정인에게 기록한 결과를 제공하는 절차가 없으므로 회계라고는 볼 수 없다.

또 다른 부기의 사례로 각종 모임에서 현금의 출납을 담당하는 총무가 작성하는 현금출납부를 들 수 있다. 총무는 1년간 회원으로부터 회비를 징수하여 그 돈을 여러 가지 활동에 지출하게 되고, 이 모든 거래를 기록하여 연말 모임에서 그 결과를 요약하여 회원들에게 보여주는 절차를 따르게 된다. 이러한 일련의 과정은 거래의 기록에서 요약된 결과를 전달하는 과정을 모두 포함하므로 회계라고 볼 수 있다.

한편, 여기서 총무가 현금출납 기록을 올바르게 한 것인지를 확인하기 위해 **감사**(auditor)라는 직책을 갖는 회원이 별도로 있어 감사보고의 형식으로 1년 기록의 요약을 보여주고 직접 설명하기도 한다.

회계의 필요성은 최근 모 대학의 단과대학 학생회 간부에 의한 학생회비 유용 사례를 통해서 알 수 있다.[1] 학생회 간부가 학생회비를 사적으로 유용했다가 다른 학생의 고발 등에 의해 발각된 사건이다. 학생회는 학생들이 납입한 회비를 투명하게 사용하고, 그 결과를 학생들에게 보고할 의무가 있다. 위 사건에서는 학생회의 재무부장이 사용내역을 학생들에게 공개하지 않는 상황에서 사적으로 학생회비를 사용한 도덕적 해이의 전형적인 예라고 볼 수 있다.[2]

학생회비의 집행에 대해 아는 사람이 극소수인 상황에서는 사적으로 유용하더라도 남들이 알 수 없을 것이라는 생각이 들기 쉽다. 학생회의 재무부장이 학생회비와 관련된 수입과 지출 내역을 빠짐없이 기록하고 거래증빙이 되는 영수증을 반드시 보관하도록 의무화하며, 감사의 직책을 맡은 제3자로 하여금 사용내역을 검토하게 하는 일련의 프로세스를 마련한다면 위와 같은 도덕적 해이를 사전에 방지하고 투명한 자금집행이 가능할 것이다.

최근에는 시민단체가 기부금의 사용을 기록하고 그 결과를 공시하는데 부적절함이 발견되어 사회적 논란이 일기도 했다. 특히 기부금으로 운영되고 세금 혜택도 받는 공익법인은 기부자에 대한 예우를 위해서라도 기부금의 사용에 관한 결과를 정기적으로 보고하는 것이 필요하다.[3]

회계가 없다면 조직 구성원을 대표해서 업무를 맡은 사람이 자금을 올바르게 집행하였는가에 대한 확신을 가질 수 없을 것이며, 조직의 자금 사정, 재산과 채무 내역, 수입과 지출의 정도를 올바르게 파악할 수 없게 된다.

---

1) 이학준, 김태호, "반복되는 대학 학생회 공금 횡령…'솜방망이 처벌로는 재발 못 막아'", 조선비즈, 2022.05.06.; 이가영, "뒤늦게 돌려놨지만…평생 전과기록 남긴 대학 학생회비 횡령사건", 중앙일보, 2019.07.09.; 김은경, "서울 소재 대학에서 학생회비 유용 논란으로 '시끌'", 연합뉴스, 2015.10.05. 등

2) 도덕적 해이(moral hazard)란 정보의 비대칭 상황에서 정보를 갖지 않은 측이 볼 때 정보를 가진 측이 취하는 바람직하지 않은 행동을 뜻한다. 예를 들면, 화재보험 가입자가 화재보험 가입 후 화재 예방을 등한시하는 것을 들 수 있다.

3) 김동욱, "시민단체, 회계 오류를 작은 실수로 치부하는 게 큰 문제", 한국일보, 2020.6.29.

특히, 기업에게 회계는 없어서는 안 될 꼭 필요한 활동 중의 하나이다. 기업이 계속 생존하기 위해서 이익창출이 반드시 필요하기에 기업이 이익을 내고 있는가를 파악하는 것이 매우 중요하고, 만약 적자를 내고 있다면 그 원인을 파악하고 대책을 강구해야 할 것이다.

회계는 기업 내부의 경영진에게 경영성과를 숫자로 보여줌으로써 영업이 올바로 되고 있는지를 알려주며, 부진할 경우 문제점을 찾고 대안을 모색하게 만드는 계기판의 역할을 한다. 또한 회계는 기업 외부의 투자자와 채권자에게 해당 기업에 관한 정보를 제공함으로써 그들의 투자와 대출에 대한 의사결정에 도움을 주어 효율적인 자금배분을 달성하는 역할도 수행한다.

1.2 회계의 분류

회계는 크게 재무회계, 관리회계, 세무회계, 회계감사 등으로 분류된다. **재무회계**(financial accounting)는 기업이 외부로부터 자금을 조달하기 위해 거래를 기록하고, 이를 요약하여 기업의 재무 상태, 경영성과, 현금흐름에 관한 표를 작성하는 것과 관련된 분야이다. 이 책은 주로 재무회계와 관련된 내용을 다룬다. 재무회계에 관한 교과목으로는 회계원리, 중급회계, 고급회계(연결회계), 재무제표분석 등이 있다.

관리회계(management accounting)는 회사 내부 경영자의 의사결정을 위해 필요한 정보를 제공하는 것과 관련된 분야로, 예를 들면, 제품의 제조원가를 산출하고, 사업부서별 경영성과를 측정한다. 관리회계에 관한 교과목으로는 원가회계, 관리회계 등이 있다.

세무회계(tax accounting)는 일정 기간 기업활동의 결과로 국가에 납부해야 할 세금을 계산하는 것과 관련된 영역이다. 세무회계에 관한 교과목으로는 세무학개론, 세무회계, 소득세법, 법인세법 등이 있다.

회계감사는 타인이 작성한 재무제표가 회계기준에 따라 적정하게 작성되었는지를 검토한 후 적정여부에 대한 의견을 표명하는 것과 관련된 분야이다. 그 밖에도 국가, 지방자치단체, 비영리기관의 회계를 다루는 **비영리회계**(nonprofit organizations accounting), 컴퓨터와 정보기술을 이용한 회계처리 및 회계정보의 분석 시스템 구축을 다루는 **회계정보시스템**(accounting information system)도 회계의 한 부분이다.

1.3 부 기

가계부는 한 가정의 경제적 거래 중 현금의 입출금을 기록한다. 가장의 월급이 들어오면 수입으로, 아파트 관리비를 비롯한 각종 생활비를 현금으로 지급하면 지출로 기록하는데 이와 같은 기록방법을 **단식부기**(single-entry bookkeeping)라고 부른다. 단식부기의 가장 큰 장점은 누구라도 사용할 수 있을 정도로 쉽다는 점이다. 현행 세법은 규모가 작은 이른바 간편장부대상자에 해당하는 사업자에게는 단식부기에 해당하는 간편장부를 사용하는 것을 허용하고 있다.

〈표 1.1〉은 부동산임대업을 하는 간편장부대상자가 3월에 발생한 거래를 단식부기로 기록한 간편장부의 예를 보여 준다.

한편, 대부분의 기업이 경제적 거래를 기록하는 방법은 단식부기가 아닌 **복식부기**(double-entry bookkeeping)이다. 복식부기는 단식부기와는 달리 왼쪽(**차변**)과 오른쪽(**대변**)으로 나누어 기록하고, 왼쪽의 합과 오른쪽의 합은 거래마다 일치해야 한다. 이것을 대차균형의 원칙이라고 하는데 이러한 자기검증 기능으로

표 1.1 간편장부 작성사례

일 자	계정과목	거래내용	거래처	수 입		비 용	
				금 액	부가세	금 액	부가세
3. 5	매출	임대료 수입 (현금)	1호 미소분식	1,000,000	100,000		
3. 9	소모품비	화장실 용품 (현금)	대림슈퍼			100,000	
3. 15	매출	임대료 수입 (현금)	2호 K텔레콤	2,000,000	200,000		
3. 20	소모품비	청소 용품 (현금)	서울철물			200,000	
3. 23	접대비	거래처 접대 (현금)	북경반점			300,000	
3. 29	제세공과금	전기요금 (현금)	한국전력			150,000	15,000
3월계				3,000,000	300,000	750,000	15,000

인하여 복식부기는 단식부기보다 금액의 오류가 발생할 가능성이 적고, 기록한 자료를 토대로 기업의 경영성과와 재무 상태에 대한 보고서를 작성하기가 상대적으로 수월하다는 장점이 있다.

예를 들어, 현금을 타인에게 빌려준 거래를 단식부기로 기록하면 현금의 지급만 기록되지만, 복식부기에서는 현금의 지급과 함께 앞으로 빌려준 돈을 받을 권리의 발생도 함께 기록한다. 〈표 1.2〉는 〈표 1.1〉에 나오는 거래를 복식부기로 기록한 것이다. 거래의 기록을 보면 날짜별로 왼쪽(차변)과 오른쪽(대변), 양쪽의 합은 일치함을 볼 수 있다. 복식부기의 자세한 방법은 제2장에서 상세히 논의한다.

표 1.2 복식부기를 이용한 기록의 예

날 짜	계정과목	차변(왼쪽)	대변(오른쪽)
3월 5일	현 금 부가세예수금 임대료	1,100,000	 100,000 1,000,000
3월 9일	소모품비 현 금	100,000	 100,000
3월 15일	현 금 부가세예수금 임대료	2,200,000	 200,000 2,000,000
3월 20일	소모품비 현 금	200,000	 200,000
3월 23일	접대비 현 금	300,000	 300,000
3월 29일	전력비 부가세대급금 현 금	150,000 15,000	 165,000

1.4 재무 상태

기업은 모든 경제적 거래를 기록한 후 이해관계자들에게 **재무제표**(financial statements)의 형태로 회계정보를 요약하여 제공한다. 여기서 재무란 돈과 재산에 관한 일을 뜻하는 것으로, 재무제표는 기업의 재무에 관한 4개의 보고서와 주석을 의미하는데 대표적인 것으로 재무 상태를 나타내는 **재무상태표**(statement of financial position), 재무적 경영성과를 보여주는 **손익계산서**(income statement)가 여기에 포함된다.[4)]

4) 그 밖에 **자본변동표**(statement of changes in equity)와 **현금흐름표**(cash flow statement)가 있다.

그림 1.1 **개인(안윤택 씨)의 재무 상태**

개인이 소유한 **재산** 총 11억원 – 현금 1억원 – 아파트 10억원 (시가 5억원×2채)	**채 무**(빚) 총 8억원 – 은행 차입 8억원
	내(안윤택 씨) **몫** 총 3억원 (=11억–8억) – 재산에서 채무를 빼고 남은 것

개인의 재무 상태를 파악하기 위해서는 우선 그 사람이 어떤 재산을 소유하고 있는가를 알아야 한다. 그러나 재산 소유내역만으로 그 사람의 진정한 재무 상태를 파악하기는 어렵다. 예를 들어, 안윤택 씨가 현금 1억원과 시가 5억원의 아파트 두 채를 소유하고 있다면, 그의 재산이 총 11억원에 이르기 때문에 그가 부자이고 재무 상태가 좋을 것이라고 단정하기 쉽다.

하지만 안윤택 씨가 그의 재산을 취득하기 위해 은행으로부터 차입한 돈이 8억원에 달한다면, 그의 재산에서 은행 빚을 뺀 그의 몫은 3억원에 불과하므로 빚 없이 현금 1억원과 시가 5억원의 아파트 한 채만 보유한 사람보다 재무 상태가 양호하지 못하다고 볼 수 있다. 따라서 개인의 재무 상태를 파악한다는 것은 [그림 1.1]과 같이 개인이 보유한 재산과 채무(빚)를 함께 파악함으로써 그 사람의 몫이 얼마인가를 보는 것이다.

기업의 재무 상태를 보여주는 재무상태표는 크게 자산, 부채, 자본으로 구성된다. **자산**(assets)은 기업이 소유하고 있는 경제적 자원으로 일반적으로 재산이라고 일컫는 것을 의미한다.[5] 대표적인 자산은 현금, 상품, 토지, 건물, 기계장치, 특허권 등이 있다.

부채(liabilities)는 채권자에게 현금이나 기타 자산을 지급할 의무를 뜻하는

---

5) 국제회계기준위원회가 제정하였고 한국회계기준원이 채택한 '재무보고를 위한 개념체계'가 정의하는 자산은 "과거 사건의 결과로 기업이 통제하는 경제적 자원이다."

것으로 차입금, 기업이 발행하여 만기에 상환할 의무가 있는 회사채 등이 부채에 해당한다.[6] 마지막으로 **자본**(capital 또는 owner's equity)은 우리가 일상생활에서 사용하는 자본의 의미와는 달리 자산에서 부채를 차감하고 남은 것을 의미하는 것으로 **순자산**(net assets)이라고도 하며, 기업이 소유한 자산 중 기업 소유주에게 돌아갈 몫을 뜻한다.[7] 회계에서의 자본은 영어로는 주로 owners' equity로 사용되는데 이는 기업 소유주의 몫이라는 뜻이다.

예를 들어, 어떤 기업의 자산 합계가 100억원이고, 부채 합계가 40억원이라면, 자본은 자산에서 부채를 차감한 부분을 나타내므로 자산 100억원에서 부채 40억원을 차감한 60억원이 된다. 그리고 이는 기업이 현재 소유한 자산이 100억인데 앞으로 채권자에게 지급할 금액이 40억원이며, 그 나머지인 60억원이 기업 소유주에게 돌아갈 몫이라는 의미가 된다.

만약, 이 기업이 주식회사라면 주식회사의 소유주는 주주이므로 자본은 주식회사가 소유한 자산에 대한 주주의 몫을 나타내는 것이다. 요약하면, 기업의 재무 상태는 [그림 1.2]와 같이 기업이 소유한 자산, 기업의 부채, 그 결과로서 기업 소유주의 몫(자본)을 나타낸 것이다.

그림 1.2 **기업의 재무 상태**

<table>
<tr><td rowspan="2">**자 산** 100억원
(기업이 소유한 재산)</td><td>**부 채** 40억원
(기업이 장래에 지급할 의무)</td></tr>
<tr><td>**자 본** (순자산) 60억원 (=100억−40억)
(자산에서 부채를 빼고 남은 것으로
기업의 소유주에게 돌아갈 몫)</td></tr>
</table>

6) '재무보고를 위한 개념체계'가 정의하는 부채는 "과거 사건의 결과로 기업이 경제적 자원을 이전해야 하는 현재 의무이다."

7) '재무보고를 위한 개념체계'가 정의하는 자본은 "기업의 자산에서 모든 부채를 차감한 후의 잔여지분이다."

1.5 회계등식

자산, 부채, 자본의 관계를 보다 자세히 알아보기 위해 아파트 등에 경비서비스를 제공하는 주식회사 안심경비를 설립하여 1개월간 운영하고 있는 남경호 씨의 사례를 들어 보자. 4월에 발생한 (주)안심경비의 거래내역은 다음과 같다.

4월 1일	1인 주주 남경호는 경비서비스를 제공하는 주식회사 안심경비의 설립등기를 완료하였으며, 회사통장을 개설하여 3,000만원을 입금함.
4월 2일	사무실에서 사용할 책상, 의자, 컴퓨터 등 비품의 구입을 위해 현금 600만원을 지급하고, 필기구, 종이 등 소모품 구입으로 현금 10만원을 지불함.
4월 3일	자금을 추가로 조달하기 위해 은행에서 현금 1,000만원을 1년 만기, 매달 초 이자 지급(연이자율 6%, 첫 이자 지급은 5월 1일)의 조건으로 대출함.
4월 8일	행복아파트와 4월 16일부터 1년간의 경비서비스 계약을 체결하고, 경비서비스 제공의 대가로 하루당 40만원을 받기로 함.
4월 12일	경비직원 4명을 (주)안심경비 직원으로 채용함.
4월 16일	행복아파트에 대한 경비서비스 제공을 시작함.
4월 30일	행복아파트로부터 15일간 경비서비스에 대한 대가로 현금 600만원을 수령함.
4월 30일	경비직원 4명과 남경호 본인의 4월 급여로 총 400만원을, 4월 사무실을 임차한 대가로 100만원을, 4월 사무실의 전기 사용료로 5만원을 각각 현금으로 지급함.

4월 1일, 1인 주주 남경호가 (주)안심경비의 회사 은행계좌에 3,000만원을 입금함으로써 (주)안심경비는 최초의 자산인 현금 3,000만원을 보유하게 된다.[8] 만약, 단식부기를 사용한다면 현금 3,000만원의 유입만을 기록하면 되지

8) 주주에 의한 사업자금의 제공을 **출자**(出資)라고 한다.

만, 복식부기를 사용하는 경우는 유입된 3,000만원의 원인을 살펴서 원인에 따라 부채 또는 자본의 3,000만원 증가도 함께 기록한다.

주주가 출자한 (주)안심경비의 현금 3,000만원은 (주)안심경비가 미래에 주주에게 상환할 의무가 있는 것은 아니므로 부채가 아니다. 앞서 회계에서 자본을 소유주의 몫이라고 정의했으므로 주주 남경호가 출자한 3,000만원은 주주의 몫, 즉 자본에 해당한다. 따라서 4월 1일 주주 남경호의 현금 3,000만원 출자 후 (주)안심경비는 자산과 자본에 관한 다음의 관계가 성립한다.

〈자 산〉	=	〈자 본〉	
현 금 3,000만원	=	자본금 3,000만원	(1)

여기서 현금, 자본금과 같이 자산, 자본, 부채 등에 속하는 여러 항목들의 증가와 감소를 기록하기 위해 세분화한 단위를 회계에서는 **계정**(account)이라고 하고, 계정의 명칭을 **계정과목**(account name)이라고 부른다. 위의 등식 (1)의 등호 왼쪽은 남경호의 3,000만원 출자 직후 (주)안심경비가 현금 3,000만원의 자산을 보유하게 되었음을 의미하고, 등호 오른쪽의 자본금 3,000만원은 (주)안심경비의 자산 3,000만원이 주주(남경호)가 출자한 것임을 나타내는 것이다.

회계에서 **자본금**은 주주로부터의 납입금액을 기록하는 계정과목이다. 등식 (1)을 통하여 (주)안심경비는 아직 부채가 없으며 부채가 없을 경우 '자산=자본'이 성립하고, 이는 (주)안심경비의 모든 자산은 1인 주주인 남경호의 몫임을 의미한다.

4월 2일 (주)안심경비는 사무실에서 사용할 책상, 의자, 컴퓨터 등의 비품 구입에 600만원을, 사무용품의 구입에 10만원을 현금으로 지급하였다. 이 거래 직후 (주)안심경비는 자산과 자본에 관한 다음의 관계가 성립한다.

〈자 산〉		=	〈자 본〉		
현 금	2,390만원		자본금	3,000만원	(2)
비 품	600만원	=			
소모품	10만원				
자산총계	3,000만원	=	자본총계	3,000만원	

(주)안심경비가 구입한 책상, 의자, 컴퓨터 등 회사가 1년이 넘는 기간 동안 사용하는 가구와 전자제품은 **비품**(equipment)이라는 계정과목에 기록한다. 반면, 종이, 문구류 등과 같이 1년 이내에 소비하는 물품은 **소모품**(supplies)이라는 계정과목에 기록한다. 비품과 소모품의 현금 구매로 (주)안심경비의 보유 현금은 3,000만원에서 610만원이 감소하여 2,390만원이 되고, 새로운 자산인 비품이 600만원, 소모품이 10만원 증가한다.

등식 (2)를 통해 (주)안심경비의 자산이 현금 3,000만원에서 지금은 현금 2,390만원, 비품 600만원, 그리고 소모품 10만원으로 변경되었으나 자산의 총계(총자산)는 여전히 3,000만원으로 변함없음을 알 수 있다. 또한 등식 (2)는 (주)안심경비의 자산인 현금 2,390만원과 비품 600만원 및 소모품 10만원의 취득은 모두 주주가 출자한 3,000만원을 원천으로 하고 있으며, (주)안심경비의 모든 자산은 주주의 몫임을 나타낸다.

4월 3일 (주)안심경비가 은행으로부터 1,000만원을 대출받은 후에는 자산, 부채, 자본에 관한 다음의 관계가 성립한다.

〈자 산〉		=	〈부 채〉		+	〈자 본〉		
현 금	3,390만원		차입금	1,000만원		자본금	3,000만원	(3)
비 품	600만원	=			+			
소모품	10만원							
자산총계	4,000만원	=	부채총계	1,000만원	+	자본총계	3,000만원	

(주)안심경비의 보유 현금은 은행으로부터 받은 현금 1,000만원이 추가되어 2,390만원에서 3,390만원으로 증가하고, 은행으로부터 빌린 1,000만원은 (주)안심경비가 만기에 상환할 의무가 있으므로 부채에 **차입금**(debt)이라는 계정과목으로 1,000만원이 새롭게 추가된다. 차입금 1,000만원의 의미는 (주)안심경비의 자산 중 1,000만원은 은행 차입으로 조달된 것임을 나타내고, 해당 금액만큼은 주주가 아닌 은행(채권자)의 몫임을 표시하는 것이다.

은행 대출로 인하여 (주)안심경비의 총자산은 4,000만원이고 이는 현금, 비품, 소모품으로 구성되어 있다. 한편, 등식 (3)의 등호 오른쪽이 의미하는 바는 총자산 4,000만원 중 1,000만원은 채권자인 은행 몫이며, 나머지 3,000만원이 주주인 남경호의 몫임을 나타낸다.

이제까지 식 (1)에서 식 (3)까지의 관계를 살펴보면 등식의 등호 왼쪽에 나오는 자산의 합은 등호 오른쪽에 등장하는 부채와 자본의 합과 같다. 회계에서는 이를 **회계등식**(accounting equation)이라 하는데, 복식부기를 사용하는 기업의 경우, 오류가 없다면 이 등식은 항상 성립해야 한다. 회계등식은 기업이 보유한 자산이 얼마이고, 그중 채권자와 기업 소유주의 몫이 각각 얼마인가를 보여주는 것으로 이를 통하여 자산 중 얼마만큼이 부채 또는 자본을 원천으로 하여 취득한 것인지를 파악할 수 있다.

4월 8일 (주)안심경비는 처음으로 경비서비스를 제공하는 계약을 행복아파트와 체결하였다. 이러한 계약의 체결이 곧바로 자산, 부채, 자본에 미치는 영향은 없기 때문에 회계상의 기록은 필요 없다. 기업과 관련하여 발생한 거래 중 자산, 부채, 자본에 변동을 야기하는 거래를 **회계상 거래**라고 하며, 장부에는 회계상 거래에 대해서만 기록한다. 4월 12일의 경비직원의 채용과 4월 16일의 경비서비스의 개시도 마찬가지로 회계상 거래가 아니므로 기록하지 않는다.

(주)안심경비가 행복아파트에 4월 16일부터 15일 동안 경비서비스를 제공한 대가로 4월 30일 600만원의 현금을 받은 후 자산, 부채, 자본의 관계는 다음

과 같다.

〈자 산〉		=	〈부 채〉		+	〈자 본〉		
현 금	3,990만원		차입금	1,000만원		자본금	3,000만원	(4)
비 품	600만원	=			+	경비서비스수익	600만원	
소모품	10만원							
자산총계	4,600만원	=	부채총계	1,000만원	+	자본총계	3,600만원	

(주)안심경비가 경비용역을 15일간 제공한 대가로 수령한 현금 600만원으로 (주)안심경비의 현금이 600만원 증가하고, 증가한 현금 600만원은 궁극적으로 주주에게 돌아갈 몫이므로 주주의 몫(즉, 자본)도 600만원이 증가한다. 회계에서는 재화를 공급하거나 용역을 제공한 대가로 자산이 증가하고, 이에 따라 주주 몫의 증가를 초래하는 것을 **수익**(revenue)이라 정의한다.[9)]

여기서는 경비서비스를 제공하여 발생한 수익이므로 구체적으로 경비서비스수익 600만원으로 표기하였다. 등식 (4)를 해석하면 (주)안심경비는 자산으로 현금, 비품, 소모품을 포함하여 총 4,600만원을 소유하고 있는데 그중 1,000만원은 미래에 은행(채권자)에 지급될 것이므로 은행 몫이고, 나머지 3,600만원이 주주의 몫이다.

4월 30일 (주)안심경비는 직원에 대한 4월 급여로 400만원을, 4월의 사무실을 빌려 쓴 대가로 100만원을, 4월 사무실에서 사용한 전기 사용료로 5만원을 모두 현금으로 지급하였다. 이 거래 직후 (주)안심경비의 자산, 부채, 자본은 다음의 관계가 성립한다.

---

9) '재무보고를 위한 개념체계'는 수익을 "자본의 증가를 가져오는 자산의 증가나 부채의 감소로서, 자본청구권 보유자의 출자와 관련된 것은 제외"라고 정의한다.

〈자 산〉	=	〈부 채〉	+	〈자 본〉	
현 금 3,485만원 비 품 600만원 소모품 10만원	=	차입금 1,000만원	+	자본금 3,000만원 경비서비스수익 600만원 급 여 (400만원) 임차료 (100만원) 전력비 (5만원)	(5)
자산총계 4,095만원	=	부채총계 1,000만원	+	자본총계 3,095만원	

(주)안심경비는 4월의 직원 인건비(400만원), 사무실 임차료(100만원), 전기 사용료(5만원)로 현금 총 505만원을 지급하였다. 이 거래의 결과 (주)안심경비의 자산인 현금은 505만원이 감소하여 잔액이 3,990만원에서 3,485만원이 되고, 그만큼 자산에 대한 주주의 몫(즉, 자본)도 505만원이 감소한다.

회계에서는 인건비, 사무실 임차료, 전기 사용료의 지급과 같이 수익의 창출과정에서 발생하는 자산의 감소에 따른 주주 몫의 감소를 **비용**(expense)이라 정의한다.[10] 특히, 직원의 월급은 **급여**(salaries expense), 사무실 등을 빌려 쓴 대가는 **임차료**(rent expense), 전기 사용료는 **전력비**(utilities expense)라는 계정과목을 사용한다.

앞의 등식 (5)의 자본에서 급여, 임차료, 전력비 다음에 괄호 안에 표시한 금액은 각각 자본의 감소를 의미한다. 따라서 (주)안심경비는 4월 30일 경비서비스수익으로 자본이 600만원 증가하였고, 급여, 임차료, 전력비로 자본이 총 505만원이 감소하였다. 여기서 총수익에서 총비용을 차감하면 95만원(=600만원−505만원)이 되는데 회계에서는 총수익에서 총비용을 차감한 금액을 **순이익**(net income)이라고 한다.

4월 30일까지 거래의 결과로 자산총계는 4,095만원이고, 이는 부채총계

---

10) '재무보고를 위한 개념체계'는 비용을 "자본의 감소를 가져오는 자산의 감소나 부채의 증가로서, 자본청구권 보유자에 대한 분배와 관련된 것은 제외"라고 정의한다.

1,000만원과 자본총계 3,095만원의 합과 일치하여 회계등식이 성립한다. 등식 (5)는 (주)안심경비가 자산으로 현금, 비품, 소모품을 포함하여 총 4,095만원을 소유하고, 그중 1,000만원은 은행 몫이고, 나머지 3,095만원이 주주의 몫임을 의미한다. 주주의 몫 3,095만원 중 3,000만원은 주주가 주식회사 설립 시 출자한 금액이며, 나머지 95만원은 현재까지 (주)안심경비가 경비서비스사업을 통해 남긴 순이익이다.[11] 따라서 자본은 주주가 출자한 금액(**납입자본**)뿐만 아니라 회사가 사업을 통해 남긴 금액(**가득자본**)도 포함하고 있다.

1.6 회계기준과 외부감사

기업이 경제적 거래를 기록하고 재무제표를 작성하는데 있어 따라야 할 기준을 **회계기준**(accounting standards)이라고 한다. 우리나라에서는 〈표 1.3〉과 같이 적용 대상에 따라 **한국채택국제회계기준**(**K-IFRS**, Korean International Financial Reporting Standards), **일반기업회계기준**(**K-GAAP**, Korean Generally Accepted Accounting Principles), **중소기업회계기준**(Korean Accounting Standards for Small & Medium Enterprises) 등이 사용된다.[12]

한국채택국제회계기준(K-IFRS)은 유가증권 및 코스닥 상장기업, 상장예정기업과 대부분의 금융회사(금융지주, 은행, 증권, 보험, 신용카드, 선물, 자산운용, 종합금융)가 적용하는 회계기준으로서 국제회계기준(IFRS, International Financial Reporting Standards)을 한국어로 번역한 것이다. 우리나라는 2007년 3월 상장기업에 대해 IFRS의 전면 도입을 결정하였고, 2011년부터 상장기업은 K-IFRS를

11) (주)안심경비의 4월 순이익은 95만원에서 결산수정분개를 통해 추가로 25만원의 비용이 더 반영되어 70만원이 되는데 이는 제2장에서 설명한다.

12) 그 밖에 공기업·준정부기관의 회계기준, 지방공기업 결산기준 등이 있다.

표 1.3 회계기준의 체계

종 류	적용대상	외부감사 여부
한국채택국제회계기준 (K-IFRS)	상장(*1) 및 상장예정기업(*2), 금융회사	의 무
일반기업회계기준 (K-GAAP)	외부감사 대상 기업(상장 및 상장예정기업, 금융회사 제외)	의 무
중소기업회계기준	외부감사 대상 이외의 주식회사	면 제

(*1) 상장기업이란 한국거래소가 정한 요건을 충족하여 유가증권시장 또는 코스닥시장에서 주식의 거래가 허용된 기업이다.
(*2) 해당 사업연도 또는 다음 사업연도 중에 상장되려는 기업.

적용하여 재무제표를 작성하고 있다.

2025년을 기준으로 우리나라와 EU 가입국, 영국, 호주를 비롯한 세계 148개 국가가 상장기업에 대해 의무적으로 IFRS를 도입하였고, 일본, 스위스를 비롯한 11개 국가는 상장기업의 IFRS 도입을 허용하고 있으며, 미국, 중국, 인도 등은 IFRS를 도입하고 있지 않다.[13] 그러나 미국은 자국 회계기준과 IFRS를 일치시키려는 노력을 2002년부터 지금까지 해오고 있다.

일반기업회계기준(K-GAAP)은 K-IFRS를 적용하지 않는 외부감사 대상 기업이 적용하는 회계기준으로 K-IFRS에 근접하되, 기업의 작성부담을 완화시키는 차원에서 K-IFRS보다는 간략한 회계기준이다. 마지막으로, 중소기업회계기준은 외부감사 대상이 아닌 소규모 주식회사의 회계처리를 위하여 제정된 회계기준이다.

여기서 **외부감사**(external audit)란 타인이 작성한 재무제표를 독립적인 회계전문가가 검토하여 재무제표가 회계기준에 따라 적정하게 작성되었는지에 관한 의견을 표명하는 절차를 말한다. 우리나라는 주주와 채권자를 비롯한 주식회사와 관련된 이해관계자의 이익 보호를 위해 '주식회사의 외부감사에 관한 법

13) https://www.ifrs.org/use-around-the-world.

률(외감법)'을 제정하여 1981년부터 시행하고 있다. 2018년 11월에는 외감법의 대상 기업에 일부 유한회사를 추가하였고, 외감법의 명칭도 '주식회사 등의 외부감사에 관한 법률'로 변경하였다.[14)]

현행 외감법 제4조와 외감법 시행령 제5조는 외부감사를 받아야 하는 기업을 구체적으로 규정하고 있다. 〈표 1.4〉에 나오는 조건 중 하나라도 해당하는 주식회사 또는 유한회사는 외부감사 대상 기업에 해당한다.

2023년 말을 기준으로 41,212개 외부감사 대상 기업 중 비상장기업이 37,947개로 92.1%를 차지하고, 다음으로 상장기업이 2,642개로 6.4%, 유한회사가 623개로 1.5%를 차지한다.[15)]

외부감사 대상 기업은 공인회계사가 소속한 회계법인 또는 감사반과 감사계약을 체결하여 감사를 받는다.[16)] 회계법인 또는 감사반은 감사 수행 후 감사보고서에 감사의견을 제시하는데 감사의견에는 〈표 1.5〉와 같이 적정의견, 한정의견, 의견거절, 부적정의견이 있다.

적정의견(unqualified opinion)은 재무제표가 회계기준에 따라 공정하게 작성되었다는 의견이고, **한정의견**(qualified opinion)은 감사인이 지정한 재무제표의 일부를 제외하면 회계기준에 따라 공정하게 작성되었거나, 감사를 위한 자료의 부족 등 감사범위의 제한이 중요하지만 전반적이지는 않다는 의견이다. **의견거절**(disclaimer of opinion)은 감사를 위한 자료의 부족 등 감사범위의 제한이 재무제표에 미치는 영향이 중요하고 전반적이어서 감사의견을 표명하지 않는 것이

---

14) 유한회사는 회사에 출자한 금액을 한도로 책임을 진다는 점에서 주식회사와 비슷하나 주식 또는 회사채를 반행한 수 없으므로 대규모 자금 조달이 필요 없는 소규모 기업에 적합하다. 그러나 유한회사가 외부감사 또는 공시 의무가 없다는 점을 이용하여 많은 대규모 외국계 기업들이 주식회사에서 유한회사로 전환함에 따라 주식회사와 유한회사의 차등을 두지 않는다는 취지에서 유한회사를 외감법 대상에 포함하게 되었다.

15) 박승희, "외부감사 대상 회사 수 전년비 9.8%↑…지정회사 수는 급감", new1, 2024.2.1.

16) 회계법인은 공인회계사 7인 이상으로 구성되고, 감사반은 공인회계사 3인 이상으로 구성된다.

표 1.4 외부감사 대상 기업

	조 건
1	상장회사
2	해당 사업연도 또는 다음 사업연도 중에 상장 예정인 회사
3	직전 사업연도 말의 자산총액이 500억원 이상인 회사
4	직전 사업연도의 매출액이 500억원 이상인 회사
5	다음 사항 중 2개 이상인 주식회사 ① 직전 사업연도 말의 자산총액이 120억원 이상 ② 직전 사업연도 말의 부채총액이 70억원 이상 ③ 직전 사업연도의 매출액이 100억원 이상 ④ 직전 사업연도 말의 종업원이 100명 이상
6	다음 사항 중 3개 이상인 유한회사 ① 직전 사업연도 말의 자산총액이 120억원 이상 ② 직전 사업연도 말의 부채총액이 70억원 이상 ③ 직전 사업연도의 매출액이 100억원 이상 ④ 직전 사업연도 말의 종업원이 100명 이상 ⑤ 직전 사업연도 말의 사원*이 50명 이상

* 유한회사의 사원이란 유한회사 설립을 위해 자금을 내어 참여한 사람으로, 주식회사의 주주와 유사한 지위를 가진다.

표 1.5 감사의견의 종류

종 류	내 용
적정의견	재무제표가 회계기준에 따라 공정하게 작성됨.
한정의견	재무제표의 일부를 제외하면 회계기준에 따라 공정하게 작성되었거나, 자료 부족 등 감사범위 제한의 영향이 중요하지만 전반적이지는 않음.
의견거절	자료 부족 등 감사범위 제한의 영향이 중요하고 전반적이어서, 감사의견을 제출할 수 없음.
부적정의견	재무제표가 회계기준에 따라 공정하게 작성되지 않음.

고, **부적정의견**(adverse opinion)은 재무제표가 회계기준에 따라 공정하게 작성되지 않았다는 감사의견이다.

외부감사는 한정된 시간과 예산 내에서 수행되므로 적정의견을 제시한다는 것은 재무제표에 정보의 오류나 누락이 하나도 없음을 보증한다는 것이 아니라, 재무제표 이용자의 의사결정에 영향을 미칠 만한 중요한 오류나 누락이 없이 공정하게 작성되었다는 의미이다.[17)]

유가증권시장 상장기업은 감사범위 제한 사유의 한정의견을 받으면 관리종목으로 지정된다. 감사범위 제한 사유의 한정의견을 연속으로 두 번 받거나 의견거절 또는 부적정의견을 받으면 주식거래가 중지되고, 다음 연도에 적정의견을 받아야 상장이 유지된다. 코스닥시장 상장기업은 감사범위 제한 사유의 한정의견 또는 의견거절 또는 부적정의견을 1회만 받아도 주식거래가 중지되고, 다음 연도에 적정의견을 받고 상장적격성 실질심사를 통과해야 상장이 유지된다.

Accounting in practice

공인회계사와 공인회계사 시험

공인회계사(Certified Public Accountant)는 회계, 감사, 세무 등에 관한 업무를 담당하는 전문가로, 공인회계사 자격을 취득하기 위해서는 금융감독원이 주관하는 공인회계사 시험에 합격해야 한다. 공인회계사 시험은 1차 객관식, 2차 주관식 시험으로 구성된다.

공인회계사 시험에 응시하기 위해서는 대학교 등에서 24학점(회계학·세무 관련 과목 12학점, 경영학 과목 9학점, 경제학 과목 3학점) 이상을 이수하고, 공인영어시험 성적이 합격점수(토플 iBT 71점, 토익 700점, 텝스 340점, 지텔프 레벨2의 65점, 플렉스 625점, 아이엘츠 4.5점) 이상이어야 한다.

금융위원회는 매년 공인회계사 최소선발예정인원을 공고한다(2025년 1,200명).

17) 이를 회계기준에 따라 '중요성의 관점에서' 공정하게 작성되었다고 표현한다.

1차 시험과목은 경영학, 경제원론, 상법(총칙편·상행위편 및 회사편과 어음법 및 수표법을 포함), 세법개론, 회계학(회계원리, 회계이론 및 정부회계 포함)이며, 매 과목 배점 4할 이상, 전 과목 평균 6할 이상인 자 중에서 전 과목 총득점 순으로 최소선발예정인원의 2배수를 선발한다.

2차 시험은 과목은 세법, 재무관리, 회계감사, 원가회계, 재무회계이며, 매 과목 배점의 6할 이상 득점자를 합격자로 선발하는데 절대평가 합격자가 최소선발예정인원에 미달하는 경우 매 과목 배점 4할 이상 득점자 중에서 전 과목 총득점 순으로 미달인원만큼 추가 선발한다.

한편, 1차 시험 합격자는 그 다음 해 2차 시험까지 응시가 가능하다. 1차 시험 합격연도에 실시된 2차 시험에서 6할 이상 득점한 과목은 다음 연도 2차 시험에서 면제된다(부분합격제도).[18]

Accounting in practice

회계 관련 자격시험

기업에서 사용하는 회계·세무 실무프로그램의 처리능력을 인증하는 국가공인 회계·세무 실무 자격시험으로는 한국공인회계사회가 주관하는 AT(Accounting Technician) 시험과 한국세무사회가 주관하는 전산세무회계 시험이 있다. 두 시험 모두 회계정보의 산출과정과 활용능력 그리고 세무정보의 분석과 처리능력에 대해, 객관식 이론시험과 더불어 회계·세무 프로그램을 활용한 실무시험을 통해 검증한다. 다만, 시험과목에서 약간의 차이점이 있으며, 사용하는 프로그램은 다르다.

구체적으로 AT시험은 FAT(Financial Accounting Technician) 시험과 TAT(Tax Accounting Technician) 시험으로 구성되며, 주식회사 더존비즈온의 더존 SMART A 프로그램을 사용하여 검증한다. 단계별 자격등급과 구체적인 시험 구성 그리고 평가범위는 다음의 표와 같다.

---

18) 보다 상세한 내용은 금융감독원 공인회계사시험 안내(http://cpa.fss.or.kr) 또는 공인회계사 길라잡이(http://cpa.fss.or.kr/cpa/bbs/B0000395/list.do?menuNo=1200098)를 참조하기 바란다.

자격등급	시험방법	시험과목(시험범위)	평가비율	합격기준
FAT 2급	이론시험	회계원리	30%	70점 이상 (100점 만점)
	실무시험	전표입력, 결산, 회계정보 분석	70%	
FAT 1급	이론시험	회계원리, 부가가치세법	30%	70점 이상 (100점 만점)
	실무시험	전표입력, 결산, 회계정보 분석, 부가가치세관리	70%	
TAT 2급	이론시험	재무회계, 부가가치세법, 소득세법	30%	70점 이상 (100점 만점)
	실무시험	전표입력, 결산, 부가가치세 관리, 소득세법(근로소득)	70%	
TAT 1급	이론시험	재무회계, 부가가치세법, 소득세법, 법인세법	30%	70점 이상 (100점만점)
	실무시험	전표입력, 결산, 부가가치세 관리, 원천제세, 법인세무조정	70%	

전산세무회계 시험은 전산회계와 전산세무 시험으로 구성되며, 주식회사 뉴젠 솔루션의 케이렙(KcLep) 프로그램을 사용하여 검증한다. 단계별 자격등급과 구체적인 시험 구성 그리고 평가범위는 아래의 표와 같다.

자격등급	시험방법	시험과목(시험범위)	평가비율	합격기준
전산회계 2급	이론시험	회계원리	30%	70점 이상 (100점 만점)
	실무시험	전표입력, 결산, 회계정보 분석	70%	
전산회계 1급	이론시험	회계원리, 원가회계, 부가가치세법	30%	70점 이상 (100점 만점)
	실무시험	전표입력, 결산, 회계정보 분석, 부가가치세관리	70%	
전산세무 2급	이론시험	재무회계, 원가회계, 부가가치세법, 소득세법	30%	70점 이상 (100점 만점)
	실무시험	전표입력, 결산, 부가가치세 관리, 원천제세	70%	
전산세무 1급	이론시험	재무회계, 원가회계, 부가가치세법, 소득세법, 법인세법	30%	70점 이상 (100점 만점)
	실무시험	전표입력, 결산, 부가가치세 관리, 원천제세, 법인세무조정	70%	

아울러, 기업의 회계·세무 실무자로서 업무 수행을 이론시험으로만 평가하는 국가공인 필기 자격시험으로는, 삼일회계법인이 주관하는 재경관리사, 회계관리 1급, 2급 시험이 있고, 한국세무사회가 주관하는 세무회계 1급, 2급, 3급 시험이 있다. 구체적인 단계별 자격등급과 시험 구성 그리고 평가범위는 아래의 표와 같다.

자격등급	시험과목(시험범위)	출제방법	합격기준
재경관리사	재무회계, 세무회계, 원가관리회계	객관식	70점 이상 (100점 만점)
회계관리 1급	재무회계, 세무회계,	객관식	70점 이상 (100점 만점)
회계관리 2급	회계원리	객관식	70점 이상 (100점 만점)
세무회계 1급	법인세법, 소득세법, 부가가치세법, 국세기본법, 조세특례제한법	객관식 주관식	60점 이상 (100점 만점)
세무회계 2급	법인세법, 소득세법, 부가가치세법, 국세기본법	객관식	60점 이상 (100점 만점)
세무회계 3급	법인세법, 소득세법, 부가가치세법	객관식	60점 이상 (100점만점)

한국의 기업과 경영인 ①

정주영과 현대그룹 – 이봐, 해보기나 했어?

정주영은 1915년 강원도 통천군 송전면 아산리 빈농의 6남 2녀 중 장남으로 태어났다. 소학교를 2등으로 졸업하였으나 어려운 집안 형편 때문에 더 이상 진학할 수 없었다. 아무리 노력해도 가난을 벗어날 수 없는 농사일보다는 차라리 막노동이 낫겠다는 생각으로 세 차례나 가출했으나 결국 집으로 돌아온다.

마지막 네 번째로 가출하여 인천 부두의 막노동판, 고려대학교 건설현장, 엿공장 견습공을 거친 후 서울 신당동의 쌀집 점원으로 취직한다. 신속한 배달을 위해 사흘 동안 밤에 자전거 타는 법을 습득하였고, 비가 오는 날에도 쌀이 떨어진 식당 주인을 위해 비를 맞으며 배달하였다. 정리 안 된 창고를 곡물 순으로 정리하여 재고를 파악하기 쉽게 하였고, 부기학원에서 배운 지식을 이용하여 장부를 원장과 고객별 분개장으로 깨끗이 정리하였다. 고객의 주문이 예상되는 시기에 미리 쌀을 들고 방문하는 열성도 보였다. 결국 주인은 자기 아들에게 가게를 물려주지 않고, 정주영에게 쌀가게를 양도하였다. 그러나 중일전쟁으로 쌀 배급제가 실시되면서 쌀가게의 문을 닫게 되었다.

그 후 1940년 '아도서비스'라는 자동차 수리공장을 인수하여 차량 정비로 돈을 벌기 시작하였으나, 화재로 공장과 고객의 차가 소실되고 만다. 그러나 그동안 쌓아온 신용으로 돈을 빌려 다시 시작하였고, 남보다 빨리 고쳐주는 서비스로 재기에 성공한다. 해방 후 자동차 수리공장을 운영하던 정주영은 어느 날 관청에 수금하러 갔다가, 건설업자가 자동차 수리대금보다 훨씬 큰 금액을 수금해 가는 것을 보고, 1947년 건설회사인 현대토건을 설립하였다. 1950년 한국전쟁이 발발하여 부산으로 피난 간 그는 미군부대 통역장교인 동생 정인영(한라그룹 창업)의 도움으로 미군부대에서 건설용역을 수행하였다.

한국전쟁 후 정부 발주공사로 경북 고령교 건설을 수주했으나 홍수와 사고로 큰 손해를 입고, 천신만고 끝에 공사를 완공하였다. 이후 한강 인도교 공사, 단양 시멘트 공장, 화력발전소, 춘천댐 건설에 참여하였고, 해외 진출을 시도하여 1965년 태국 고속도로 건설 수주에 성공하였다. 비록 적자를 보았으나 이후의 해외 진출, 경부고속도로 건설에 소중한 경험이 되었다. 한편, 국내에서는 소양강댐, 부산 항만공사를 우리 기술로 완공하고, 경부고속도로 공사에 유일하게 고속도로 건설 경험이 있는 업체로 참여하여 전체의 40% 구간을 완공하였다.

1973년 오일쇼크 발생 후 현대건설은 외화 획득을 위해 중동진출을 시도한다. 1976년 사우디아라비아의 주베일 항만공사 수주에 성공하여 당시 외환 부족에 시달리던 국가 재정에 크게 기여하였다. 정주영은 중동은 덥고 물이 없어 공사가 불가능하다는 말에, 낮에 자고 밤에 일하며 물은 바닷물을 담수화하거나 수송하여 사용하면 되고, 비가 안 오니 1년 내내 공사가 가능하므로 건설공사 하기가 좋다는 긍정적 마인드로 난관을 돌파한다. 모두가 불가능하다고 했으나 항만공사에 필요한 철 구조물을 울산 조선소에서 제작하여 바지선으로 중동까지 19번에 걸쳐 운반하기도 했다.

정주영은 현대건설을 필두로 이후 현대자동차, 현대중공업, 현대미포조선, 현대상선, 현대종합상사, 현대전자 등을 설립하였고, 1988년 서울올림픽 유치위원장으로서 주도적인 역할을 담당하여 우세하던 일본 나고야를 물리치고 올림픽 개최지 서울 확정을 성취하였다. 1992년 정계에 입문, 통일국민당을 창당하고 대통령 선거에도 출마하였으나 낙선하였다. 1998년 두 차례나 500마리의 소를 싣고 판문점을 통해 북한을 방문하였고, 금강산 관광 등 남북협력사업을 추진하였다. 2001년 3월 서울아산병원에서 86세를 일기로 별세하였다. 정주영의 현대그룹은 현재 현대자동차그룹(현대자동차, 기아, 현대모비스, 현대건설 등), HD현대그룹(HD현대중공업, HD현대미포, HD현대오일뱅크 등), 현대백화점그룹(현대백화점, 현대홈쇼핑 등), 현대그룹(현대엘리베이터, 현대아산 등) 등으로 분리되었다.

참고문헌: 이 땅에 태어나서(정주영, 1998, 솔), 영원한 도전자 정주영(허영섭, 2015, 나남), 시련은 있어도 실패는 없다(정주영, 1991, 제삼기획).

요 약

1. 회계는 어떤 조직 또는 단체에서 특정 기간 동안 발생한 경제적 거래를 기록하여 이를 요약된 형태로 이해관계자에게 제공하는 일련의 과정을 말한다. 특히, 기업은 생존을 위해 이익창출이 반드시 필요하기에 회계는 기업의 경영진에게 경영성과를 숫자로 보여줌으로써 영업이 올바로 되고 있는지, 그리고 성과가 부진할 경우 문제점을 찾고 대안을 모색하게 만드는 계기판의 역할을 한다.

2. 대부분의 기업이 경제적 거래를 기록하는 방법은 복식부기이다. 복식부기는 왼쪽과 오른쪽으로 나누어 거래를 기록하고, 왼쪽의 합과 오른쪽의 합은 거래마다 일치해야 한다. 이를 대차균형의 원칙이라고 하는데 이러한 자기검증 기능으로 인해 복식부기는 금액의 오류가 발생할 가능성이 적고, 기록한 자료를 토대로 기업의 경영성과와 재무 상태에 대한 보고서를 작성하기가 상대적으로 수월하다.

3. 재무제표는 기업의 재무에 관한 네 개의 보고서와 주석을 의미하는데 대표적으로 재무상태표와 손익계산서가 있다. 재무상태표는 자산, 부채, 자본으로 구성된다. 자산은 기업이 소유하고 있는 경제적 자원을 의미하고, 부채는 채권자에게 현금이나 기타 자산으로 지급할 의무를 뜻한다. 마지막으로 자본은 자산에서 부채를 차감하고 남은 것을 의미하는 것으로 순자산이라고도 하며, 기업이 소유한 자산 중 실질적으로 기업 소유주에게 돌아갈 몫을 뜻한다. 기업의 재무 상태는 기업이 소유한 자산, 자산 취득을 위해 기업이 진 부채, 그 결과로서 기업 소유주의 몫(자본)을 나타낸 것이다.

4. 자산의 합은 부채와 자본의 합과 같다. 이를 회계에서는 회계등식이라고 한다. 복식부기를 사용하는 기업에게 이 등식이 모든 거래에서 항상 성립해야 한다. 회계등식은 기업이 보유한 자산이 얼마이고, 그중 채권자와 기업 소유주의 몫이 각각 얼마인가를 보여주는 것으로 이를 통하여 자산 중 얼마만큼이 부채 또는 자본을 원천으로 하여 취득한 것인지를 파악할 수 있다.

5. 자산, 자본, 부채 등에 속하는 여러 항목들의 증가와 감소를 기록하기 위해 세분화한 단위를 회계에서는 계정이라고 하고, 계징의 명칭을 게정과목이라고 한다.

6. 회계기준이란 기업이 거래를 기록하고 재무제표를 작성하는데 있어 따라야 할 기준을 말한다. 우리나라에서는 유가증권 및 코스닥 상장기업 및 상장예정기업과 대부분의 금융회사가 적용하는 한국채택국제회계기준(K-IFRS)과 K-IFRS를 적용하지 않는 외부감

사 대상 기업이 적용하는 일반기업회계기준, 마지막으로 외부감사 대상이 아닌 주식회사가 적용하는 중소기업회계기준이 있다. 일반기업회계기준은 K-IFRS에 근접하되 기업의 작성부담을 완화시키는 차원에서 K-IFRS보다는 간략한 회계기준이다.

7. 외부감사는 타인이 작성한 재무제표를 독립적인 회계전문가가 검토하여 재무제표가 회계기준에 따라 적정하게 작성되었는지에 관한 의견을 표명하는 절차이다. 외감법과 외감법 시행령은 의무적으로 감사를 받아야 하는 기업을 규정하고 있으며, 감사인의 감사의견으로는 적정의견, 한정의견, 의견거절, 부적정의견이 있다.

O×퀴즈 **아래 문장이 옳으면 ○, 틀리면 ×로 답하고 틀린 곳은 올바르게 고치시오.**

1. 부기는 발생한 거래를 기록하는 것을 뜻하는 것으로서 회계의 일부분으로 볼 수 있다.

2. 회계는 어떤 조직 또는 단체에서 발생한 경제적 거래를 기록하여 이를 요약된 형태로 이해관계자에게 보여주는 일련의 활동을 일컫는다.

3. 현행 세법은 모든 사업자에게 복식부기를 사용할 것을 의무화하고 있다.

4. 복식부기는 단식부기와는 달리 왼쪽(차변)과 오른쪽(대변)으로 나누어 기록하고 왼쪽의 합과 오른쪽의 합은 거래마다 일치해야 한다.

5. 재무제표는 재무상태표와 손익계산서, 두 개로 구성된다.

6. 자본은 자산에서 부채를 차감하고 남은 것을 의미하고, 순자산이라고도 불리며 기업이 소유한 자산 중 기업 소유주에게 돌아갈 몫(지분)을 뜻한다.

7. 회계등식에서 부채가 없다면 자산의 합은 자본의 합과 같게 된다.

8. 재화를 공급하거나 용역을 제공한 대가로 자산이 증가하고 이에 따라 주주 몫의 증가를 초래하는 것을 이익이라고 하고, 이익의 창출과정에서 발생하는 자산의 감소에 따른 주주 몫의 감소를 비용이라고 한다.

9. 한국채택국제회계기준(K-IFRS)은 유가증권 및 코스닥 상상기업과 상장예정기업만이 사용하는 회계기준으로서 국제회계기준(IFRS)을 한국어로 번역한 것이다.

10. 외부감사 대상 기업 중 K-IFRS를 적용하지 않는 기업이 적용하는 회계기준이 일반기업회계기준이고, 외부감사 대상 이외의 주식회사가 적용하는 회계기준이 중

소기업회계기준이다.

11. 감사의견 중 적정의견은 피감사인이 작성한 재무제표에 회계정보의 오류나 누락이 없이 회계기준에 따라 공정하게 작성되었음을 감사인이 보증한다는 의미를 담고 있다.

12. 한정의견은 감사인이 지정한 재무제표의 일부를 제외하면 회계기준에 따라 공정하게 작성되었다는 의견이고, 부적정의견은 관련 자료 부족 등의 사유로 감사인이 충분한 감사를 수행하지 못한 경우 제시하는 의견이다.

13. 회사가 1년이 넘는 기간 동안 사용하는 가구, 컴퓨터, 전자제품 등은 비품이라는 계정과목에 기록하고, 1년 이내에 소비하는 종이, 문구류 등은 소모품이라는 계정과목에 기록한다.

14. 자본금은 주주로부터의 납입금액을 기록하는 계정과목이고, 대여금은 은행 등으로부터 갚기로 하고 빌린 금액을 기록하는 계정과목이다.

15. 현행 외감법과 외감법 시행령이 규정하는 외부감사를 의무적으로 받아야 하는 기업은 직전 사업연도 말의 자산총액이 500억원 이상이거나 직전 사업연도 매출액이 500억원 이상인 회사를 포함한다.

16. 재무상태표상의 자본은 주주가 출자한 금액뿐만 아니라 회사가 사업을 통해 획득하였으나 아직 주주에게 배분하지 않은 이익도 포함한다.

17. 한국에서는 주식회사가 아니라면 외부감사를 받을 법적 의무는 없다.

18. 한국에서 비상장기업은 K-IFRS를 적용할 법적 의무는 없다.

19. 유가증권시장 상장기업은 감사범위 제한 사유의 한정의견을 1회만 받아도 상장폐지 대상이 된다.

20. 회계상 거래에 해당되지 않는 경우에는 분개하지 않는다.

제1장 객관식 문제

1. 다음의 설명 중 옳지 않은 것은? 〈전산회계 1급, 2025〉

① 자산은 과거의 거래나 사건의 결과로서, 현재 기업 실체에 의해 지배되고 미래에 경제적 효익을 창출할 것으로 기대되는 자원을 말한다.

② 기업의 자금조달방법에 따라 타인자본과 자기자본으로 구분된다. 부채는 자기자본에 해당되며, 타인으로부터 빌린 빚을 말한다.

③ 자본은 기업실체의 자산 총액에서 부채 총액을 차감한 잔여액 또는 순자산을 말한다.

④ 비용은 기업실체의 경영활동과 관련된 재화의 판매 또는 용역의 제공 등에 따라 발생하는 자산의 유출이나 사용 또는 부채의 증가이다.

2. 다음 중 포괄손익계산서가 제공할 수 있는 재무정보로 가장 적절한 것은? 〈전산회계 1급, 2025 수정〉

① 타인자본에 대한 정보　　② 자기자본에 대한 정보

③ 자산총액에 대한 정보　　④ 경영성과에 대한 정보

3. 다음의 회계 등식 중 옳지 않은 것은?

① 기말자본=기말자산−기말부채

② 기말자산=기말부채+기초자본+당기순이익

③ 기말자본=기초자본+총수익−총비용

④ 기말자산+총비용=기말부채+기말자본+총수익

4. 다음은 ㈜서울의 20×1년 1월 1일부터 20×1년 12월 31일까지의 재무정보이다. 자료를 바탕으로 당기 총수익을 계산하면 얼마인가? 〈회계관리 2급, 2023〉

· 기초자산	300,000원	· 기초부채	80,000원
· 기말자산	370,000원	· 기말부채	90,000원
· 총비용	50,000원	· 추가출자	30,000원

① 80,000원 ② 90,000원 ③ 100,000원 ④ 110,000원

5. 다음 중 감사의견의 종류에 관한 설명으로 옳은 것은? 〈회계관리 2급, 2023〉

① 재무제표의 일부가 기업회계기준에서 정하는 방법대로 회계처리되지 않고, 이것이 재무제표에 중요한 영향을 미치는 경우 적정의견을 표명한다.

② 재무제표에 기업회계기준 위배사항이 없거나 중요하지 않은 경우 한정의견을 표명한다.

③ 회사의 재무제표가 기업회계기준을 심각하게 위배한 경우 부적정의견을 표명한다.

④ 감사인이 재무제표 신뢰가능성에 대한 의견표명에 필요한 충분한 감사증거를 수집하지 못한 경우 한정의견을 표명한다.

제1장 주관식 문제

1. (주)에이스서비스는 20×1년 3월 2일 설립되어 한 달간의 영업을 수행하였다. 3월 말 계정과목별 잔액은 아래와 같다. 다음 물음에 답하시오.

계정과목	잔 액	계정과목	잔 액
현 금	5,290만원	통신비	5만원
비 품	940만원	차입금	2,000만원
자본금	4,000만원	서비스수익	1,110만원
임차료	150만원	급 여	700만원
지급수수료	10만원	전력비	15만원

1) 3월의 순이익은 얼마인가?
2) 3월 말의 자산, 부채, 자본의 총계는 각각 얼마인가?
3) 3월 말 회계등식이 성립하는가를 확인해 보시오.

2. (주)동문컨설팅은 20×1년 4월 1일 설립되어 한 달간의 영업을 수행하였다. 4월 말 계정과목별 잔액은 아래와 같다. 다음 물음에 답하시오.

계정과목	잔 액	계정과목	잔 액
현 금	4,427만원	소모품	150만원
비 품	1,220만원	차입금	3,000만원
자본금	2,500만원	컨설팅수익	1,350만원
임차료	170만원	급 여	840만원
여비교통비	20만원	수도광열비	23만원

1) 4월 (주)동문컨설팅의 주주가 출자한 금액은 얼마인가?
2) (주)동문컨설팅은 4월 30일 은행으로부터 만기 1년으로 현금을 대출하였다. 은행으로부터 대출한 금액은 얼마인가?
3) (주)동문컨설팅이 1년이 넘는 기간 동안 사용할 물품에 해당하는 금액은 얼마인가?

4) 4월 한 달 동안 영업을 통해 자본은 얼마나 증가하였는가?

5) 4월 말 회계등식이 성립하는가를 확인해 보시오.

3. 다음은 ㈜한국서비스의 3월 회계 자료이다. 3월 한 달 동안 주주의 출자 등 주주와 직접 관련된 거래는 없다고 가정할 때 ①~③에 들어갈 금액을 계산하시오.

계정과목	잔 액	계정과목	잔 액
기초 자산총계	6,340만원	기초 부채총계	2,500만원
기초 자본총계	①	총수익	1,260만원
총비용	984만원	기말 자산총계	②
기말 부채총계	2,840만원	기말 자본총계	③

4. 다음은 ㈜해피웨딩의 5월 거래내역이다. 각 거래 발생 후 자산, 부채, 자본의 관계를 아래의 예시와 같이 작성하여 회계등식의 성립여부를 확인하시오.

5월 1일 주주 2인이 웨딩컨설팅을 제공하는 주식회사의 설립등기를 완료하였으며 회사통장을 개설하여 2,000만원을 입금함.

5월 2일 사무실에서 사용할 책상, 의자, 컴퓨터 등 비품의 구입을 위해 현금 1,000만원을 지급하고, 각종 소모품 구입으로 현금 100만원을 지불함.

5월 3일 전직 웨딩플래너 1명과 사무직원 1명을 (주)행복웨딩의 직원으로 각각 월 250만원과 150만원을 지급하는 조건으로 채용함.

5월 4일 추가적인 자금을 조달하기 위해 은행에서 현금 1,000만원을 1년 만기, 매달 초 이자 지급(연이자율 6%, 첫 이자 지급은 6월 1일)의 조건으로 대출함.

5월 8일 (주)행복웨딩의 광고를 위해 인터넷 포털업체에 500만원을 지급함.

5월 31일 한 달 동안 웨딩컨설팅을 제공하여 현금 800만원을 수령함.

5월 31일 직원 급여로 400만원을, 5월 사무실 임차료로 100만원을, 5월 사무실의 전기 사용료로 5만원을 각각 현금으로 지급함..

날 짜	자 산	부 채	자 본
5/1	현 금 2,000만원		자본금 2,000만원
5/2			
5/3			
5/4			
5/8			
5/31			
5/31			

5. 다음은 (주)새롬용역의 5월 회계 자료이다. 5월 한 달 동안 주주의 추가 출자로 자본금이 20억원 증가하였으나 그 외 주주와 직접 관련된 거래는 없다고 가정할 때 ①~③에 들어갈 금액을 계산하시오.

계정과목	잔 액	계정과목	잔 액
기초 자산총계	153억원	기초 부채총계	①
기초 자본총계	80억원	총수익	38억원
총비용	34억원	기말 자산총계	②
기말 부채총계	78억원	기말 자본총계	③

6. 다음 거래가 자산, 부채, 자본에 미치는 영향을 각각 증가, 감소, 변동 없음 중의 하나를 선택하여 답하시오.

1) 은행 차입금 1,000만원을 만기일에 현금 1,000만원을 지급하여 상환하였다.
2) 컨설팅 용역을 제공한 후 대가로 현금 500만원을 수령하였다.
3) 30만원어치의 소모품을 외상으로 구입하였다.
4) 컴퓨터, 책상 등 비품을 현금 300만원을 지급하여 구입하였다.
5) 종업원 출장에 필요한 항공료와 숙박비 300만원을 현금으로 지급하였다.

6) 신규 사업을 위한 자금으로 주주들이 현금 5,000만원을 추가로 출자하였다.

7) 3)번의 외상구입대금 30만원을 현금으로 지급하였다.

7. 다음은 6월 초에 창업한 (주)클린업이 한 달간의 영업 후 6월 말에 보유한 계정과목과 그 잔액을 나타낸 것이다. 다음 물음에 답하시오.

계정과목	잔 액	계정과목	잔 액
현 금	?	비 품	3,000,000
자본금	30,000,000	임차료	2,000,000
수도광열비	100,000	용역수익	8,000,000
차입금	10,000,000	소모품	100,000
급 여	5,000,000	기계장치	6,000,000

1) 6월의 순이익은 얼마인가?

2) 회계등식을 이용하여 현금의 잔액을 구하시오.

8. 아래 표는 회계와 관련된 용어를 설명한 것이다. ①~⑨에 들어갈 용어를 채우시오.

용어	설 명
회계	기업을 비롯한 여러 조직에서 발생한 경제적 거래를 기록한 후 그 결과를 요약하여 정보가 필요한 사람들에게 제공하는 일련의 과정
①	경영자를 위해 필요한 제품의 원가, 사업부서별 경영성과 등의 정보를 제공하는 회계의 분야
②	재무상태표, 손익계산서, 자본변동표, 현금흐름표, 주석을 통틀어서 일컫는 말
③	과거 사건의 결과로 기업이 통제하는 경제적 자원
④	기업의 자산에서 모든 부채를 차감한 후의 잔여지분
⑤	자산, 부채, 자본 등에 속하는 여러 항목들의 증감을 기록하기 위해 세분화한 단위
⑥	기업이 경제적 거래를 기록하고 재무제표를 작성할 때 따라야 할 기준
⑦	재무제표의 일부를 제외하면 회계기준에 따라 공정하게 작성되었거나 자료 부족 등 감사범위 제한의 영향이 중요하지만 전반적이지 않을 때의 감사의견
⑧	재무제표가 회계기준에 따라 공정하게 작성되었을 때의 감사의견
⑨	자료 부족 등 감사범위의 제한의 영향이 중요하고 전반적일 때의 감사의견

실제 기업 사례 문제

1. 아래의 A사, B사, C사, D사에 대해 외부감사인이 작성한 감사보고서의 일부를 보고 감사의견이 무엇인지 답하고, 그 근거가 무엇인지 서술해 보시오.

1) A사

> 우리는 A사(이하 "회사")의 재무제표에 대한 감사계약을 체결하였습니다. 해당 재무제표는 2024년 12월 31일 현재의 재무상태표, 동일로 종료되는 보고기간의 포괄손익계산서, 자본변동표, 현금흐름표 그리고 중요한 회계정책 정보를 포함한 재무제표의 주석으로 구성되어 있습니다.
>
> 우리는 별첨된 회사의 재무제표에 대하여 의견을 표명하지 않습니다. 우리는 이 감사보고서의 ○○○○ 근거 단락에서 기술된 사항의 유의성 때문에 재무제표에 대한 감사의견의 근거를 제공하는 충분하고 적합한 감사증거를 입수할 수 없었습니다.
>
> ○○○○ 근거
> 우리는 2024년 12월 31일로 종료하는 보고기간 동안 발생한 전환사채의 재매입 거래와 동 전환사채로 타 법인의 전환사채 및 주식을 교환 취득한 거래와 관련하여 해당 거래의 경제적 실질 및 타 법인의 전환사채 및 주식의 공정가치 평가에 대하여 충분하고 적합한 감사증거를 확보하지 못하였습니다.
>
> 또한, 회사의 자금거래의 정당성 및 회수 가능성 평가, 특수관계자 범위, 이외에 주요 감사절차 실시에 필요한 충분한 감사증거를 확보하지 못하였습니다. 우리는 이로 인하여 재무제표에 포함되었을 수도 있는 왜곡표시가 당기 말 현재의 재무상태 및 당기의 재무성과와 현금흐름에 미치는 영향을 결정할 수 없었습니다.

2) B사

> 우리는 B사(이하 "회사")의 재무제표를 감사하였습니다. 해당 재무제표는 2024년 12월 31일과 2023년 12월 31일 현재의 재무상태표와 동일로 종료되는 양 보고기간의 손익계산서, 자본변동표 및 현금흐름표 그리고 유의적인 회계정책의 요약을 포함한 재무제표의 주석으로 구성되어 있습니다.
>
> 우리의 의견으로는 별첨된 회사의 재무제표는 이 감사보고서의 ○○○○ 근거단락에 기술된 사항의 유의성 때문에 회사의 2024년 12월 31일과 2023년 12월 31일 현재의 재무상태와 동일로 종료되는 양 보고기간의 재무성과 및 현금흐름을 일반기업회계기준에 따라 중요성의 관점에서 공정하게 표시하고 있지 아니합니다.
>
> ○○○○ 근거
> 주석6에서 설명된 바와 같이, 회사는 보유 중인 유형자산 및 무형자산에 대하여 감가상각비를 계상하지 아니하였습니다. 회사의 유형자산 및 무형자산에 대하여 감가상각을 하였을 경우, 회사의 유형자산 및 무형자산은 2,229백만원이 감소되어야 합니다. 이에 따라 당기순이익은 115백만원이 과대계상되었고 당기말 미처리결손금은 2,229백만원이 과소계상되었습니다.

3) C사

> 우리는 C사(이하 "회사")의 재무제표를 감사하였습니다. 해당 재무제표는 2024년 12월 31일과 2023년 12월 31일 현재의 재무상태표, 동일로 종료되는 양 보고기간의 포괄손익계산서, 자본변동표 및 현금흐름표 그리고 중요한 회계정책 정보를 포함한 연결재무제표의 주석으로 구성되어 있습니다.
>
> 우리의 의견으로는 회사의 재무제표는 ○○○○ 근거문단에 기술된 사항이 미치는 영향을 제외하고는 C사의 2024년 12월 31일과 2023년 12월 31일 현재의 재무상태와 동일로 종료되는 보고기간의 재무성과 및 현금흐름을 한국채택국제회계기준에 따라 중요성의 관점에서 공정하게 표시하고 있습니다.

○○○○ 근거

우리는 2024 회계년도의 감사를 수행하는 과정 중 전기 말인 2023년도 말 재고자산에 대하여 타처 보관 재고자산의 실재성에 대한 문제를 발견하였습니다. 그로 인하여 이 자료로부터 파생할 수 있는 타처 보관 기초재고에 미치는 영향을 확인할 수 없었습니다.

또한 2024년 10월 기업인수와 관련하여 외부 기관에 의하여 실시된 실사자료를 제출받지 못하였습니다. 이 문제를 포함하고 있는 재고자산의 문제가 당기와 전기의 재무제표에 미치는 효과를 확인할 수 없었으며 대체적인 방법으로도 2023년 12월 31일 현재 보유 중인 재고자산 수량에 대하여 만족할 만한 결과를 얻지 못하였습니다.

따라서 기초재고자산 수량에 대한 충분하고 적합한 감사증거를 확보하지 못하였으며 이로 인해 재무제표 금액에 추가적인 수정이 필요한지 여부를 결정할 수 없었습니다..

4) D사

우리는 별첨된 D사(이하 "회사")의 재무제표를 감사하였습니다. 해당 재무제표는 2024년 12월 31일과 2023년 12월 31일 현재의 재무상태표, 동일로 종료되는 양 보고기간의 손익계산서, 포괄손익계산서, 자본변동표 및 현금흐름표 그리고 중요한 회계정책 정보를 포함한 재무제표의 주석으로 구성되어 있습니다.

우리의 의견으로는 별첨된 회사의 재무제표는 회사의 2024년 12월 31일 및 2023년 12월 31일 현재의 재무상태와 동일로 종료되는 양 보고기간의 재무성과 및 현금흐름을 한국채택국제회계기준에 따라 중요성의 관점에서 공정하게 표시하고 있습니다.

감사의견 근거

우리는 대한민국의 회계감사 기준에 따라 감사를 수행하였습니다. 이 기준에 따른 우리의 책임은 이 감사보고서의 재무제표 감사에 대한 감사인의 책임 단락에 기술되어 있습니다. 우리는 재무제표감사와 관련된 대한민국의 윤리적 요구사항에 따라 회사로부터 독립적이며, 그러한 요구사항에 따른 기타의 윤리적 책임을 이행하였습니다. 우리가 입수한 감사증거가 감사의견을 위한 근거로서 충분하고 적합하다고 우리는 믿습니다.

제 2 장

회계순환과정

2.1 차변과 대변

앞 장에서는 (주)안심경비의 설립과 그 이후 발생한 거래가 자산, 부채, 자본에 어떤 영향을 미치는가를 살펴보았다. 본 장에서는 기업이 실무에서 회계상 거래를 기록하는 방법인 복식부기를 설명한다. 복식(複式)이라는 말에서 알 수 있듯이 복식부기란 회계상 거래를 왼쪽의 합과 오른쪽의 합이 같도록 이중으로 기록하는 방법이나. 여기서 왼쪽을 **차변**(借邊, debit), 오른쪽을 **대변**(貸邊, credit)이라 부른다.

차변과 대변에 해당하는 debit과 credit이 각각 왼쪽과 오른쪽을 의미하게 된 것은, 14세기 무렵 이탈리아 북부지방에서 거래를 좌우 대조 형식의 계정으로 기록하기 시작한 데서 비롯되었다.[1] 당시 돈을 빌린 사람(채무자)에 대한 내용은 계정의 왼쪽에, 돈을 빌려준 사람(채권자)에 대한 내용은 계정의 오른쪽에 기록하였다. 이러한 기록 방식은 복식부기로 발전하여 네덜란드를 거쳐 영국으로 전파되었고, 당시 영국에서 발간된 부기서에서는 계정의 왼쪽을 채무자를 뜻하는 라틴어 'debitor', 계정의 오른쪽을 채권자를 뜻하는 라틴어 'creditor'로 번역하였다. 이후 이 용어들을 더 줄여서 현재의 'debit'과 'credit'으로 불리게 된 것이다.

한편, 1873년 일본의 후쿠자와 유키치는 미국의 상업학교용 부기서를 번역하면서 debit을 채무자를 뜻하는 한자 '빌릴 차(借)'로, credit을 채권자를 뜻하는 '빌려줄 대(貸)'로 번역하였다. 이후 1908년, 한국의 임경재는 한국 최초의 서양 부기서 '신편은행부기학'을 발간하면서 debit을 '차변(借邊)'으로, credit을

1) 박종찬, "차변과 대변의 기원과 역사", 2025, 경영교육연구 40(1).

'대변(貸邊)'으로 표기하였고, 이때부터 사용된 차변과 대변이라는 용어는 현재까지도 사용되고 있다.

그러나 지금은 차변과 대변에 다른 많은 계정과목이 함께 기록되므로 원래의 채무자, 채권자의 의미는 남아 있지 않고, 단지 왼쪽과 오른쪽을 지칭하는 회계용어로만 사용될 뿐이다. 회계와 복식부기의 역사에 관해서는 본 장의 〈보론〉에서 상세히 기술한다.

2.2 거래의 기록

복식부기의 원리를 배우는데 있어 가장 중요한 점은 어떤 경우에 차변에 기록하고 어떤 경우에 대변에 기록하는가를 이해하는 것이다. 이것을 이해하지 못할 경우 회계는 암기과목으로 전락하고 흥미를 잃게 된다. 차변과 대변으로 나누어 기록하는 방법은 앞에서 설명했던 회계등식을 이용하면 쉽게 이해할 수 있다.

자산 = 부채 + 자본

위의 회계등식에서 자산은 등호('=')의 왼쪽에, 부채와 자본은 등호('=')의 오른쪽에 위치한다. 회계에서 차변은 왼쪽, 대변은 오른쪽을 의미하므로 자산의 증가는 왼쪽인 차변에, 부채 또는 자본의 증가는 오른쪽인 대변에 기록한다. 감소의 경우는 증가의 반대라고 이해하면 된다. 이를 그림으로 나타내면 [그림 2.1]과 같다.

그림 2.1 자산, 부채, 자본의 차변과 대변 기록 방법

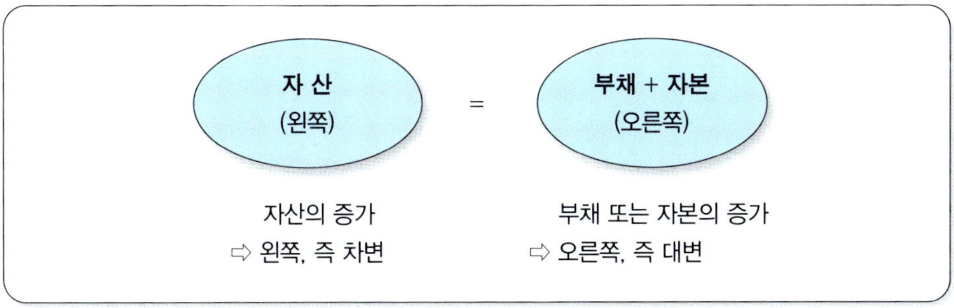

아래에서는 제1장에서 예를 든 (주)안심경비의 4월 거래를 복식부기로 기록하는 방법을 설명한다. 4월 1일 1인 주주 남경호가 (주)안심경비를 창업하고 회사의 은행계좌에 3,000만원을 입금한 거래를 복식부기에서는 아래와 같이 기록한다.

날 짜	차변 (왼쪽)		대변 (오른쪽)	
4월 1일	현　금	30,000,000	자본금	30,000,000

기록은 회사인 (주)안심경비의 입장에서 하는 것이므로 주주의 출자는 (주)안심경비의 입장에서 보면 현금이라는 자산의 증가, 그리고 이는 주주의 출자이므로 자본금이라는 자본의 증가이기도 하다. 따라서 자산의 증가는 왼쪽인 차변이므로, 차변에 현금 3,000만원으로 기록하고, 자본의 증가는 오른쪽인 대변이므로, 대변에 자본금 3,000만원으로 기록한다. 모든 거래의 기록에서 차변과 대변, 양쪽의 합은 일치해야 한다.

4월 2일의 거래는 비품과 사무용품을 현금 610만원을 지급하고 구입한 것으로서 자산인 비품과 소모품의 증가와 동시에 현금의 감소를 동반한다. 따라서 비품과 소모품의 증가는 자산의 증가이므로 왼쪽인 차변, 현금의 감소는 자산의 감소이므로 오른쪽인 대변에 기록한다.

날 짜	차변 (왼쪽)		대변 (오른쪽)	
4월 2일	비 품	6,000,000	현 금	6,100,000
	소모품	100,000		

4월 3일은 은행으로부터 현금 1,000만원을 신용대출(만기 1년, 6% 이자율)로 받은 거래이다. (주)안심경비의 입장에서는 자산인 현금이 1,000만원 증가했으므로 차변에 현금 1,000만원을 기록한다. 이 1,000만원은 만기에 갚기로 약속하고 빌린 돈이므로 부채에 해당하고, 부채의 증가는 오른쪽인 대변에 기록하는데 만기가 1년 이내이므로 **단기차입금**(short-term debt)이라는 계정과목으로 1,000만원을 기록한다.

날 짜	차변 (왼쪽)		대변 (오른쪽)	
4월 3일	현 금	10,000,000	단기차입금	10,000,000

4월 8일 행복아파트와의 경비용역 계약 체결, 4월 12일 경비직원 4명의 채용, 4월 16일 경비서비스의 시작은 자산, 부채, 자본, 수익, 비용에 미치는 영향이 아직 없으므로 회계상으로는 기록이 필요 없다.

4월 30일은 (주)안심경비가 15일간의 경비서비스 제공으로 현금 600만원을 수취한 거래이다. 먼저, (주)안심경비의 입장에서는 자산인 현금이 600만원 증가하였으므로 차변에 현금 600만원을 기록한다. 수취한 현금 600만원은 (주)안심경비가 15일 동안 경비서비스를 제공한 대가로서 궁극적으로는 (주)안심경비의 주주 몫(즉, 자본)의 증가에 해당한다. 앞서 재화를 판매하거나 용역을 제공한 대가로 자산의 증가와 함께 소유주 몫의 증가를 초래하는 것을 수익이라 하였다. 따라서 경비서비스를 제공한 것이므로 경비서비스수익이라는 계정과목으로 대변에 기록한다.[2] 수익을 대변에 기록하는 것은 자본의 증가에 해당하기 때문이다.

---

2) 계정과목명을 '경비용역수익' 또는 '용역수익'으로 해도 무방하다.

날 짜	차변 (왼쪽)		대변 (오른쪽)	
4월 30일	현　금	6,000,000	경비서비스수익	6,000,000

4월 30일 (주)안심경비는 직원 급여 400만원, 사무실 임차료 100만원, 전력비로 5만원을 현금으로 지급하였다. 이 거래에서 명백한 것은 현금의 감소이므로 대변에 현금 505만원을 기록한다. 한편, 505만원의 지급으로 증가한 자산은 없고, 부채의 감소도 없다. 505만원의 지급은 경비서비스를 실제로 제공한 경비직원에 대한 인건비, 사업을 위한 사무실의 사용료와 전기 사용료를 납부한 것으로서 결국 (주)안심경비의 주주에게 돌아갈 몫의 감소에 해당한다. 앞서 수익창출과정에서 자산의 감소에 따른 소유주 몫의 감소를 초래하는 것을 비용이라 정의하였다. 따라서 각각을 급여, 임차료, 전력비라는 비용의 계정과목으로 차변에 기록한다. 비용을 차변에 기록하는 이유는 비용은 자본의 감소에 해당하기 때문이다.

날 짜	차변 (왼쪽)		대변 (오른쪽)	
4월 30일	급　여	4,000,000	현　금	5,050,000
	임차료	1,000,000		
	전력비	50,000		

지금까지 설명한 복식부기 원리를 요약하면, 회계등식에서 자산은 등호('=')의 왼쪽, 부채와 자본은 등호('=')의 오른쪽에 있고, 이러한 위치를 기준으로 자산의 증가는 왼쪽인 차변에, 부채와 자본의 증가는 오른쪽인 대변에 기록한다. 자본은 소유주의 몫을 의미하는 것으로 소유주의 출자, 수익의 발생에 의해 증가하고, 소유주에게로의 분배(즉, 배당), 비용의 발생에 의해 감소한다. 복식부기에서 수익의 발생은 대변에 기록하는데 이는 자본의 증가에 해당하기 때문이고, 반면, 비용의 발생은 차변에 기록하는데 이는 자본의 감소에 해당하기 때문이다.

2.3 분개와 전기

이제까지 복식부기로 거래를 기록하는 방법을 설명하였다. 그렇다면 기업은 거래를 어디에다 기록하는 것인가? 거래를 복식부기로 기록하는 곳이 바로 **분개장**(分介帳, journal)이며, 분개장에 거래를 기록하는 것을 **분개**(journalizing)라고 한다. 분개라는 말은 우리나라 고유의 복식부기인 **사개송도치부법**에서 유래된 것으로 거래를 사개(四介－자산, 부채, 이익, 손실) 중 어느 것과 관련되는지를 나누는 것이라는 뜻이다.[3)]

분개장은 자산, 부채, 자본의 변동을 유발하는 거래를 날짜순으로 기록하는 장부이며, 특정 일자에 어떤 거래가 발생하였는가를 찾아 볼 수 있다. 기업의 규모가 작은 경우라면 경리부의 경리직원이 분개장에 모든 거래를 기록하는 것이 가능할 것이다. 그러나 규모가 큰 기업은 하나의 분개장에 모든 거래를 다 기록하는 것이 불가능하다. 이러한 경우 각 부서의 경리담당자가 부서별로 발생한 거래를 차변과 대변으로 구분된 서식에 기록하는데, 이 서식을 **전표**라고 한다. 부서별 경리담당자가 전표를 경리부서로 보내면 경리부서는 각 부서가 작성한 전표를 모두 수합할 수 있게 된다.

대부분의 기업에서는 분개가 **회계전산시스템**의 전표입력에서 이루어진다. [그림 2.2]와 같이 전표입력 화면에서 거래를 차변, 대변에 입력하는데 계정과목은 회계전산시스템에서 불러오기를 통해 선택할 수 있다. 또한 계정별로 관련 거래처와 거래의 요약인 적요를 직접 입력할 수도 있고, 거래처와 자주 사용하

---

3) 조익순·정석우, 『사개송도치부법의 발자취』, (박영사, 2006년), p.17, pp.229-232 ; 이원로, 『사개송도치부법 정해』, (다산북스, 2011), p.148. 사개송도치부법에서 사용하던 '분개'라는 용어를 서양 부기책에서 처음으로 사용한 것은 1909년 김대희가 저술한 '응용상업부기학'부터이다(윤근호, 『한국회계사연구』, 한국연구원, 1984).

그림 2.2 **회계전산시스템 분개 화면 사례**

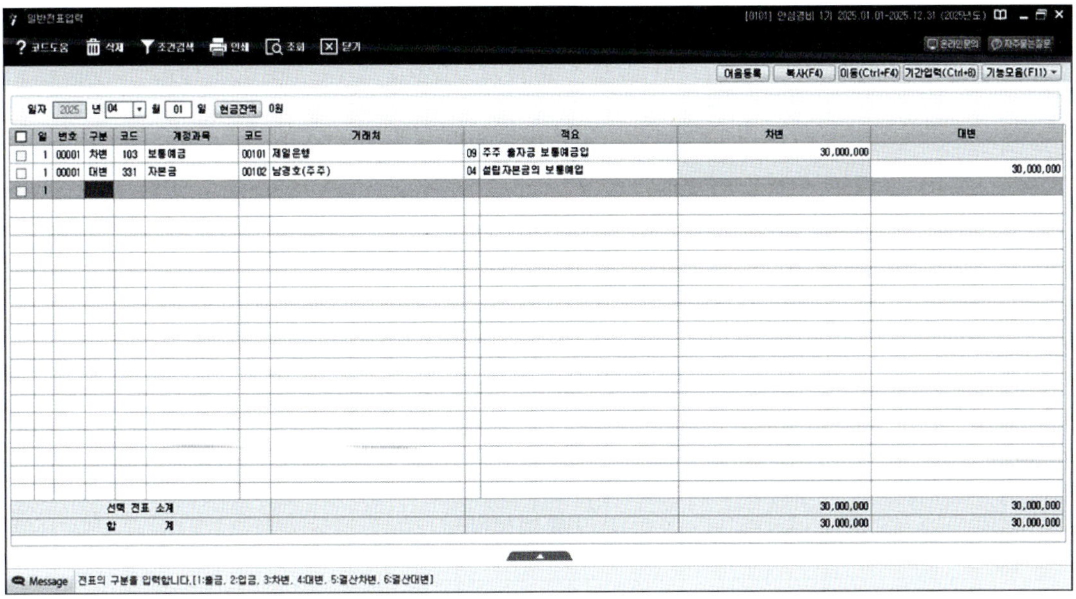

는 적요는 미리 회계전산시스템에 입력해 두었다가 불러오기를 통해 선택하는 것도 가능하다.

분개장은 거래를 날짜순으로 볼 수 있다는 장점이 있지만 특정 계정과목의 잔액을 계산하기가 쉽지 않다는 단점이 있다. 위의 (주)안심경비의 사례에서 4월 30일 현재 현금 계정과목의 잔액이 얼마인가를 구해보자. 4월 1일부터 30일까지 모든 거래의 분개에서 현금 계정과목이 나오는지, 나온다면 차변인지 대변인지를 파악한 후 합산해야 잔액 산출이 가능하다. 따라서 특정 계정과목의 잔액을 쉽게 산출하기 위해서는 4월에 발생한 거래 중 그 계정과목이 나오는 기록만을 따로 모아 놓는 것이 필요하다.

회계전산시스템에서는 이를 위해 분개장(전표)의 모든 분개를 [그림 2.3]과 같이 **총계정원장**(**원장**)이라는 계정별 장부에 옮겨 기록하게 되는데 이를 **전기**(轉記, posting)라고 한다.

(주)안심경비의 4월 거래 중 총계정원장의 현금 계정과목에 전기된 거래내

역은 〈표 2.1〉과 같다.

그림 2.3 전기(轉記)

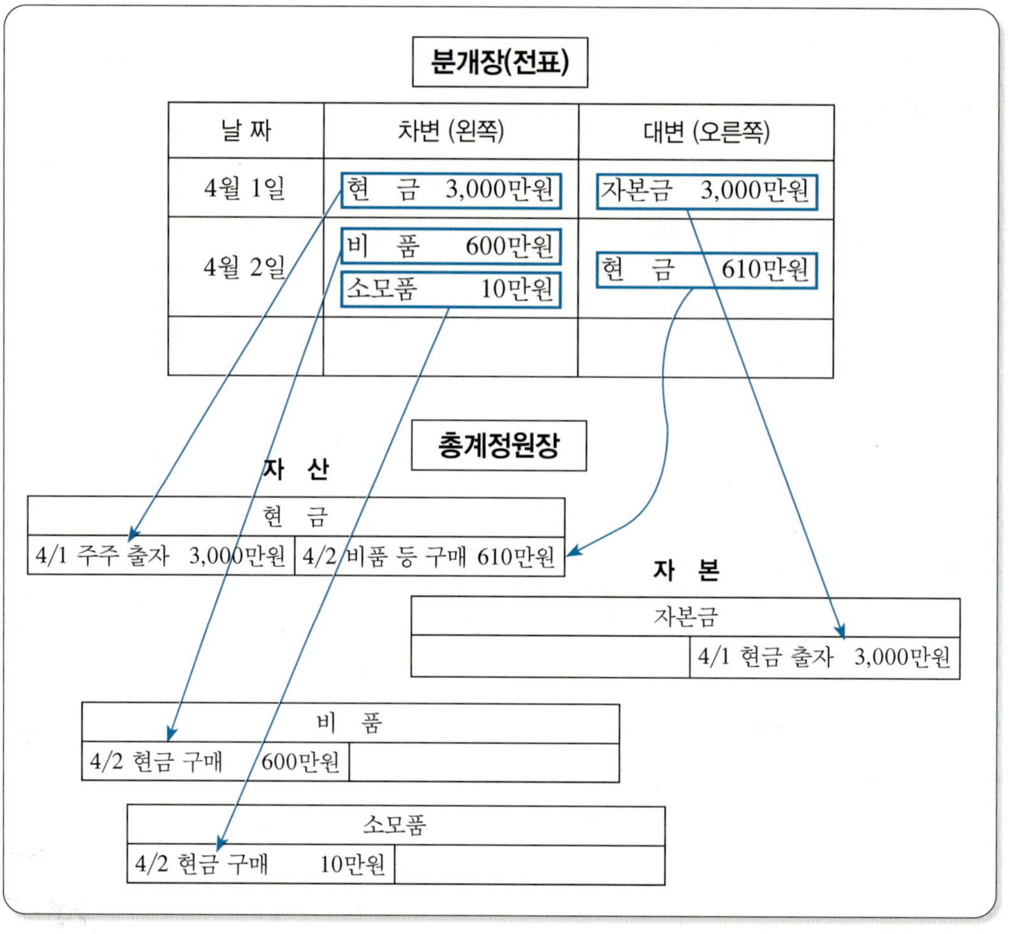

표 2.1 (주)안심경비 총계정원장의 현금 계정

현 금			
4/1 주주 출자	30,000,000	4/2 비품, 소모품 구입	6,100,000
4/3 은행 차입금 대출	10,000,000	4/30 급여, 임차료, 전력비 지불	5,050,000
4/30 서비스수익 현금유입	6,000,000		
4/30 차변합계	46,000,000	4/30 대변합계	11,150,000
4/30 계정잔액	34,850,000		

4월 1일 주주 남경호의 출자로 분개장(전표)에 기록된 (차변) 현금 3,000만원은 〈표 2.1〉의 현금 계정에도 그대로 (차변) '4/1 주주 출자 3,000만원'으로 표기되어 있다. 여기서 '주주 출자'는 분개 시 적요란에 입력한 거래의 요약이 전기되면서 현금 계정에 표시된 것으로 현금 계정 차변에 3,000만원이 기록된 원인을 설명하는 것이다. 대변의 '4/2 비품, 소모품 구입 610만원'은 4월 2일 현금의 감소 610만원이 비품과 소모품의 구입 때문임을 나타내는 것이다.

현금 계정의 잔액은 차변의 합에서 대변의 합을 차감하여 산출하는데 차변의 합은 4,600만원, 대변의 합은 1,115만원이므로 현금의 잔액은 3,485만원(=4,600만원－1,115만원)이다. 현금 계정의 마지막 행은 4월 30일 현재 현금잔액이 차변 3,485만원임을 보여준다.

[그림 2.4]는 4월의 날짜별 분개를 모두 전기한 후, 총계정원장에 포함된 계정들을 나타낸 것이다. 여기서 각 계정은 알파벳 대문자 'T'자 형태로 차변과 대변을 구분하여 내역을 표시하며, 이러한 계정 형식을 **'T계정'**이라고 한다. 각 T계정의 내역은 단순화를 위해 거래를 설명하는 적요는 생략하고, 날짜와 금액만 표기하였다.

계정의 기말잔액은 기말 시점까지 계정의 증가액이 감소액보다 크기 때문에 발생하며, 따라서 잔액은 계정의 증가가 기록되는 쪽에 위치한다. 구체적으로 자산은 증가를 차변에 기록하므로 자산의 기말잔액은 차변에 위치하고, 부채는 증가를 대변에 기록하므로 기말잔액이 대변에 위치한다.

[그림 2.4]에 나타난 각 계정의 잔액을 살펴보면, 현금, 소모품, 비품과 같은 자산 계정의 기말잔액은 차변에 위치하며, 단기차입금, 자본금과 같은 부채 및 자본 계정의 기말잔액은 대변에 위치한다. 또한 수익(경비서비스수익)의 기말잔액은 대변에, 비용(급여, 임차료, 전력비)의 기말잔액은 차변에 나타남을 확인할 수 있다.

한 달 또는 한 분기와 같이 회사가 정한 최소 단위의 회계기간이 종료되면

그림 2.4 ㈜안심경비의 4월 말 총계정원장

현 금

4/1	30,000,000	4/2	6,100,000
4/3	10,000,000	4/30	5,050,000
4/30	6,000,000		
잔액	34,850,000		

소모품

4/2	100,000		
잔액	100,000		

비 품

4/2	6,000,000		
잔액	6,000,000		

단기차입금

		4/3	10,000,000
		잔액	10,000,000

자본금

		4/1	30,000,000
		잔액	30,000,000

경비서비스수익

		4/30	6,000,000
		잔액	6,000,000

급 여

4/30	4,000,000		
잔액	4,000,000		

임차료

4/30	1,000,000		
잔액	1,000,000		

전력비

4/30	50,000		
잔액	50,000		

회계전산시스템은 전기가 완료된 총계정원장의 계정별 잔액을 산출하고, 자산, 부채, 자본, 수익, 비용의 모든 계정의 잔액을 차변과 대변으로 나누어 보여주는 표를 작성한다. 이 표를 **시산표**(trial balance)라고 부른다.

〈표 2.2〉는 (주)안심경비의 4월 시산표를 작성한 것이다. 시산표를 작성하는 이유는 다음 단계로 가기 전에 차변의 합과 대변의 합이 일치하는가를 확인하기 위함이다. 각 거래의 분개는 차변과 대변, 양쪽의 합이 일치하도록 이루어져야 하므로 오류가 없다면 시산표상의 차변과 대변, 양쪽의 합도 같아야 한다.

〈표 2.2〉의 시산표는 한 달이 종료되는 4월 30일 현재 계정과목별 잔액을 차변과 대변으로 나누어 표기한 것으로 자산과 비용 계정은 증가가 차변에 기

표 2.2 (주)안심경비 4월 말 시산표

시산표 20×1년 4월 30일 (주)안심경비		(단위: 원)
차 변	계정과목	대 변
34,850,000	현 금	
100,000	소모품	
6,000,000	비 품	
	단기차입금	10,000,000
	자본금	30,000,000
	경비서비스수익	6,000,000
4,000,000	급 여	
1,000,000	임차료	
50,000	전력비	
46,000,000	합 계	46,000,000

록되므로 잔액이 있다면 차변에 표시되고, 부채, 자본, 수익 계정은 증가가 대변에 기록되므로 잔액이 있다면 대변에 표시한다. 〈표 2.2〉 시산표상의 차변 합계는 4,600만원으로 대변합계 4,600만원과 일치한다.

2.4 결산수정분개

한 달 동안 발생한 회계상 거래를 모두 기록하고 월말이 되면 그 달에 발생한 수익과 비용, 자산과 부채 중 누락된 부분을 반영하기 위해 추가적인 분개를 하게 되는데 이를 **결산수정분개**(adjusting entries)라고 한다.[4)]

4) 월별 재무제표의 작성이 필요 없고, 분기 또는 반기 또는 연도 재무제표의 작성으로 충분하

1) 감가상각비

(주)안심경비는 4월 2일 비품의 취득에 대한 분개에서 비품의 증가, 현금의 감소이므로 차변에는 비품, 대변에는 현금으로 기록하였다. 책상, 의자, 컴퓨터와 같은 비품은 구입 후 사무실에서 계속 사용하고, 일정 기간 사용 후에는 비품의 가치는 하락한다. 그러나 비품의 사용에 관한 비용을 별도로 인식하지 않았기 때문에 비품의 취득 시에도, 그리고 사용 중에도 비품에 관한 비용이 하나도 반영되지 않는 문제가 발생한다.

회계에서는 비품, 건물, 기계, 차량과 같이 1년을 초과하여 사용하는 자산은 그 자산의 취득원가에서 사용 후 처분가치(**잔존가치**)를 차감한 금액을 사용기간(**내용연수**)에 걸쳐 합리적인 방법으로 비용처리하는데 이를 **감가상각**(depreciation)이라 한다.[5] 여기서 연도별 감가상각비를 계산하는 가장 간단한 방법은 취득원가에서 잔존가치를 차감한 금액을 내용연수로 나누어 계산하는 것이다.[6]

(주)안심경비는 비품을 5년간 사용할 계획이고, 5년 후 비품을 폐기하여 잔존가치가 0이라고 가정하면 비품에 대한 월 감가상각비는 아래와 같이 계산된다.

> [600만원(취득원가) - 0원(잔존가치)] ÷ 5년(내용연수)
> = 120만원 (1년 감가상각비)
> 120만원(1년 감가상각비) ÷ 12개월 = 10만원 (월 감가상각비)

(주)안심경비는 위와 같이 산출된 비품감가상각비를 4월 말 결산수정분개 시에 다음과 같이 분개한다.

다면 결산수정분개는 분기 또는 반기 또는 연도 말에 이행한다.

5) 처분시점에 처분비용이 예상되면 처분으로 획득한 금액에서 처분예상비용을 차감하여 잔존가치를 산출한다.

6) 이를 정액법이라고 하는데 이 방법 외에도 정률법 등이 있다. 감가상각 방법은 제6장에서 상세히 다룬다.

날 짜	차변 (왼쪽)		대변 (오른쪽)	
4월 30일	비품감가상각비	100,000	비품감가상각누계액	100,000

비품감가상각비 10만원은 비용이므로 자본의 감소에 해당하여 차변에 기록한다. 그리고 비품의 사용으로 비품의 가치가 그만큼 감소하므로 대변에 비품 10만원으로 분개한다고 생각하기 쉽다. 그러나 비품을 대변에 기록할 경우 비품의 잔액은 10만원만큼 감소하여 590만원이 되고, 이를 재무상태표에 표시할 경우 비품의 원래 취득원가가 얼마인지, 그리고 지금까지 비품에 대한 감가상각비를 얼마나 인식했는지를 알 수 없게 된다.

따라서 회계기준은 비품의 취득원가는 그대로 살리되 비품에 대한 누적 감가상각비를 별도로 보여줄 수 있도록 **비품감가상각누계액**(accumulated depreciation-equipment)이라는 새로운 계정과목을 사용할 것을 규정하고 있다. 여기서 비품감가상각누계액은 비품의 장부상의 가치(**장부가**)를 줄이는 역할을 하기 때문에 **자산차감계정**(contra asset account)이라 불리고, 자산의 감소에 해당하므로 대변에 기록된다.

비품과 비품감가상각누계액은 재무상태표에서 아래와 같이 표시된다.[7] 비품을 단순히 590만원으로 표기할 때와 비교하면 취득원가 600만원과 누적 감가상각금액 10만원을 모두 알 수 있으므로 더 유용한 정보를 제공하는 것이다.

자 산	
비 품	6,000,000
비품감가상각누계액	(100,000)
	5,900,000

7) 다음 달인 5월 말의 재무상태표에는 비품 600만원, 비품감가상각누계액은 20만원으로 표시되고 따라서 비품의 장부가는 580만원이 된다. K-IFRS를 채택하는 기업은 재무상태표상에 감가상각 대상 자산에서 감가상각누계액을 차감한 금액만 표기하고, 감가상각 대상 자산의 취득원가와 감가상각누계액은 재무제표의 주석에 별도로 표기하는 경우가 많다.

2) 이자비용

(주)안심경비는 4월 3일 은행으로부터 1,000만원을 차입하면서 차입금에 대한 이자는 매달 초에 지급하고, 연이자율 6%를 지급하기로 약속하였다. 차입금에 대한 첫 이자지급일은 5월 1일이고, 지급액은 5만원이다[(1,000만원×0.06)÷12개월]. 한편, 5월 1일에 지급하는 이자는 5월 1일에 분개되지만, 5월에 발생한 이자가 아니고 4월의 이자에 해당한다. 따라서 4월 말 결산수정분개 시에 이자는 아직 지급되지 않았지만 4월 한 달의 이자는 발생한 것이므로 아래와 같이 **이자비용**(interest expense)을 인식하는 수정분개를 해준다.

날 짜	차변 (왼쪽)		대변 (오른쪽)	
4월 30일	이자비용	50,000	미지급이자	50,000

비용은 자본의 감소이므로 이자비용을 차변에 기록하고, 4월 말 현재 현금을 지급하지는 않았지만, 5월 1일에 현금 5만원을 지급할 의무가 발생한 것이므로 부채의 증가를 대변에 기록한다. 구체적인 부채의 계정과목으로는 **미지급이자**(interest payable)를 사용한다. 만약, 이자를 월말에 현금으로 지급한다면 위의 분개에서 대변은 현금 5만원이 되었을 것이다.[8)]

3) 소모품비

4월 2일 구입한 소모품 10만원은 필기구, 종이 등으로 사무실의 운영과 함께 일부가 소진되었을 것이므로 그 소비량을 파악하여 결산수정분개 시에 소모품비로 비용처리하는 것이 필요하다. 결산수정분개 시에 구입한 소모품이 모두 사용되었음을 확인하였다면, 소모품을 0으로 줄이기 위한 수정분개로 아래와 같이 자산인 소모품의 감소는 대변에, 그리고 **소모품비**(supplies expense)라는 비

---

8) 5월 1일 이자 5만원을 현금으로 지급할 때는 (차변) 미지급이자 5만원, (대변) 현금 5만원으로 분개한다. 미지급이자를 차변에 분개한 것은 부채의 감소에 해당하기 때문이며, 이자비용은 4월 30일에 이미 인식했으므로 이자지급일에 이자비용을 또 인식해서는 안 된다.

용은 차변에 기록한다.[9)]

날 짜	차변 (왼쪽)		대변 (오른쪽)	
4월 30일	소모품비	100,000	소모품	100,000

(주)안심경비가 4월 말 위의 세 가지 결산수정분개를 기록한 후 회계전산 시스템이 작성한 수정후시산표는 〈표 2.3〉과 같다.

표 2.3 (주)안심경비 4월 말 수정후시산표

수정후시산표

20×1년 4월 30일

(주)안심경비 (단위: 원)

차 변	계정과목	대 변
34,850,000	현 금	
6,000,000	비 품	
	비품감가상각누계액	100,000
	미지급이자	50,000
	단기차입금	10,000,000
	자본금	30,000,000
	경비서비스수익	6,000,000
4,000,000	급 여	
1,000,000	임차료	
50,000	전력비	
100,000	비품감가상각비	
50,000	이자비용	
100,000	소모품비	
46,150,000	합 계	46,150,000

9) 실무에서는 소모품의 취득 금액이 적고 중요하지 않기 때문에 편리를 위해 취득시점에 모두 소모품비로 비용처리하는 방법을 많이 사용한다.

〈표 2.3〉의 수정후시산표와 〈표 2.2〉 시산표를 비교하면, 〈표 2.2〉의 시산표에 비품감가상각비, 이자비용, 소모품비가 추가되었고, 비품감가상각누계액이라는 자산차감계정과 미지급이자라는 부채 계정이 추가되었다. 그리고 시산표에 있던 소모품 계정은 잔액이 0이 되어 삭제되었다. 수정후시산표에서도 차변합계 4,615만원은 대변합계 4,615만원과 일치한다.

2.5 재무제표의 작성

1) 손익계산서

결산수정분개가 끝나고 수정후시산표가 완성되면 재무제표를 작성할 수 있다. 재무제표 중 가장 먼저 작성하는 것은 손익계산서이다. 손익계산서는 특정 기간 동안 발생한 기업의 수익과 비용, 그리고 총수익에서 총비용을 차감한 순이익을 보여준다. (주)안심경비의 4월 손익계산서를 약식으로 작성하면 〈표 2.4〉와 같다.

맨 아랫줄에 있는 **당기순이익**에서 당기(當期)는 이번 기간을 의미하는 것으로 당기순이익은 이번 4월 한 달 동안 발생한 수익에서 비용을 차감한 금액임을 뜻하고, (주)안심경비의 4월 재무적 경영성과를 나타낸다. 결산수정분개를 통해 기중에는 포함되지 않던 비품감가상각비, 이자비용, 소모품비가 추가로 반영되었다.

(주)안심경비는 4월 한 달 동안의 영업으로 수익(=600만원)이 비용(=530만원)을 70만원 초과하였다. 이러한 결과는 다음에 작성할 재무상태표상에도 4월 한 달 동안 주주의 몫, 즉 자본이 70만원 증가한 것으로 나타난다.

표 2.4 (주)안심경비의 4월 손익계산서

손익계산서 20×1년 4월 1일부터 4월 30일까지 (주)안심경비		(단위: 원)
수 익:		6,000,000
경비서비스수익	6,000,000	
비 용:		5,300,000
급 여	4,000,000	
임차료	1,000,000	
전력비	50,000	
비품감가상각비	100,000	
이자비용	50,000	
소모품비	100,000	
당기순이익		700,000

2) 재무상태표

손익계산서 다음으로 작성되는 재무상태표는 해당 기업의 회계기간 말 현재 자산, 부채, 자본에 해당하는 모든 계정의 잔액을 표시한다. (주)안심경비의 4월 30일자 재무상태표를 약식으로 작성한 〈표 2.5〉를 보면 '재무상태표'라는 제목 아래에 회계기간 종료일의 날짜인 '20×1년 4월 30일'이 표기되어 있다. 이는 회계기간('20×1년 4월 1일부터 4월 30일까지')이 표기되어 있는 손익계산서와 다르다. 손익계산서는 회계기간 동안 발생한 수익과 비용을 나타내지만, 재무상태표는 회계기간 말의 계정별 잔액을 표시하기 때문이다.

〈표 2.5〉의 재무상태표를 보면, (주)안심경비는 총 4,075만원의 자산을 보유하고, 부채총계가 1,005만원, 자본총계가 3,070만원이다. 이를 통해 자산 중 25%(=1,005만원/4,075만원)는 은행으로부터의 차입금 등을 재원으로 취득한 것이고, 나머지 75%의 자산은 주주의 출자와 4월 한 달 동안 영업에서 발생한 이익을 재원으로 취득한 것임을 알 수 있다. 이를 달리 표현하면, (주)안심경비

표 2.5 **(주)안심경비의 4월 말 재무상태표**

재무상태표 20×1년 4월 30일 (주)안심경비			(단위: 원)
자 산:		부 채:	
현 금	34,850,000	미지급이자	50,000
비 품	6,000,000	단기차입금	10,000,000
비품감가상각누계액	(100,000)	부채총계	10,050,000
		자 본:	
		자본금	30,000,000
		이익잉여금	700,000
		자본총계	30,700,000
자산총계	40,750,000	부채 및 자본총계	40,750,000

의 자산 4,075만원 중 1,005만원은 미래에 채권자(은행)에게 지급되어야 하므로 채권자 몫이고, 나머지 3,070만원은 주주의 몫이다.

여기서 〈표 2.3〉 수정후시산표와 〈표 2.5〉 재무상태표를 비교하면 [그림 2.5]와 같이 수정후시산표의 자산과 부채의 모든 계정과 자본의 자본금 계정은 그 잔액이 재무상태표에도 그대로 표시되어 있다. 그러나 수정후시산표에는 없던 자본의 **이익잉여금**(retained earnings)이 재무상태표상의 자본에 70만원으로 표시되어 있다. 이 70만원은 정확히 당기순이익으로 당기순이익은 자본의 이익잉여금을 증가시킨다. 앞서 수익은 자본의 증가에 해당하고, 비용은 자본의 감소라고 언급하였다. 따라서 회계기간 동안 수익이 비용보다 70만원이 더 크고, 주주에게 별도로 지급된 것이 없다면 회계기간 말에 자본총계는 기초잔액보다 70만원만큼 증가해야 한다.

이익잉여금은 자본의 계정과목으로 당기순이익이 발생하면 증가하고, 당기순손실(즉, 비용이 수익을 초과한 경우)이 발생하면 감소한다. 한편, 사업을 통해 발생한 이익을 현금 등의 형태로 주주에게 지급하는 것을 **배당**(dividend)이라고

그림 2.5 수정후시산표와 재무상태표 간의 관계

수정후시산표

20×1년 4월 30일

(주)안심경비 (단위: 원)

차 변	계정과목	대 변
34,850,000	현 금	
6,000,000	비 품	
	비품감가상각누계액	100,000
	미지급이자	50,000
	단기차입금	10,000,000
	자본금	30,000,000
	경비서비스수익	6,000,000
4,000,000	급 여	
1,000,000	임차료	
50,000	전력비	
100,000	비품감가상각비	
50,000	이자비용	
100,000	소모품비	
46,150,000	합 계	46,150,000

재무상태표

20×1년 4월 30일

(주)안심경비 (단위: 원)

자 산:		부 채:	
현 금	34,850,000	미지급이자	50,000
비 품	6,000,000	단기차입금	10,000,000
비품감가상각누계액	(100,000)	부채총계	10,050,000
		자 본:	
		자본금	30,000,000
		이익잉여금	700,000
		자본총계	30,700,000
자산총계	40,750,000	부채 및 자본총계	40,750,000

하는데 배당을 결정하면 이익잉여금은 감소한다. 따라서 이익잉여금은 주식회사의 설립 이후 발생한 누적 손익(=이익−손실)에서 주주에게 배당하고 남은 금액이라는 의미가 되며 **유보이익**이라고도 불린다.

만약, 자본에 당기순이익만큼을 이익잉여금에 더하지 않고 재무상태표를 작성하면 회계등식(자산=부채+자본)은 성립하지 않고 자산은 부채와 자본의 합보다 정확히 당기순이익만큼 커지게 된다. 그 이유는 [그림 2.5]와 같이 수정후시산표는 자산, 부채, 자본, 수익, 비용을 모두 포함해야 차변의 합과 대변의 합이 일치하도록 되어 있는데 재무상태표를 작성하면서 수익과 비용을 제외하면 차변의 합과 대변의 합은 달라지고, 정확히 당기순이익(=수익−비용)만큼 차이가 발생하게 된다.

따라서 재무상태표를 작성하면서 당기순이익을 자본의 이익잉여금에 더함

으로써 회계등식(자산=부채+자본)은 비로소 성립한다. 만약, 다음 달인 5월에도 당기순이익이 70만원 발생하고 배당이 없다면 5월 말 재무상태표상의 이익잉여금은 4월 말의 이익잉여금 잔액인 70만원에서 다시 70만원을 더한 140만원이 될 것이다.

3) 자본변동표

재무제표 중 자본의 변동내역을 상세히 보여주는 것이 **자본변동표**이다. 자본은 주주의 출자, 당기순이익(손실)의 발생, 배당금의 지급 등으로 증가 또는 감소할 수 있다. 손익계산서를 통해 당기순이익(손실)만큼 자본이 변동할 것으로 짐작할 수 있으나 당기순이익(손실)이 아닌 다른 이유로 자본이 증가 또는 감소하였다면, 외부투자자는 그 상세한 원인을 알 수 없다. 따라서 자본변동표를 통해 그 상세내역을 제공하는 것이다.

〈표 2.6〉 자본변동표는 4월 초부터 4월 말까지 (주)안심경비의 자본 계정인 자본금과 이익잉여금이 주주의 출자와 당기순이익에 의해 증가하였음을 보여주고 있다.

표 2.6 (주)안심경비의 4월 자본변동표

자본변동표

20×1년 4월 1일부터 4월 30일까지

(주)안심경비 (단위: 원)

과 목	자본금	이익잉여금	총 계
20×1.4.1. (기초자본)	0	0	0
소유주의 출자	30,000,000		30,000,000
당기순이익		700,000	700,000
20×1.4.30. (기말자본)	30,000,000	700,000	30,700,000

4) 현금흐름표

네 번째이자 마지막 보고서인 **현금흐름표**는 기업의 현금 유입 및 유출 내역을 영업활동, 투자활동, 재무활동으로 나누어 보여준다. 여기서 **영업활동 현금흐름**(cash flows from operating activities)은 기업의 주된 수익창출활동에서의 현금 유입과 유출을 뜻한다. (주)안심경비의 경우는 경비서비스의 제공을 통한 수익창출이 주된 영업활동이므로 경비서비스와 관련된 현금의 유입과 유출을 보여준다.

투자활동 현금흐름(cash flows from investing activities)은 기업의 영업활동을 유지, 성장시키기 위한 활동 또는 여유자금을 이용하여 금융상품, 다른 기업의 주식 등을 취득하는 활동에서의 현금 유입과 유출을 의미한다. **재무활동 현금흐름**(cash flows from financing activities)은 소유주의 출자, 은행으로부터의 차입 및 상환 등 사업자금의 조달과 관련된 현금의 유입과 유출을 뜻한다.

〈표 2.7〉은 〈표 2.1〉의 현금 계정에 나타난 현금의 유입과 유출 자료를 토대로 작성한 4월 현금흐름표이다. 〈표 2.1〉 현금 계정의 차변은 현금의 유입을, 대변은 현금의 유출을 보여주는데, 각 항목을 빠짐없이 영업활동, 투자활동, 재무활동으로 구분하여 현금흐름표에 포함한다.

손익계산서를 통해 (주)안심경비는 4월 한 달 동안 70만원의 당기순이익이 발생했음을 알 수 있었다. 따라서 (주)안심경비가 경비서비스를 제공하여 당기순이익 70만원만큼의 현금이 (주)안심경비로 순유입되었을 것으로 생각하기 쉽다. 그러나 〈표 2.7〉 현금흐름표상의 영업활동 현금흐름에 표기되어 있듯이 당기순이익 70만원보다 15만원이 많은 85만원의 현금이 영업활동의 결과로 순유입되었다. 당기순이익이 영업활동 현금흐름과 다르다는 점은 현금흐름표를 재무제표의 하나로서 의무적으로 작성하게 요구하는 이유 중의 하나이다.

현실에서는 최근 회계연도에 당기순이익이 발생했음에도 불구하고 현금 부족으로 부채를 만기에 상환하지 못해 도산하는 이른바 **흑자도산**이 종종 일어난

표 2.7 (주)안심경비의 4월 현금흐름표

현금흐름표 20×1년 4월 1일부터 4월 30일까지 (주)안심경비 (단위: 원)		
Ⅰ. 영업활동 현금흐름		850,000
행복아파트로부터 유입된 현금	6,000,000	
소모품 공급자에 대한 현금유출	(100,000)	
종업원에 대한 현금유출	(4,000,000)	
기타 영업비(임차료, 전력비) 현금유출	(1,050,000)	
Ⅱ. 투자활동 현금흐름		(6,000,000)
비품의 취득	(6,000,000)	
Ⅲ. 재무활동 현금흐름		40,000,000
주주의 출자	30,000,000	
단기차입금의 증가	10,000,000	
Ⅳ. 현금의 증가		34,850,000
Ⅴ. 기초의 현금		0
Ⅵ. 기말의 현금		34,850,000

다. 따라서 당기순이익이 기업의 경영성과를 나타내는 좋은 측정치이지만, 그것으로 충분하지 않으므로 영업활동 현금흐름을 보여주는 현금흐름표를 작성하도록 의무화하여 투자자에게 제공하는 것이다.

그러면 위에서 당기순이익 70만원과 영업활동 현금흐름 85만원 간의 15만원의 차이가 생긴 원인은 무엇일까? 첫 번째 이유는 손익계산서상에 비용으로 계상된 비품감가상각비 10만원은 실제로 현금지출이 없는 비용이다. 비품 구입비 600만원은 투자활동 현금지출에 표기되지만, 감가상각비는 실제로 현금이 사외로 지출되는 것은 없으므로 영업활동 현금흐름은 당기순이익보다 10만원이 더 많다.

두 번째로, (주)안심경비가 4월 말 현재 이자를 아직 현금으로 지급하지 않

표 2.8 영업활동 순현금흐름과 당기순이익의 차이

당기순이익		700,000
1) 현금지출이 없는 비품감가상각비	+	100,000
2) 현금지출이 없는 이자비용	+	50,000
영업활동 현금흐름		850,000

았으나, 비용에는 5만원 이자비용을 반영하였다. 따라서 영업활동 현금흐름은 당기순이익보다 5만원이 더 많다. 이러한 차이를 요약하면 〈표 2.8〉과 같다.

〈표 2.7〉 (주)안심경비의 현금흐름표는 영업활동뿐만 아니라 투자활동과 재무활동의 현금흐름내역을 보여준다. (주)안심경비는 투자활동 현금지출로 비품의 취득 600만원이 있고, 재무활동 현금유입으로 주주의 출자 3,000만원과 은행으로부터의 단기 차입 1,000만원이 있음을 알 수 있다.

영업활동, 투자활동, 재무활동으로부터의 현금흐름의 합이 양수이면 해당 기간 동안 현금이 증가한 것이고, 합이 음수이면 현금이 감소한 것이 된다. (주)안심경비는 영업활동, 투자활동, 재무활동 현금흐름이 각각 85만원, (600만원), 4,000만원으로 합은 3,485만원이고, 이는 'Ⅳ. 현금의 증가'에 표기되어 있다. (주)안심경비는 4월 2일 개업하였으므로 기초의 현금은 0이며, 4월 현금의 증가 3,485만원으로 인해 기말의 현금 잔액은 3,485만원이 된다. 이 금액은 〈표 2.5〉 재무상태표상의 현금 잔액과 일치한다.

2.6 장부의 마감

(주)안심경비의 4월 손익계산서는 4월에 발생한 수익과 비용을 포함하여 당기순이익(손실)을 산출한다. 그렇다면 5월 손익계산서에는 4월에 발생한 수

익과 비용을 제외하고, 5월에 발생한 수익과 비용만을 포함해야 한다. 따라서 4월 말 재무제표의 작성이 완료되면 당기순이익(손실)을 총계정원장의 이익잉여금 계정에 반영하고, 수익과 비용 계정의 잔액을 0으로 만들어주는 분개가 이루어지는데 이를 **마감분개**(closing entries)라고 한다.

한편, 이와는 대조적으로 재무상태표에 포함되는 자산, 부채, 자본 계정의 4월 기말잔액은 (주)안심경비의 영업이 계속되는 한 그 잔액이 소멸되지 않고 다음 기간으로 넘겨져야 하므로, 다음 달인 5월의 기초잔액으로 이전(이월)된다.

[그림 2.6]과 같이 회계기간 동안 거래를 분개하고, 전기하여 회계기간 말에 시산표를 작성하며 결산수정분개와 수정후시산표의 작성을 거쳐 재무제표를 완성하고 장부를 마감하는 반복 과정을 **회계순환과정**(accounting cycle)이라고 한다.

그림 2.6 회계순환과정

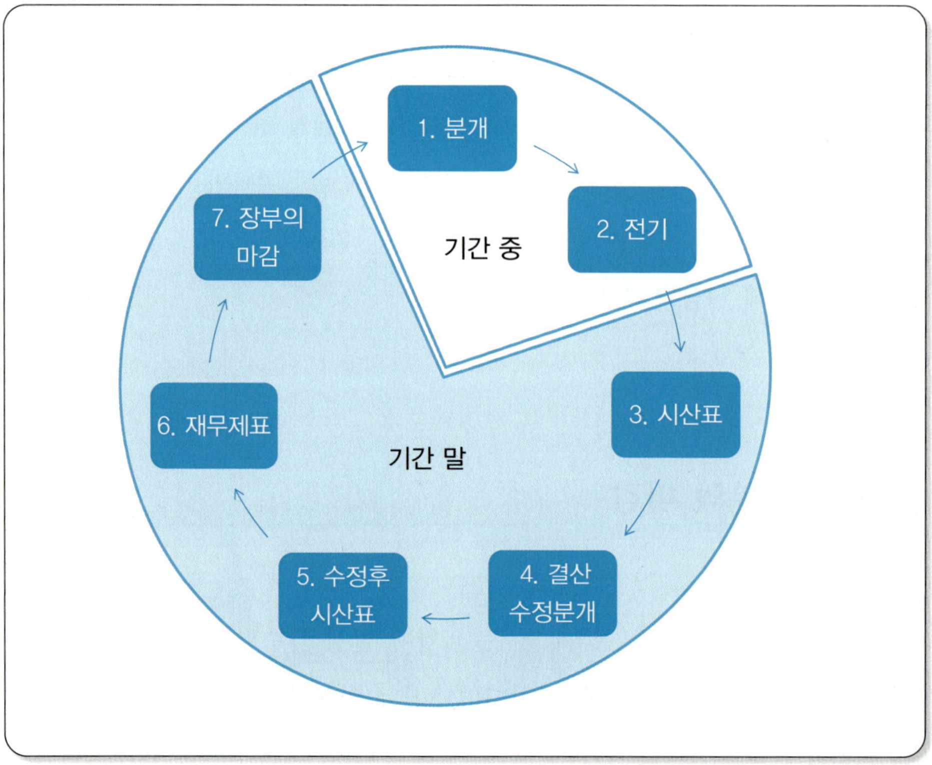

한국의 기업과 경영인 ②

(주)현대자동차 – 한국 최초의 고유 모델, 포니

1940년 '아도서비스'라는 자동차 정비공장으로 본격적인 사업을 시작한 정주영은 자동차의 국내 생산을 위해 1967년 말 현대자동차를 설립하였다. 미국 Ford사와 기술 제휴계약을 체결하고, 밤낮없이 공장 건설에 매진하여 1968년 11월 드디어 첫 차인 코티나를 생산하기 시작하였다. 그러나 태풍에 의한 홍수 피해와 자동차의 품질 문제 등으로 어려움을 겪었고, 기술이전에 소극적인 Ford사와의 제휴도 결렬되었다.

정주영의 동생 정세영의 주도로 현대자동차는 당시 모두가 불가능하다는 독자적인 모델의 개발에 착수하였다. 영국의 자동차회사에서 부사장을 지낸 조지 턴불을 기술책임자로 영입하고, 이탈리아 이탈디자인사의 젊은 디자이너 주지아로에게 신규 모델(포니)의 디자인을 의뢰하였다. 엔진과 변속기 제작을 위해 일본 미쓰비시와 기술협조계약을 체결하였고, 미쓰비시로 연수를 떠나기 전부터 일본어로 된 기술서적을 외우다시피하여 파견된 직원들은 밤잠을 설쳐가며 기술을 배우는 열정을 보여주었다.

전 국민 공모를 통하여 신차 이름을 포니(pony, 조랑말)로 결정하고, 1974년 이탈리아 토리노에서 열린 국제자동차박람회에 포니를 출품하였다. 결과는 대성공, 신선한 디자인으로 크게 주목을 받았고 현지 언론도 한국이 자동차공업국의 대열에 진입했다고 보도하였다. 약 1년간의 까다로운 테스트를 성공적으로 마치고, 1976년 1월에 드디어 포니의 생산을 개시하였다. 포니는 멋진 디자인으로 생산 첫해 국내 시장점유율 1위(43%)를 달성하였고, 처음으로 에콰도르에 6대를 수출하는 쾌거를 이루었다.[*1] 당시 미쓰비시와 기술제휴로 생산하던 엔진은 1991년 국산화를 이루어냈고, 지금은 미쓰비시가 현대가 개발한 엔진을 구입할 정도로 기술력이 크게 발전하였다.

1984년부터 캐나다로의 포니 수출에 성공한 현대자동차는 1986년부터는 자동차의 본고장인 미국으로 '엑셀'의 수출을 개시하여 첫해 18만 6천대, 1987년 26만대를 판매하는 놀랄만한 성과를 이룩하였다. 현대자동차는 1998년 법정관리에 있던 기아자동차를 인수하였는데 이는 1997년 외환위기 이후 산업 분야에서의 가장 성공적인 M&A로 거론되고 있다.[*2]

현대 · 기아자동차는 2024년 총 723만대를 판매하여 글로벌 완성차 시장에서 판매 순위 3위를 달리고 있다.(*3) 현대자동차는 포니를 생산하기 시작한 1976년 이후 2024년까지 총 1억 2,447만대의 자동차를 생산했는데, 5,171만대를 내수시장에, 7,259만대를 해외시장에 판매하였다.(*4)

참고문헌: 이 땅에 태어나서(정주영, 1998, 솔), 영원한 도전자 정주영(허영섭, 2015, 나남), 미래는 만드는 것이다(정세영, 2000, 행림출판)

(*1) 김상수 기자, "〔책갈피 속의 오늘〕 1976년 포니 첫 수출", 동아일보, 2007.7.26.; 정준호 기자, "현대차, 포니 6대로 시작한 수출…40년 만에 2,363만대", 한국일보, 2016.11.1.

(*2) 박용범, 최승진, 강두순 기자, "역대 최고 M&A는 현대차 기아차 인수", 매일경제신문, 2012.4.23.

(*3) 신정은 기자, "현대차·기아 올해 739만대 팔겠다… 글로벌 3위 수성 자신감", 한국경제신문, 2025.1.21.

(*4) 2024년 현대자동차 사업보고서 II. 사업의 내용 7. 기타 참고사항.

제2장 보론 회계와 복식부기의 역사

인류역사상 회계는 언제부터 시작되었을까? 이 물음에 답하기 위해서는 회계의 정의를 정립할 필요가 있다. 무엇을 회계로 보느냐에 따라 시작점이 달라질 수 있기 때문이다. 부기가 회계의 일부이므로 부기의 역사부터 고려한다면 기원전 3500년경 메소포타미아 문명의 점토판에 새겨진 물품에 대한 기록과 개인 간의 거래에 대한 기록까지 거슬러 올라갈 수 있다.[10)]

본문에서 회계는 "기업을 비롯한 여러 조직에서 특정 기간 동안 발생한 경제적 거래를 기록한 후 정기적으로 그 결과를 요약하여 정보가 필요한 사람들에게 제공하는 일련의 과정"이라고 정의하였다. 따라서 회계가 성립하기 위해서는 먼저 회계정보가 필요한 사람이 존재해야 한다. 회계정보는 주로 재산의 정도와 증감을 의미하는데 사적인 정보이므로 이를 누군가에게 제공해야 하는 상황이 흔하지는 않다. 역사적으로 이러한 상황의 시작이 로마시대였을 것으로 추정된다.[11)]

로마시대의 귀족들은 자신의 재산을 노예에게 맡기고 노예는 재산의 관리 및 운용 의무를 지게 되는데 이때 귀족은 노예가 자신의 의무를 올바르게 수행하는가에 대한 확인이 필요하게 된다. 이에 재산의 관리 및 운용의 의무를 맡은 노예가 주인을 위해 애초에 맡은 재산과 그 후 재산의 증감내역을 기록한 후 주인에게 정기적으로 보고하게 되는데 이를 회계의 기원으로 볼 수 있을 것이다.

---

10) A. H. Woolf, 『A Short History of Accountants and Accountancy』, (GEE & Co., 1912, reprinted by Forgotten Books, 2015), pp.15-17.

11) P. Kats, "A Surmise regarding the Origin of Bookkeeping by Double Entry", 1930, *The Accounting Review* 5(4).

그러나 이에 대한 역사적 자료는 부족하기에 정확히 확인할 방법은 없는 실정이다.

로마시대 이후 회계의 필요성이 사회적으로 제기되는 상황은 중세 유럽의 장원제도이다. 장원은 중세사회의 일상생활이 영위되는 자급자족적인 농촌 사회를 뜻하는 것으로서 장원을 지배하는 영주와 장원에서 일을 하며 세금을 지불하는 농노로 구성된다. 영주는 자신이 소유한 토지를 비롯한 각종 재산의 관리와 운용, 그리고 세금 징수의 업무를 자신이 직접 하지 않고 집사(steward)에게 위임하였다. 집사는 재산의 관리를 맡은 사람으로서 정확한 재산관리와 세금 징수내역을 영주에게 보고할 의무(stewardship)를 갖게 되는데, 여기서 자신이 관리한 내역을 기록하고 그 결과를 정기적으로 영주에게 보고하는 업무, 즉 회계가 필요하게 된다.

또한 영주는 집사의 재산관리 기록에 대한 확인을 위해 집사가 작성한 자료를 검사하는 현재의 감사(audit)와 같은 절차가 필요하였고, 그 과정에서 감사인(auditor)은 집사로부터 집사가 기록한 자료에 대한 설명을 듣게 되었다. 현재의 감사에 해당하는 영어인 audit은 라틴어의 '청취'에 해당하는 'audire'에 그 기원을 두고 있다.[12)]

한편, 복식부기는 중세 이탈리아 북부지방에서 상업의 발달과 함께 상업 실무에서 상인들에 의해 생성된 것으로 추정된다. 이탈리아 북부지방은 1096년부터 1291년까지 약 200년에 걸친 십자군 전쟁으로 인해 동양과의 교역이 이루어지기 시작하였고, 피렌체, 제노바, 밀라노, 베네치아 등에서는 상업 및 동방무역의 발달과 신용거래와 은행의 출현, 공동 출자에 의한 조합의 생성과 조합 이익의 배분을 위해 자연스럽게 부기(bookkeeping)의 필요성이 고조되었다.

---

12) 友岡 贊, 『歴史に ふれる 会計學』, (有斐閣, 1996), p.44; Richard Brown, 『A History of Accounting and Accountants』, (General Books, 2009), p.72.

현존하는 최고(最古)의 은행부기 자료는 피렌체 도서관이 소장하고 있는 1211년 피렌체의 은행이 양피지에 남긴 장부이다. 이 장부는 당시 공증인들이 금전대차 거래를 기록하던 방식을 은행이 모방한 것으로, "채무자 A는 내가 빌려준 금액 ○○를 나에게 주어야 한다." 또는 "채권자 B는 나에게 준 금액 ○○를 받아야 한다."와 같은 문장 형태로 거래 내용을 기록하였다. 그런데 장부에는 한 고객의 예금을 줄이고, 동시에 다른 고객의 예금을 늘리는 방식으로, 고객 간의 채권·채무 관계를 상계한 기록도 나타난다. 이러한 기록은 복식부기의 초기 형태로 해석될 수 있다.[13)]

14세기부터는 좌우 대조 형식의 계정을 사용하기 시작하면서 고객의 채무는 계정의 왼쪽에, 고객의 채권은 계정의 오른쪽에 기록하였다. 또한 채무자와 채권자를 기록하기 위한 인적 계정뿐만 아니라 현금, 상품, 비품 등 물적 계정과 수익, 비용에 해당하는 명목 계정도 사용되면서, 거래를 왼쪽과 오른쪽으로 나누어 기록하는 복식부기 체계가 완성되었다. 현존하는 가장 오래된 좌우 대조식 복식부기 기록은 1340년 제노바 시청의 재무담당관이 작성한 장부로 알려져 있다.[14)]

그 후 베네치아에서 발견된 장부는 이전의 은행이 아닌 상인의 기록이라는 점에서 차이가 있다. 1406년에서 1434년까지의 베네치아 쏘란조(Soranzo) 형제 상회의 장부는 차변 금액이 대변 금액과 대응되고 있고, 현재와 같은 손익 계정(profit and loss account)과 자본 계정(capital account)을 모두 갖추고 있다.[15)] 1430년~1449년, 1456년~1482년까지 2대에 걸쳐 기록된 베네치아 바바리고(Barbarigo)의 장부는 분개장과 총계정원장을 모두 갖추고 있고, 연차 이익의

---

13) Wilmer L. Green, 『History and Survey of Accountancy』, (Routledge, 2016), p.56; Alan Sangster, "The Genesis of Double Entry Bookkeeping", 2016, *The Accounting Review* 91(1): p.303.

14) Wilmer L. Green, 앞의 책, p.58.

15) 위의 책, p.87; Richard Brown, 앞의 책, p.74.

산출기록이 존재한다는 점에서 이전보다 발전된 복식부기의 형태를 보여주고 있다.[16)]

야코포 데 바르바리의 '루카 파치올리의 초상'(1495년) – 나폴리 국립미술관 소장

현존하는 최고(最古)의 복식부기에 관한 책은 1494년 이탈리아의 루카 파치올리(Luca Pacioli)가 저술한 '산술, 기하, 비율 및 비례 총람(Summa de Arithmetica, Geometrica, Proportioni et Proportionalita)'이다. 이 책은 600쪽에 이르는 수학과 기하학의 백과사전 격인 책이지만, 그중 27쪽에 걸쳐 '상업적 계산과 기록(The Treatise de Computis et Scripturis)'이라는 소제목 하에 당시 베네치아에서 사용되고 있는 복식부기를 설명하고 있다.[17)]

파치올리의 복식부기는 한 번의 항해와 같은 1회적 기업의 복식부기를 다루고 있는데 손익계정이 있어 손익을 산출하였으나 현재와 같은 정기적인 결산

16) 고승희, 『회계사 회계사상사 연구서설』, (수서원, 2006), pp.28-36; Richard Brown, 앞의 책, p.80; A. H. Woolf, 앞의 책, p.107.

17) 田中靖浩, 『회계의 세계사』, (위즈덤하우스, 황선종 역, 2019), p.45.

복식부기의 전파(이탈리아 → 네덜란드 → 스코틀랜드, 영국)

까지는 이르지 못했다. 그러나 당시 상류 지식층만이 접할 수 있는 라틴어가 아닌 이탈리아어를 사용하였고, 구텐베르크에 의해 금속활자가 발명된 1450년 이후에 출판되었다는 점에서 이탈리아뿐만 아니라 네덜란드, 프랑스, 영국으로 복식부기가 전파되는데 공헌한 바가 컸다.[18)]

이후 이탈리아에서는 1534년 반쏘니(Manzoni), 1558년 카사노바(Casanova)가 복식부기에 관한 책을 출판했는데 파치올리의 책을 기본으로 하되 수치로 된 사례가 있다는 점에서 복식부기의 설명에만 의존하는 파치올리의 책과는 차

18) 友岡 贊, 앞의 책, p.64 ; A. H. Woolf, 앞의 책, p.130.

이가 있다.[19)]

한편, 이탈리아의 복식부기는 당시 유럽 최대의 무역도시인 네덜란드의 안트워프(Antwerp) 상인들에게도 전파된다. 안트워프의 상인인 임핀(Ympyn)은 베네치아에서 12년간 거주한 경험을 바탕으로 1543년에 이탈리아 복식부기에 관한 책을 네덜란드어로 출판하는데 이전의 책과는 달리, 팔고 남은 재고상품을 별도의 항목으로 처리하고 있다는 점에서 기간손익 계산의 존재를 인정받고 있다.

당시 안트워프에는 2인 이상의 조합형태의 기업이 존재하였는데 공정한 이익 분배를 위해서는 정확한 이익계산이 필요했을 것으로 추정된다. 임핀의 책은 1543년에 프랑스어로, 1547년에는 영어로도 번역되어 복식부기가 프랑스와 영국으로 전파되는데 기여한다. 현재와 같은 계속기업으로서 1년 1회의 정기적인 결산을 통하여 이익을 계산하는 형태의 복식부기는 1605년에 출판된 네덜란드 스테빈(Stevin)의 수학책 'mathematical traditions'에서 최초로 나타난다.[20)]

이후 복식부기 및 회계제도의 구축은 네덜란드에 이어 새로운 강대국으로 부상한 영국이 주도한다. 18세기 말부터 19세기 초에 걸쳐 산업혁명을 통하여 면방직, 제철, 철도산업에서 급속한 발전을 이룩한 영국은 법인 설립의 요건만 갖추면 법인으로 인정되는 준칙주의 방식을 기본으로 한 주식회사법(Joint Stock Companies Act)을 1844년에 제정하였다. 등기에 의한 법인 설립(incorporation by registration)을 허용하되 무한책임 주주의 보호 측면에서 법인의 파산과 경영진의 부정을 방지하고자 장부의 정기 결산과 대차대조표(balance sheet, 현재의 재무상태표)를 주주 대표로부터 감사받는 것을 의무화했다.

그 후 1856년 주식회사법은 주주의 유한책임(limited liability)을 도입하면서 주주와 경영진은 사적인 관계라는 인식하에 장부 및 대차대조표의 작성, 감사,

19) 友岡 賛, 앞의 책, pp.88-89.

20) Brown Richard, 앞의 책, pp.103-104.

감사인의 주식 소유여부를 강제조항에서 선택조항으로 개정하였다.[21] 또한 감사인은 경영에 참여해서는 안 되며 경영진과도 무관한 자이어야 한다는 감사인의 독립성이 1856년 주식회사법과 1862년 회사법에 명시되었다.

그러나 이후 주식회사의 파산과 분식회계가 자주 발생하였는데 특히 1878년의 글래스고우은행의 분식회계 사건으로 인해 1879년에 개정된 회사법(Companies Act)은 은행에 대해서는 장부 및 대차대조표의 작성과 감사를 다시 강제규정으로 환원하였다.[22] 이후 1900년의 회사법은 모든 회사에 대하여 임의규정이었던 장부 및 대차대조표의 작성과 감사를 강제규정으로 개정하였다.[23] 또한 전문성이 있는 회계사를 감사인으로 선임해야 한다는 조항은 이후 1947년 회사법에 추가되었다.

한편, 직업으로서의 회계사는 1773년 스코틀랜드 에딘버러(Edinburgh)의 인명부(directory)에 회계사라는 직업이 최초로 기재되어 있는 것으로 보아 18세기 말엽부터 영국에서 출현한 것으로 추정된다.[24] 1853년에는 에딘버리에서 회계사협회가 최초로 창립되었는데 당시 회계사는 주로 기업의 파산관련 업무를 담당하였다. 영국의 회계사인 픽스리(Pixley)는 감사 실무를 체계적으로 정리한 '감사인의 의무와 책임'(Auditors: Their Duties and Responsibilities)이라는 감사에 관한 책을 1881년 런던에서 최초로 출간하였다.[25]

---

21) Chatfield and Vangermeersch, 『The History of Accounting An International Encyclopedia』, (Garland Publishing, 1996), pp.137-138.

22) 분식(粉飾)이란 실제보다 좋게 보이려고 꾸미고 치장한다는 뜻으로 **분식회계**는 저조한 경영성과나 열악한 재무 상태를 좋게 만들기 위해 고의로 회계원칙을 위반하여 자산, 이익은 부풀리고 부채는 줄이는 행위를 말한다.

23) 友岡 贊, 앞의 책, p.222.

24) Wilmer L. Green, 앞의 책, p.49; 友岡 贊, 앞의 책, p.223.

25) 友岡 贊, 앞의 책, pp.216-223.

Accounting in literature

괴테의 소설 '빌헬름 마이스터의 수업시대' 속에 등장하는 복식부기

"우리가 사업을 할 때 규범으로 삼는 질서가 우리에게 마련해 주지 않는 조감 능력이 있던가! 질서는 우리가 개별적인 것 때문에 혼란을 일으킬 필요 없이 언제나 전체를 내려다볼 수 있게 해준단 말이야. 복식부기가 상인에게 얼마나 이익을 주는가! 그건 인간 정신이 고안해 낸 가장 아름다운 발명품들 중의 하나지. 그리고 훌륭한 살림꾼이라면 누구나 그것을 자신의 살림살이에 끌어 써야 할 걸세!"

요한 볼프강 폰 괴테, 『빌헬름 마이스터의 수업시대』, (민음사, 2007년), p.59.

요 약

1. 복식부기는 중세 이탈리아에서 상인들 간의 채권과 채무관계에 대한 기록에서 비롯되었을 것으로 추정되는데 당시에는 나로부터 돈을 빌려간 채무자(debtor)를 왼쪽에, 나에게 돈을 빌려준 채권자(creditor)를 오른쪽에 기록하였다. 이러한 관행에 따라 복식부기에서는 왼쪽을 차변(借邊), 오른쪽을 대변(貸邊)이라고 한다. 그러나 지금은 차변과 대변에 다른 많은 계정과목이 함께 기록되므로 원래의 채무자, 채권자의 의미는 남아 있지 않고, 단지 왼쪽과 오른쪽을 지칭하는 회계용어로만 사용된다.

2. 회계등식(자산 = 부채 + 자본)에서 자산은 등호(=)의 왼쪽에, 부채와 자본은 등호의 오른쪽에 위치한다. 따라서 자산의 증가는 왼쪽인 차변에, 부채 또는 자본의 증가는 오른쪽인 대변에 기록한다. 감소의 경우는 증가와는 반대로 자산의 감소는 대변(오른쪽), 부채와 자본의 감소는 차변(왼쪽)에 기록한다. 수익은 자본(주주 몫)의 증가에 해당하므로 대변(오른쪽)에 기록하고, 비용은 자본의 감소에 해당하므로 차변(왼쪽)에 기록한다.

3. 거래를 차변과 대변으로 나누어 기록하는 것을 분개라 하고, 분개가 이루어지는 곳이 분개장 또는 전표이다. 대부분의 기업은 회계전산시스템의 전표입력에서 날짜순으로 거래를 분개한다.

4. 회계전산시스템은 계정별 잔액을 쉽게 계산하기 위해 전표의 날짜별 분개를 총계정원장(원장)이라는 계정별 장부에 옮겨 기록하게 되는데 이를 전기라고 한다. 시산표는 회계기간 말 자산, 부채, 자본, 수익, 비용의 모든 계정의 잔액을 차변과 대변으로 나누어 표기한 것으로 차변의 합과 대변의 합이 일치하는가를 확인할 수 있다.

5. 회계기간에 발생한 수익과 비용, 자산과 부채 중 누락된 부분을 반영하기 위해 추가적인 분개를 회계기간 말에 하게 되는데 이를 결산수정분개라고 한다. 수정후시산표는 결산수정분개 후 작성하는 시산표로서 이를 바탕으로 재무제표를 작성한다.

6. 손익계산서는 해당 기간 발생한 수익과 비용, 총수익에서 총비용을 차감한 당기순이익(손실)을 보여준다. 재무상태표는 해당 기간 말 자산, 부채, 자본 계정의 잔액을 표기한다. 여기서 손익계산서 상의 당기순이익(손실)은 자본의 이익잉여금에 포함된다. 자본변동표는 해당 기간 자본금, 이익잉여금 등 자본 계정의 변동내역을 보여주고, 현금흐름표는 해당 기간 현금의 유입액과 유출액을 영업활동, 투자활동, 재무활동으로 구분하여 제공한다.

7. 회계전산시스템은 재무제표의 작성이 완료되면 당기순이익(손실)을 총계정원장의 이익잉여금 계정에 반영하고, 수익과 비용 계정의 잔액을 0으로 만들어줌으로써 장부를 마감한다. 재무상태표의 자산, 부채, 자본 계정의 기말잔액은 다음 기간의 기초잔액으로 이전(이월)된다.

8. 거래를 회계전산시스템에 분개하고, 회계전산시스템은 이를 전기하여 원장의 각 계정별로 잔액을 산출하며, 월말이 되면 결산수정분개를 통해 수익과 비용을 추가로 인식한 뒤 재무제표를 작성하고 장부를 마감하는 순서가 회계기간마다 반복된다. 이러한 일련의 과정을 회계순환과정이라고 한다.

9. 〈보론〉 역사적으로 재산의 정도와 증감에 관한 정보를 누군가에게 제공하는 회계의 시작이 로마시대였을 것으로 추정한다. 로마시대 이후 회계의 필요성이 사회적으로 제기되는 상황은 중세 유럽의 장원제도이다. 장원을 지배하는 영주는 자신이 소유한 재산의 관리와 운용 등의 업무를 집사에게 위임하였는데 집사는 자신이 관리한 내역을 기록하고 그 결과를 정기적으로 영주에게 보고하였으며, 집사가 작성한 자료를 검사하는 현재의 감사와 같은 업무도 존재하였다.

10. 〈보론〉 1494년 이탈리아의 루카 파치올리는 복식부기에 관한 내용을 그의 책에 역사상 최초로 소개하였고, 이후 네덜란드, 그 다음으로 프랑스와 영국으로 전파되었다. 이후 복식부기 및 회계제도의 구축은 산업혁명이 발생한 영국이 주도한다. 1844년 장부의 정기 결산과 대차대조표에 대한 감사를 의무화하는 주식회사법을 제정하였고, 이후 의무사항에서 선택사항으로 변경되었으나 1900년의 회사법은 장부 및 대차대조표의 작성과 감사를 다시 강제규정으로 전환하였고, 전문성 있는 회계사를 감사인으로 선임해야 한다는 조항은 1947년 회사법에 추가되었다.

11. 〈보론〉 직업으로서의 회계사는 18세기 말엽부터 영국에서 출현한 것으로 추정되고 1853년에는 최초로 스코틀랜드의 에딘버러 회계사협회가 창립되었으며, 영국의 회계사인 픽스리는 감사에 관한 교재를 1881년 런던에서 최초로 출간하였다.

O×퀴즈 아래 문장이 옳으면 ○, 틀리면 ×로 답하고 틀린 곳은 올바르게 고치시오.

1. 복식부기에서 왼쪽을 뜻하는 차변과 오른쪽을 뜻하는 대변은, 중세 이탈리아 북부 지방에서 채권과 채무관계를 기록하면서 나로부터 돈을 빌려간 채무자를 왼쪽에, 나에게 돈을 빌려준 채권자를 오른쪽에 기록하는 관행으로부터 기원하며, 영어로는 차변과 대변을 debit과 credit으로 부른다.

2. 현재는 차변과 대변에 다른 많은 계정과목이 함께 기록되므로 원래의 채무자, 채권자의 의미는 남아 있지 않고 단지 왼쪽과 오른쪽을 지칭하는 회계용어로만 사용된다.

3. 복식부기에서 자산의 증가는 왼쪽인 차변에, 부채 또는 자본의 증가는 오른쪽인 대변에 기록하고, 수익은 자산의 증가에 해당하므로 차변에, 비용은 자산의 감소에 해당하므로 대변에 기록한다.

4. 거래를 차변과 대변으로 나누어 기록하는 것을 분개라고 하는데, 이는 우리나라 고유의 복식부기인 '사개송도치부법'에서 기원한 것으로 거래를 사개(四介 – 자산, 부채, 이익, 손실) 중 어느 것과 관련되는지를 나눈다는 뜻이다.

5. 시산표를 작성한 후 차변의 합과 대변의 합이 같다면 오류가 없음을 의미한다.

6. 감가상각이란 1년을 초과하여 사용하는 자산은 시간이 지날수록 사용으로 인해 가치가 하락하므로 정확히 가치가 하락한 금액을 비용으로 인식하는 것이다.

7. 회계기간 중 발생한 이자비용에 대한 결산수정분개가 누락된다면 비용과 부채가 과소 계상된다.

8. 재무상태표는 수정후시산표에 나오는 자산, 부채, 자본의 모든 계정과목 잔액을 그대로 표기하여 작성한다.

9. 현금흐름표상의 영업활동 현금흐름은 손익계산서상의 당기순이익과 일치한다.

10. 현금흐름표상에서 영업활동 현금흐름, 투자활동 현금흐름, 재무활동 현금흐름을 모두 더해서 양수(+)이면 회계기간 동안 현금이 증가했음을 의미하고, 음수(−)이면 현금이 감소했음을 의미한다.

11. 이익잉여금은 당기순이익이 발생하면 증가하고 당기순손실이 발생하면 감소하며 배당의 지급이 결정되면 증가한다.

12. 감가상각에 대한 결산수정분개는 비용과 부채를 증가시킨다.

13. 당기 이자비용 금액과 당기 말 미지급이자의 잔액은 항상 일치한다.

14. 감가상각에 대한 결산수정분개에서 대변에 기록되는 감가상각누계액의 금액은 내용연수가 경과함에 따라 증가한다.

15. 주식회사는 회계기간 말 재무제표의 작성이 완료되면 마감분개를 통해 당기순이익(손실)을 총계정원장의 자본금 계정에 반영하고, 수익 및 비용 계정의 잔액을 0으로 정리한다.

16. 재무상태표에 포함되는 모든 자산, 부채, 자본 계정들의 기말잔액은 다음 기간의 기초잔액으로 이월된다.

17. 〈보론〉 중세 장원제도에서 장원을 지배하는 영주는 자신의 재산에 대한 관리와 운용, 세금 징수 등의 업무를 집사에게 위임하였는데 집사는 자신이 관리한 내역을 기록하고 그 결과를 정기적으로 영주에게 보고하였으며 집사가 작성한 자료를 검사하는 현재의 감사와 같은 업무도 존재하였다.

18. 〈보론〉 복식부기를 1494년 세계 최초로 발명한 사람은 이탈리아의 수도사 루카 파치올리이다.

제2장 객관식 문제

1. 다음 거래의 결합관계를 나타낸 것으로 옳은 것은? 〈FAT 2급, 2024 수정〉

· 업무출장으로 인한 교통비 50,000원을 현금으로 지급하였다.

① (차) 자산의 증가 (대) 부채의 증가
② (차) 비용의 발생 (대) 자산의 감소
③ (차) 비용의 발생 (대) 자본의 증가
④ (차) 자산의 증가 (대) 수익의 발생

2. 다음은 (주)서울의 20×1년 소모품 관련 자료이다. 결산 시 회계처리로 옳은 것은? 〈FAT 1급, 2024〉

· 20×1년 4월 1일 소모품 1,000,000원을 구입하고 대금은 현금으로 지급하였으며, 구입한 소모품은 전액 비용처리 하였다.
· 20×1년 12월 31일 소모품 미사용액은 200,000원이다.

① (차) 소모품 200,000원 (대) 소모품비 200,000원
② (차) 소모품 800,000원 (대) 소모품비 800,000원
③ (차) 소모품비 200,000원 (대) 소모품 200,000원
④ (차) 소모품비 800,000원 (대) 소모품 800,000원

3. 다음 중 결산 시 차기이월로 계정을 마감하는 계정과목에 해당하는 것은? 〈전산회계 2급, 2024 수정〉

① 이자수익 ② 임차료 ③ 통신비 ④ 자본금

4. 다음 중 총계정원장의 잔액이 항상 대변에 나타나는 계정과목은 무엇인가? 〈전산회계 2급, 2024〉

① 임대료수입 ② 보통예금 ③ 수수료비용 ④ 매출채권

5. 다음 중 재무제표에 해당하지 않는 것은? 〈전산회계 1급, 2024〉

① 기업의 계정별 합계와 잔액을 나타내는 시산표

② 일정 시점 현재 기업의 재무상태(자산, 부채, 자본)을 나타내는 보고서

③ 기업의 자본에 관하여 일정 기간 동안의 변동 흐름을 파악하기 위해 작성하는 보고서

④ 재무제표의 과목이나 금액에 기호를 붙여 해당 항목에 대한 추가 정보를 나타내는 별지

제2장 주관식 문제

1. (주)행복자동차클리닝의 4월 거래내역은 다음과 같다. 아래 물음에 답하시오.

4월 1일	자동차의 실내 클리닝서비스를 제공하는 주식회사의 설립등기를 완료하고, 회사통장을 개설한 후 5,000만원을 입금함.
4월 2일	출장서비스를 위해 중고차를 현금 1,850만원에 구입하고, 청소에 사용될 고온스팀청소기(비품) 3대를 총 1,500만원에 현금으로 구입함
4월 3일	사무실에서 사용할 책상 등 비품의 구입을 위해 현금 900만원을 지급하고, 필기구, 종이 등 사무용품 구입으로 현금 20만원을 지불함.
4월 4일	추가 자금의 조달을 위해 은행에서 현금 500만원을 1년 만기, 6% 연이자율, 매달 초 이자 지급의 조건으로 대출 받음.
4월 7일	클리닝서비스에 사용될 소모품 구입을 위해 현금 50만원을 지급함.
4월 30일	4월 한 달간 총 50대의 자동차에 실내 클리닝서비스를 제공하여 700만원의 현금을 수령함.
4월 30일	직원의 4월 월급으로 400만원을, 4월 사무실 임차료로 100만원을 현금으로 지급하고, 4월 한 달간 자동차 유류비로 현금 20만원을 지출함.

1) 위의 거래를 날짜별로 분개하시오.

2) 4월 말 현금 계정의 잔액을 계산하시오.

3) 4월 30일의 시산표를 작성하시오.

4) 4월 말 결산수정분개를 위한 추가정보는 아래와 같다. 추가정보에 대한 수정분개를 포함하여 필요한 모든 결산수정분개를 하시오.

- 자동차, 청소기, 비품의 내용연수는 모두 5년이고, 잔존가치는 자동차만 50만원이고 나머지는 0이다.
- 4월 말 현재 사무용품은 모두 사용하였고, 청소소모품은 10만원 정도 남아 있다.

5) 수정후시산표를 작성하시오.

6) 손익계산서, 재무상태표, 자본변동표, 현금흐름표를 각각 작성하시오.

2. 다음은 주식회사가 아닌 개인기업 베스트클리닝의 4월 거래내역이다. 다음 물음에 답하시오.

4월 1일	김수정은 세무서에서 베스트클리닝이라는 상호명으로 사업자등록을 신청하고, 은행에서 사업자계좌를 개설한 후 그 계좌에 3,000만원을 입금함.
4월 2일	물세탁기, 건조기, 드라이클리닝기계를 2,000만원에 현금으로 구입하고, 세탁에 사용될 소모품을 현금 50만원에 구입함.
4월 3일	추가적인 자금을 조달하기 위해 은행에서 현금 500만원을 1년 만기, 4.8% 연이자율, 매달 초 이자 지급의 조건으로 대출함.
4월 4일	홍보를 위해 광고전단의 제작을 의뢰하고 48만원을 지급함.
4월 30일	4월 한 달간 세탁서비스로 400만원의 현금을 수령함.
4월 30일	4월 임차료로 100만원을, 수도 및 전기료로 40만원을 현금으로 지급하고, 소유주 김수정에게 현금 100만원을 지급함.

1) 위의 거래를 날짜별로 분개하시오.
2) 4월 말 현금 계정의 잔액을 계산하시오.
3) 시산표를 작성하시오.
4) 4월 말 결산수정분개를 위한 추가정보는 아래와 같다. 추가정보에 대한 수정분개를 포함하여 필요한 모든 수정분개를 하시오.
   - 물세탁기, 건조기, 드라이클리닝기계의 내용연수는 5년이고, 잔존가치는 총 20만원이다.
   - 4월 말 현재 소모품은 10만원 정도 남아있다.
5) 수정후시산표를 작성하시오.
6) 손익계산서와 재무상태표를 각각 작성하시오(개인기업은 이익잉여금 계정이 없고, 당기순이익(손실)은 자본금을 증가(감소)시킴).

Accounting in practice

기업의 종류

기업은 크게 개인기업과 법인기업으로 나뉜다. **개인기업**은 개인이 특정 사업을 하기 위해 가까운 세무서에 사업자등록을 신청하여 사업자등록증을 발급받음으로써 설립되는 기업이다. 설립절차가 간단하여 식당, 상점, 미용실, 약국 등과 같은 소규모 자영업이 주로 개인기업으로 만들어진다. 개인기업은 설립한 개인이 개인기업의 거래, 재산소유, 소송 등의 당사자가 되고, 개인기업이 벌어들인 소득에 대한 세금은 설립한 개인이 종합소득세로 납부한다.

반면, **법인기업**은 기업이 사람처럼 권리나 의무의 주체가 되어 재산을 소유하고, 다른 사람 또는 기업과 거래할 수 있으며 소송의 당사자가 되는 것이 법으로 허용된다. 법인기업은 기본적으로 법인세를 납부한다. 법인세율이 일반적으로 종합소득세율보다 낮기 때문에 동일한 소득에 적은 세금을 납부한다는 장점이 있다. 또한 법인기업이 개인기업보다는 자금조달 또는 계약체결 시에 대외적 신뢰도가 높다. 따라서 창업 시에는 개인기업으로 시작하였다가 기업의 소득규모가 커지면 주로 주식회사 형태의 법인으로 전환하는 경우가 많다. 그러나 법인은 법인세를 납부하고, 법인의 출자자가 법인기업으로부터 배당을 받을 때 배당소득세를 납부하게 되어 이중으로 과세된다는 단점이 있다.

우리나라 상법이 인정하는 법인기업으로는 합명회사, 합자회사, 유한회사, 유한책임회사, 주식회사가 있고 그중 가장 많은 것은 주식회사이다. 주식회사의 출자자(주주)는 원칙적으로 자신이 출자한 금액에 한해서 책임을 지기 때문에 주식회사는 다수를 상대로 주식을 발행함으로써 대규모의 자금조달이 가능하다.

3. 다음은 컴퓨터 수리업체인 (주)컴퓨터119의 20×1년 12월 31일 수정후시산표이다. 아래 물음에 답하시오(법인세비용은 없는 것으로 가정).

수정후시산표

20×1년 12월 31일

(주)컴퓨터119 (단위: 천원)

차 변	계정과목	대 변
88,000	현 금	
214,000	비 품	
	비품감가상각누계액	30,000
	미지급이자	2,000
	장기차입금	100,000
	자본금	148,000
	이익잉여금(20×1.12.1.)	7,000
	용역매출(용역수익)	282,200
121,000	급 여	
90,000	임차료	
7,000	보험료	
6,000	수도광열비	
24,000	광고선전비	
5,000	감가상각비	
5,200	이자비용	
9,000	여비교통비	
569,200	합 계	569,200

1) 20×1년 12월의 손익계산서를 작성하시오(20×1년 12월 1일~12월 31일).

2) 20×1년 12월 말 재무상태표를 작성하시오.

4. 다음은 (주)ABC교육의 20×1년 6월 말 결산수정분개 후 총계정원장에 나타난 계정별 잔액이다. 아래 물음에 답하시오.

(단위: 백만원)

계정과목	잔 액	계정과목	잔 액
자본금	900	수강료수익	13,000
현 금	?	비품감가상각비	300

임차료	1,600	단기차입금	800
급 여	1,800	비품감가상각누계액	300
지급수수료	850	강사용역비	7,580
이익잉여금(20×1.6.1)	500	비 품	3,000

1) 수정후시산표를 작성하고, 현금 잔액을 산출하시오.
2) 손익계산서를 작성하시오.
3) 재무상태표를 작성하시오.

5. 다음은 12월 한 달간의 영업을 종료한 (주)시대방송이 12월 말 결산수정분개를 수행한 후 총계정원장에 나타난 계정별 잔액이다. 아래 물음에 답하시오.

(단위: 원)

계정과목	잔 액	계정과목	잔 액
방송장비	2,100,000,000	수신료수익	1,068,800,000
방송장비감가상각누계액	1,330,000,000	자본금	2,000,000,000
단기차입금	1,360,000,000	비 품	48,000,000
현 금	2,620,000,000	비품감가상각누계액	28,800,000
이익잉여금(20×1.12.1.)	60,000,000	급 여	150,000,000
미지급이자	10,000,000	이자비용	13,800,000
광고선전비	110,000,000	외주용역비	430,000,000
지급수수료	350,000,000	감가상각비	35,800,000

1) 12월의 당기순이익(손실)은 얼마인가?
2) 12월 말 재무상태표에 나타날 이익잉여금 잔액은 얼마인가?
3) 12월 말 재무상태표에 나타날 방송장비와 비품의 취득원가와 장부가는 각각 얼마인가?
4) 12월 말의 재무상태표를 작성하고, 회계등식이 성립하는지 확인하시오.

6. 본 장에서는 (주)안심경비의 4월 거래를 분개하고 재무제표를 작성하였다. 아래는 그 다음 달인 5월의 거래내역이다. 다음 물음에 답하시오.

5월 1일　단기차입금 1,000만원에 대한 이자로 5만원을 현금으로 지급함.

5월 2일　필기구, 종이 등 사무용품 구입으로 현금 20만원을 지불함.

5월 12일　직원 4명과 함께 A식당에서 저녁식사를 하고 25만원을 현금으로 지불함(복리후생비로 처리).

5월 19일　행복아파트 관리소장과 B식당에서 식사를 하고 10만원을 현금으로 지불함(접대비로 처리).

5월 31일　행복아파트로부터 5월 한 달간 경비서비스에 대한 대가로 현금 1,200만원을 수령함.

5월 31일　5월 급여 총 800만원을, 5월 사무실 임차료로 100만원을, 5월 전기 사용료로 8만원을 각각 현금으로 지급함.

1) 위의 거래를 날짜별로 분개하시오.
2) 5월 말 현금 계정의 잔액을 계산하시오(기초잔액은 본문 〈표 2.5〉 재무상태표를 참조할 것).
3) 5월 말의 시산표를 작성하시오(계정별 기초잔액은 〈표 2.5〉 재무상태표를 참조할 것).
4) 5월 말의 결산수정분개를 위한 추가정보는 아래와 같다. 필요한 모든 수정분개를 하시오.
   - 비품의 감가상각과 차입금 이자에 관한 내용은 4월과 동일함.
   - 5월 말 현재 5월 2일 구입한 사무용품의 절반 정도가 남아있다.
5) 5월 말의 수정후시산표를 작성하시오.
6) 손익계산서와 재무상태표를 각각 작성하시오.

7. 다음은 회계기간 말 재무상태표에 포함된 계정과 잔액을 나타낸 것이다. 자산총계, 부채총계, 자본총계를 계산하고, 회계등식이 성립하는지 확인하시오.

· 현　금	770,000원	· 비품감가상각누계액	(5,000,000원)
· 자본금	10,000,000원	· 비　품	25,000,000원
· 이익잉여금	1,120,000원	· 미지급이자	50,000원
· 소모품	400,000원	· 단기차입금	10,000,000원

실제 기업 사례 문제

1. 전자공시시스템(dart.fss.or.kr)에서 K-IFRS를 채택하는 (주)케이티텔레캅의 2024년 감사보고서를 검색하여 다음과 같은 손익계산서를 찾은 후 아래 물음에 답하시오.

제 19(당) 기　　2024년 1월 1일부터 2024년 12월 31일까지
제 18(전) 기　　2023년 1월 1일부터 2023년 12월 31일까지

케이티텔레캅 주식회사　　　　(단위: 백만원)

과 목	제19기		제18기	
Ⅰ. 영업수익		531,670		525,946
Ⅱ. 영업비용		(511,540)		(510,448)
Ⅲ. 영업이익		20,131		15,499
Ⅳ. 영업외손익		(8,200)		(8,348)
금융수익	21,974		794	
금융비용	(27,373)		(6,929)	
기타영업외수익	1,017		1,069	
기타영업외비용	(3,819)		(3,282)	
Ⅴ. 법인세비용 차감전순이익		11,930		7,150
Ⅵ. 법인세비용		(3,137)		(1,422)
Ⅶ. 당기순이익		8,793		5,728

1) (주)케이티텔레캅 재무제표 주석을 참조하여 (주)케이티텔레캅의 영업수익이 구체적으로 무엇으로 구성되어 있는지 답하시오.

2) (주)케이티텔레캅 재무제표 주석을 참조하여 (주)케이티텔레캅의 영업비용 중 가장 비중이 큰 항목 5개는 무엇이고, 2023년도와 비교할 때 영업비용 중 금액이 가장 크게 증가한 항목 5개는 무엇인가? (재무제표 주석에서 영업비용의 내역을

복사하여 EXCEL에 붙인 후 계산)

3) (주)케이티텔레캅 재무제표 주석을 참조하여 (주)케이티텔레캅의 금융수익과 금융비용이 구체적으로 무엇으로 구성되어 있는지를 답하시오.

4) (주)케이티텔레캅 재무제표 주석을 참조하여 (주)케이티텔레캅의 기타영업외수익과 기타영업외비용이 구체적으로 무엇으로 구성되어 있는지를 답하시오.

5) (주)케이티텔레캅 재무제표 주석에서 (주)케이티텔레캅의 주식을 가장 많이 보유하고 있는 최대주주는 누구이고, 보통주의 지분율은 얼마인지를 찾아 답하시오.

2. 전자공시시스템(dart.fss.or.kr)에서 상장기업 (주)나이스평가정보의 2024년 사업보고서를 검색하여 다음과 같은 손익계산서를 찾은 후 아래 물음에 답하시오.

제 41 기 2024년 1월 1일부터 2024년 12월 31일까지

제 40 기 2023년 1월 1일부터 2023년 12월 31일까지

나이스평가정보 주식회사 (단위: 백만원)

과 목	제41기	제40기
영업수익	442,593	419,498
영업비용	361,053	353,177
종업원급여비용	109,282	103,596
감가상각비	23,004	19,890
지급수수료	152,077	151,038
외주용역비	36,543	38,743
광고선전비	16,782	17,217
기타영업비용	23,366	22,693
영업이익(손실)	81,540	66,321
금융수익	4,707	5,325
금융비용	509	477
기타영업외수익	4,741	954
기타영업외비용	7,900	3,215
법인세비용차감전순이익	82,580	68,909
법인세비용(수익)	18,495	12,002
당기순이익(손실)	64,085	56,906

1) 2024년 영업이익이 영업수익에서 차지하는 비율을 2023년과 비교해 보고, 증감의 원인을 무엇으로 볼 수 있는지 답해 보시오.
2) 금융수익과 금융비용에 포함되는 것은 어떤 것이 있는지 재무제표 주석을 참조하여 답하시오.
3) 기타영업외수익과 기타영업외비용에 포함되는 것은 어떤 것이 있는지 재무제표 주석을 참조하여 답하시오.
4) 2024년 당기순이익이 영업수익에서 차지하는 비율을 2023년과 비교해 보고, 증감의 가장 큰 원인을 무엇으로 볼 수 있는지 답해 보시오.

제 3 장

상품매매기업의 회계

제2장은 경비서비스를 제공하는 (주)안심경비를 대상으로 거래의 분개에서 재무제표 작성까지의 과정을 살펴보았다. 본 장에서는 제조업체로부터 완성품을 매입하여 고객(개인 또는 소매업체)에게 되파는 것을 주된 영업으로 하는 상품매매기업을 다룬다. 상품매매기업의 회계는 서비스를 제공하는 기업과는 달리 제조업체로부터 완성품을 매입하는 거래와 매입한 완성품을 고객에게 판매하는 거래에 대한 회계처리가 필요하다.

3.1 상품의 기록

기업이 판매할 목적으로 다른 기업으로부터 구입하는 완성품을 회계에서는 **상품**(merchandise)이라고 한다.[1] 상품의 회계처리에서 중요한 점은 상품을 구입하는 시점에는 자산으로 기록하고, 상품이 판매되면 상품을 제거하고 **매출원가**(cost of goods sold)라는 비용으로 처리한다는 점이다.

예를 들면, 이번 달 초에 상품 100개를 개당 1만원에 구입을 하였다면, 우선 상품 100만원(=100개×10,000원)을 자산으로 기록한다. 그리고 이번 달 말까지 80개가 팔렸다면 팔린 상품 80만원(=80개×10,000원)을 제거하면서 손익계산서상에 비용으로 80만원의 매출원가를 인식하며, 팔리지 않은 상품 20만원(=20개×10,000원)은 재무상태표상에 상품이라는 자산으로 표기한다.

여기서 기업이 매출원가를 정확하게 계산하기 위해서는 회계기간 중 구입

1) 기업이 스스로 사용할 목적으로 구입한 완성품은 1년 이내 소모되는 물품이면 소모품, 사무용품 등으로, 1년 넘게 사용하는 물품이면 비품, 공구와기구 등으로 기록된다.

한 상품의 수량과 단가, 그리고 판매된 상품의 수량을 파악해야 한다. 대부분의 기업들은 상품을 구입하고 판매하는 시점에 들어오고 나가는 상품의 수량을 바코드와 스캐너 등을 이용하여 기록한다. 회계에서는 상품의 매입과 매출이 발생할 때마다 상품의 수량과 단가를 계속 기록하여 판매된 상품의 수량, 기말에 남아있는 수량을 결정하는 기록방법을 **계속기록법**(perpetual inventory system)이라고 한다.[2)]

아래에서는 4월 1일 창업한 소방용품 매매기업인 (주)안전유통의 4월 상품 거래내역을 토대로 상품 거래의 분개를 살펴보기로 한다.

4월 5일	분말소화기 450개를 제조업체 K기업으로부터 개당 10,000원에 외상으로 구입함.
4월 10일	Z건설에 분말소화기 400개를 개당 15,000원에 외상판매함.
4월 15일	분말소화기 550개를 제조업체 K기업으로부터 개당 10,000원에 외상으로 구입함.
4월 28일	X물산에 분말소화기 500개를 개당 15,000원에 외상판매함.

3.2 상품 거래의 분개

(주)안전유통은 4월 5일 제조업체로부터 외상으로 분말소화기 450개를 개당 10,000원에 구입하였다. 회사와 회사 간의 거래는 흔히 외상으로 이루어지

2) 기록하는데 드는 비용, 시간 등의 문제로 계속기록법을 사용하지 않는 경우는 **실지재고조사법**(periodic inventory system)을 사용한다. 실지재고조사법은 상품의 구입 시에만 수량과 단가를 기록하고, 회계기간 말에 남아 있는 상품의 수량은 실사를 통하여 파악하며, 회계기간 중 팔린 상품의 수량은 (기초수량+당기 매입수량−기말수량)으로 산출한다. 실무에서는 계속기록법을 사용하되 분기 또는 1년에 한 번씩 재고조사를 실시하는 방법을 주로 사용한다.

는 경우가 많다. 상품매매기업의 입장에서는 상품을 외상으로 구입하였다가 고객에게 팔아서 획득한 현금으로 제조업체에게 지불할 수 있다는 장점이 있다. 제조업체도 외상거래로 현금을 바로 받지는 못하지만, 현금거래보다 더 많은 물건을 팔아 매출수익을 늘릴 수 있다는 장점이 있다. 일반적으로 외상매입은 보통 상품 구매 후 30일~90일이 지나서 현금으로 결제된다.

4월 5일의 상품 외상구매를 분개하면 자산인 상품의 증가는 차변에, 외상구매로 앞으로 지불해야 할 의무가 발생하므로 이에 대한 부채 계정인 **매입채무**(accounts payable)의 증가는 대변에 기록한다. 만약, 현금을 지불하고 구입한다면 현금의 감소이므로 현금 450만원(=450개×10,000원)을 대변에 기록할 것이다.

4월 15일의 상품 외상구매도 아래와 같이 동일하게 분개하며, 상품과 매입채무는 550만원(=550개×10,000원)으로 기록한다. 또한 (주)안전유통은 분개 시에 상품의 종류와 수량 및 단가, 그리고 매입채무에 대한 사후 관리를 위해 거래처와 지급만기에 관한 정보를 별도로 회계전산시스템에 입력한다.

날짜	차 변		대 변	
4월 5일	상 품	4,500,000	매입채무	4,500,000
4월 15일	상 품	5,500,000	매입채무	5,500,000

(주)안전유통은 4월 10일 Z건설에게 분말소화기 400개를 개당 15,000원에 외상으로 판매하였다. 판매에 대한 회계처리는 판매로 인한 **매출수익**(sales)과 판매한 상품에 대한 **매출원가**(cost of goods sold)를 각각 별도로 분개한다. Z건설에 대한 판매로 (주)안전유통은 매출수익이 600만원(=400개×15,000원) 발생하고, 앞으로 현금 600만원을 수취할 권리를 획득하였다.

회계에서는 주된 영업활동에서 외상매출로 인해 장래 현금을 수취할 권리를 **매출채권**(accounts receivable)이라고 부르고, 매출채권은 자산에 해당한다. 따라서 외상판매 거래는 매출채권이라는 자산의 증가와 매출이라는 수익의 발생,

즉 자본의 증가에 해당한다. 이를 분개하면 아래와 같이 자산인 매출채권은 차변에, 매출(수익)은 대변에 기록한다.[3)]

날 짜	차 변		대 변	
4월 10일	매출채권 매출원가	6,000,000 4,000,000	매출(수익) 상 품	6,000,000 4,000,000
4월 28일	매출채권 매출원가	7,500,000 5,000,000	매출(수익) 상 품	7,500,000 5,000,000

한편, 판매한 분말소화기는 개당 10,000원에 구입하였으므로 매출원가는 400만원(=400개×10,000원)이다. 매출원가에 대한 분개는 매출원가가 비용이고, 비용은 자본의 감소이므로 차변에 매출원가 400만원으로, 판매된 상품은 보유하던 자산의 감소이므로 대변에 상품 400만원으로 기록한다.

4월 28일의 상품 외상판매도 동일한 방법으로 분개하며 매출과 매출채권은 750만원(=500개×15,000원), 매출원가와 상품은 500만원(=500개×10,000원)으로 기록한다. 판매할 때마다 매출원가를 계산하여 함께 분개하는 것은 현실적으로 어려운 일이다. 따라서 판매시점에는 매출에 대한 분개만 하고, 상품에 대한 출고 정보는 별도로 기록해 두었다가 회계기간 말에 회계기간 중 판매된 상품에 대한 매출원가를 일괄적으로 한 번에 분개하는 방법이 많이 사용된다.

앞서 소개한 계속기록법은 상품의 매입(입고) 시 매입수량과 매입단가, 그리고 상품의 판매(출고) 시 판매수량과 판매단가에 대한 정보를 계속적으로 기록한다. 이러한 날짜별 상품의 매입과 판매에 대한 장부를 **상품수불부** 또는 **상**

---

3) 판매에 대한 분개의 경우 매출수익 600만원에서 매출원가 400만원을 차감하면 매출로 인한 이익은 200만원이다. 따라서 분개를 (차변) 매출채권 600만원, (대변) 상품 400만원, (대변) 매출이익 200만원으로 하는 방법도 고려해 볼 수 있다. 그러나 현행 회계기준은 매출수익과 매출원가를 각각 총액으로 표기하는 방법을 사용한다. 왜냐하면 총액으로 수익과 비용을 별도로 분개하면 투자자에게 전체 매출 규모와 매출원가가 매출수익에서 차지하는 비율에 대한 정보도 함께 제공할 수 있기 때문이다.

품재고장(stock ledger)이라고 하는데 계속기록법을 사용하여 (주)안전유통의 상품수불부를 작성한 예는 〈표 3.1〉과 같다.

표 3.1 상품수불부 – 분말소화기

날 짜	적 요	입 고			출 고			재고수량
		수 량	매입단가	금 액	수 량	판매단가	금 액	
4.1	기초재고	0		0				0
4.5	매 입	450	10,000	4,500,000				450
4.10	매출-Z건설				400	15,000	6,000,000	50
4.15	매 입	550	10,000	5,500,000				600
4.28	매출-X물산				500	15,000	7,500,000	100
합 계		1,000		10,000,000	900		13,500,000	

계속기록법으로 위와 같은 상품수불부를 작성한다면 회계기간 중 팔린 수량은 총 900개, 이에 대한 매출원가는 900만원(=900개×10,000원)임을 알 수 있고, 이를 회계기간 말에 한 번에 분개할 수도 있다. 〈표 3.1〉의 마지막 행에서 회계기간 중 총입고수량은 1,000개이고, 총출고수량은 900개이므로 4월 말에 남아 있는 재고수량은 100개이다.

계속기록법을 사용하면 기중 어느 때나 상품수불부를 통해 상품의 종류별 재고수량을 쉽게 파악할 수 있다. 그 결과 상품의 추가 매입이 필요한 때를 알 수 있게 되고, 적정 재고수량을 유지할 수 있다는 장점이 있다.

한편, 〈표 3.1〉의 상품수불부상의 재고수량은 장부상 수량일 뿐 도난, 파손, 실수 등으로 (주)안전유통이 4월 말에 실제로 100개의 상품을 보유하고 있다는 보장은 없다. 이에 대한 확인을 위해 상품매매기업은 정기적으로 상품 재고수량에 대한 실사를 수행하고, 만약 장부상의 수량과 일치하지 않는다면 그 차이만큼 상품을 줄이고, **재고자산감모손실**(loss from inventory shrinkage)이라는 비용을 추가로 인식한다.[4)]

3.3 상품매매기업의 회계순환 사례

지금까지 상품매매기업의 상품 매입과 매출에 관한 회계처리에 대해 설명하였다. 아래에서는 소방용품을 사고파는 (주)안전유통의 4월 거래를 모두 분개하고, 결산수정분개를 거쳐 재무제표를 작성해 보도록 한다. 계속기록법으로 상품의 회계처리를 하는 (주)안전유통의 4월 거래내역은 아래와 같다.

4월 1일	노인화 씨는 (주)안전유통이라는 회사명으로 소방용품 유통기업의 주식회사 설립등기를 완료하고, 은행에서 회사통장을 개설한 후 그 계좌에 3,000만원을 입금함.
4월 2일	사무실 임차를 위해 보증금 2,000만원(임차기간 2년)과 4월 임차료 100만원을 현금으로 지급하고, 화재보험료로 1년 치 48만원을 현금으로 지급함.
4월 3일	책상, 의자 등 비품을 600만원에 구입하고 한 달 후에 지급하기로 함. 비품은 5년간 사용할 예정이며 사용 후 폐기할 예정임.
4월 4일	자금을 추가로 조달하기 위해 은행에서 현금 1,000만원을 1년 만기, 연 이자율 6%, 매달 초 이자 지급의 조건으로 대출함.
4월 5일	분말소화기 450개를 제조업체 K기업으로부터 개당 10,000원에 한 달 후 지급하는 조건으로 외상구입함.
4월 10일	Z건설에 분말소화기 400개를 개당 15,000원에 한 달 후 지급받는 조건으로 외상판매함.
4월 15일	분말소화기 550개를 제조업체 K기업으로부터 개당 10,000원에 한 달 후 지급하는 조건으로 외상구입함.

4) 만약 (주)안전유통이 실사한 결과 기말 재고수량이 98개라면, 다음과 같이 분개한다. (차변) 재고자산감모손실 2만원, (대변) 상품 2만원(= 2개 × 1만원)

4월 28일 X물산에 분말소화기 500개를 개당 15,000원에 한 달 후 지급받는 조건으로 외상판매함.

4월 29일 4월 급여 350만원과 4월 전력비 10만원을 현금으로 지급함.

1) 거래의 분개

위의 거래에 대한 날짜별 분개는 〈표 3.2〉와 같다.

표 3.2 (주)안전유통의 4월 거래 분개

날 짜	차 변		대 변	
4월 1일	현 금	30,000,000	자본금	30,000,000
4월 2일	임차보증금 임차료	20,000,000 1,000,000	현 금	21,000,000
4월 2일	선급보험료	480,000	현 금	480,000
4월 3일	비 품	6,000,000	미지급금	6,000,000
4월 4일	현 금	10,000,000	단기차입금	10,000,000
4월 5일	상 품	4,500,000	매입채무	4,500,000
4월 10일	매출채권 매출원가	6,000,000 4,000,000	매 출 상 품	6,000,000 4,000,000
4월 15일	상 품	5,500,000	매입채무	5,500,000
4월 28일	매출채권 매출원가	7,500,000 5,000,000	매 출 상 품	7,500,000 5,000,000
4월 29일	급 여 전력비	3,500,000 100,000	현 금	3,600,000

4월 2일 사무실 임차를 위해 지급한 보증금 2,000만원은 임차기간 만료 시 사무실의 소유주로부터 되돌려 받는 금액이므로 자산에 해당한다. 따라서 2,000만원은 자산인 **임차보증금**(leasehold deposit paid) 계정에 차변으로 기록하고, 월임차료 100만원은 비용인 임차료 계정으로 차변에 분개한다.

또한 4월 2일 지불한 화재보험료 48만원은 4월 한 달 치 보험료가 아니라 1년 치를 미리 지급한 것이다. 따라서 만약 이를 (차변) 보험료 48만원으로 분개할 경우 1년 치의 보험료가 4월에 모두 비용으로 반영되고, 나머지 기간에는 보험료가 반영되지 않는 문제가 발생한다.

따라서 우선 48만원을 **선급보험료**(prepaid insurance expense)라는 자산으로 인식하고, 앞으로 12개월 동안 월말 결산수정분개를 통해 그 달의 보험료를 인식하는 방법을 사용한다. 이와 같이 현금을 미리 지급하여 앞으로 특정 서비스를 받을 권리를 획득하는 경우, 이를 자산으로 인식하며 이러한 예로서 선급보험료, 선급임차료 등이 있다.

4월 3일 비품의 취득에서 현금 600만원을 당일 지급하지 않고, 한 달 후에 지급하기로 하였다. 회계에서는 장래 매출과 직접적으로 관련되는 상품 또는 원재료의 외상구입으로 인한 채무는 매입채무 계정에, 그 외에 매출과 직접적으로 관련 없는 비품, 차량, 소모품 등의 외상구입으로 발생한 채무는 **미지급금**(non-trade payable) 계정에 기록한다. 책상, 의자와 같은 비품의 취득은 비품을 판매하는 것을 목적으로 하는 기업을 제외하면 매출과 직접적으로 관련된 상품의 외상구입이 아니므로 미지급금 계정을 사용하고, 부채의 증가이므로 대변에 기록한다.

4월 5일 분말소화기의 외상구입은 (주)안전유통이 분말소화기를 자신이 사용할 목적으로 구입한 것이 아니라 다른 기업 또는 개인에게 되팔 목적으로 취득한 것이므로 (차변) 상품 450만원, (대변) 매입채무 450만원으로 분개한다. 4월 10일 분말소화기의 판매거래는 우선, 매출수익 600만원(=400개×15,000원)에 대한 분개를 먼저 하고, 다음으로 매출원가 400만원(=400개×10,000원)에 대해 분개한다.

〈표 3.2〉의 거래별 분개는 회계전산시스템에 의해 총계정원장의 각 계정으로 전기된다. 4월 말 시산표의 작성에 앞서 4월 거래 중 현금 계정에 전기된 거

래내역과 잔액은 〈표 3.3〉과 같다. 차변합계는 4,000만원, 대변합계는 2,508만원으로 현금 계정은 차변잔액 1,492만원을 갖는다.

표 3.3 **(주)안전유통 원장의 현금 계정 4월 거래내역**

현 금			
4/1 주주 출자	30,000,000	4/2 임차보증금, 임차료 지급	21,000,000
4/4 은행 차입	10,000,000	4/2 1년 치 화재보험료 지급	480,000
		4/29 급여, 전력비 지급	3,600,000
4/30 차변합계	40,000,000	4/30 대변합계	25,080,000
4/30 계정잔액	14,920,000		

월말에 실시하는 결산수정분개에 앞서 현금을 포함한 (주)안전유통의 모든 계정별 잔액을 표시한 시산표는 〈표 3.4〉와 같다.

표 3.4 **(주)안전유통 4월 말 시산표**

시 산 표 20×1년 4월 30일 (주)안전유통 (단위: 원)		
차 변	계정과목	대 변
14,920,000	현 금	
13,500,000	매출채권	
1,000,000	상 품	
20,000,000	임차보증금	
480,000	선급보험료	
6,000,000	비 품	
	매입채무	10,000,000
	단기차입금	10,000,000
	미지급금	6,000,000
	자본금	30,000,000

차 변	계정과목	대 변
	매 출	13,500,000
9,000,000	매출원가	
3,500,000	급 여	
1,000,000	임차료	
100,000	전력비	
69,500,000	합 계	69,500,000

2) 결산수정분개

4월 말 (주)안전유통의 결산수정사항으로는 첫째, 비품에 대한 감가상각비, 둘째, 단기차입금에서 발생한 이자비용, 셋째, 4월 한 달 치 화재보험료의 인식을 위한 분개가 있다. (주)안전유통의 결산수정분개는 〈표 3.5〉와 같다.

표 3.5 (주)안전유통의 결산수정분개

날 짜	차 변		대 변	
4월 30일	비품감가상각비	100,000	비품감가상각누계액	100,000
4월 30일	이자비용	50,000	미지급이자	50,000
4월 30일	보험료	40,000	선급보험료	40,000

비품은 사용 후 폐기될 예정이므로 잔존가치가 0이고, 내용연수는 5년이므로 1년 감가상각비는 120만원(=600만원÷5년)이다. 이를 12개월로 나누면 한 달의 감가상각비는 10만원이 된다. 이자비용은 차입금 1,000만원에 연이자율이 6%이므로 연이자비용은 60만원이고 이를 12개월로 나누면 5만원이 된다.

마지막 수정분개는 4월 2일 1년 치로 지불한 화재보험료 48만원 중 한 달 치인 4만원(=48만원÷12개월)만을 4월의 보험료로 인식하기 위한 것이다. 여기서 선급보험료 4만원을 대변에 기록함으로써 자산인 선급보험료는 4만원이 감소하여 잔액이 44만원이 되고, 4월 말 현재 앞으로 11개월 동안 화재보험 서비스를 받을 권리가 남아 있음을 의미한다.

3) 수정후시산표

결산수정분개를 완료하고 작성한 (주)안전유통의 수정후시산표는 〈표 3.6〉과 같다.

표 3.6 (주)안전유통 4월 말 수정후시산표

수정후시산표

20×1년 4월 30일

(주)안전유통 (단위: 원)

차 변	계정과목	대 변
14,920,000	현 금	
13,500,000	매출채권	
1,000,000	상 품	
20,000,000	임차보증금	
440,000	선급보험료	
6,000,000	비 품	
	비품감가상각누계액	100,000
	매입채무	10,000,000
	단기차입금	10,000,000
	미지급금	6,000,000
	미지급이자	50,000
	자본금	30,000,000
	매 출	13,500,000
9,000,000	매출원가	
3,500,000	급 여	
1,000,000	임차료	
100,000	전력비	
100,000	비품감가상각비	

차 변	계정과목	대 변
50,000	이자비용	
40,000	보험료	
69,650,000	합 계	69,650,000

4) 재무제표의 작성

다음으로 〈표 3.6〉의 수정후시산표를 토대로 작성한 (주)안전유통의 4월 손익계산서는 〈표 3.7〉과 같다. (주)안전유통처럼 매출수익이 발생하는 경우, 〈표 3.7〉과 같이 매출액으로부터 시작하여 매출총이익, 영업이익, 법인세비용차감전이익을 거쳐 당기순이익에 이르기까지 여러 단계를 거쳐 최종적으로 당기순이익을 산출하는 **다단계 손익계산서**(multi-step income statements)를 작성한다.

〈표 3.7〉의 손익계산서에서 매출원가 900만원은 4월 중에 판매된 분말소화기 900개에 매입단가 1만원을 곱하여 산출한 것으로 〈표 3.1〉의 상품수불부의 상세내역을 보면 4월 5일과 15일의 상품매입액 450만원(=450개×10,000원)과 550만원(=550개×10,000원)을 더한 후 4월 말 상품재고액 100만원(=100개×10,000원)을 차감한 금액과 같다.

다단계 손익계산서는 이러한 매출원가의 산출내역을 〈표 3.7〉과 같이 (기초상품+당기상품매입액−기말상품)으로 보여준다.[5] **매출총이익**(gross profit)은 매출액에서 매출원가를 차감하여 산출하는데 상품매매기업의 경우 매출총이익은 판매수량(900개)에 판매마진(=상품판매가격−상품취득원가=15,000원−10,000원=5,000원)을 곱한 금액을 나타낸다.

〈표 3.7〉의 **판매관리비**(selling, general, and administrative expenses)는 판매비와 관리비를 뜻하는 것으로 판매비는 상품을 판매하는 과정에서 발생하는 비용

---

5) K-IFRS를 적용하는 기업은 손익계산서상에는 매출원가 금액만 표기하고, 재무제표의 주석에 상세내역을 보여주는 경우도 많다.

표 3.7 **(주)안전유통의 4월 손익계산서**

손익계산서 20×1년 4월 1일부터 4월 30일까지 (주)안전유통 (단위: 원)		
매출액		13,500,000
매출원가		9,000,000
기초상품	0	
당기상품매입액	10,000,000	
기말상품	(1,000,000)	
매출총이익		4,500,000
판매관리비		4,740,000
급 여	3,500,000	
임차료	1,000,000	
전력비	100,000	
비품감가상각비	100,000	
보험료	40,000	
영업이익(손실)		(240,000)
기타수익		0
기타비용		0
금융수익		0
금융비용		50,000
이자비용	50,000	
법인세비용차감전순이익(손실)		(290,000)
법인세비용		0*
당기순이익(손실)		(290,000)

* 법인세비용은 없는 것으로 가정하였다.

이고, 관리비는 상품의 판매와 직접적인 관련은 없지만 회사의 영업활동 과정에서 발생하는 비용을 의미한다. 광고선전비와 판매촉진비는 명확히 판매비로 구분할 수 있으나 급여, 임차료, 감가상각비와 같은 것은 판매비 또는 관리비로 모두 분류될 수 있다. 예를 들어, 급여의 경우 매장 판매사원의 급여는 판매비이고, 회계부서 또는 총무부서 직원의 급여는 관리비가 된다. 일반적으로 〈표 3.7〉

과 같이 판매비와 관리비를 별도로 구분하지는 않고, 판매관리비라는 제목 하에 구체적인 비용항목을 보여준다.

영업이익(손실)은 매출총이익에서 판매관리비를 차감한 것으로 기업 본연의 수익창출활동에서 발생한 이익(손실)을 나타낸다. 당기순이익은 해당 기간에 발생한 모든 수익과 비용을 포함하여 산출한 것이므로 기업의 주된 수익창출활동과는 관련 없는 수익과 비용(예를 들어, 재해손실)도 포함될 수 있다. 만약, 그렇다면 당기순이익은 기업 본연의 수익창출활동에서 발생한 경영성과를 제대로 반영하지 못할 수 있다.

영업이익(operating profit)은 이러한 단점을 보완하며 기업의 주된 수익창출활동에서의 경영성과라고 볼 수 있다. 〈표 3.7〉에서 매출총이익에서 판매관리비를 차감하면 −24만원이 되는데 이때는 '영업이익(손실) (240,000)'으로 표기하거나 '영업손실 (240,000)'으로 표기한다.

영업이익(손실) 이하에서는 **기타수익**(또는 **영업외수익**)과 **기타비용**(또는 **영업외비용**)을 보여주는데 기타수익(other revenues and gains)의 예로는 상품매매기업이 소유한 건물의 일부 사무실을 임대하여 획득한 임대수익, 다른 회사의 주식을 보유하여 배당금을 지급받음으로써 발생하는 배당금수익을 들 수 있다. 기타비용(other expenses and losses)의 예로는 예상치 못한 재해로 인해 발생한 손실을 나타내는 재해손실, 회사가 사용하던 자산을 처분하면서 발생한 손실인 자산처분손실을 들 수 있다. (주)안전유통은 기타수익과 기타비용이 없으므로 생략하는 것도 가능하다.

기타수익과 기타비용 다음은 **금융수익**(financial income)과 **금융비용**(financial expenses)을 표시한다.[6] 금융수익과 금융비용의 대표적인 항목은 이자수익과 이

6) K-IFRS가 아닌 일반기업회계기준을 사용하는 비상장기업은 금융수익과 금융비용을 별도로 표시하지 않고 금융수익은 영업외수익에, 금융비용은 영업외비용에 포함하여 손익계산서를 작성한다.

자비용으로, 이는 대표적인 자본조달과 관련된 수익과 비용이므로 별도로 표시하는 것이 기업의 경영성과를 판단하는데 도움을 준다. 예를 들어 차입을 통해 자금을 조달한 기업과 차입이 없는 기업의 경영성과를 비교할 때 차입을 통해 자금을 조달한 기업은 이자비용이 발생하므로 영업이익이 동일하더라도 이자비용의 크기에 따라 당기순이익은 더 작을 것이다.

따라서 손익계산서에서 금융비용을 별도로 표시하게 함으로써 차입에 따른 자금조달비용에 관한 정보를 보다 효율적으로 전달할 수 있고, 투자자는 이를 통해 자금조달비용이 기업의 경영성과에 미치는 영향을 쉽게 파악할 수 있다.

영업이익에서 기타수익과 금융수익을 더하고 기타비용과 금융비용을 차감하면 **법인세비용차감전순이익**(profit before taxes)이 산출된다. 그 다음으로 **법인세비용**(income taxes)이 표기되는데 법인세비용은 법인세비용차감전순이익에 법인세율을 곱하여 산출하는 것은 아니다. 우선, 법인세법이 인정하는 수익(**익금**이라고 함)과 비용(**손금**)에 따라 산출된 과세소득을 토대로 납부할 법인세를 산출하고, 회계기준과 법인세법의 차이를 조정하는 과정을 거친 후 손익계산서상에 표시할 법인세비용을 산출한다. 납부할 법인세의 계산, 회계기준과 법인세법의 차이조정은 **세무회계**(tax accounting) 과목에서 본격적으로 다룬다.

당기순이익(손실)은 법인세비용차감전순이익에서 법인세비용을 차감함으로써 산출된다. 주로 '당기순이익(손실)'로 표기하고 당기순이익이면 금액을 양수로, 당기순손실이면 금액을 괄호 안에 표기한다. 〈표 3.7〉에서 (주)안전유통의 4월 영업손실은 24만원이고, 금융비용으로 이자비용 5만원이 더해져 법인세비용이 없다고 가정하면 4월의 당기순손실은 29만원이다. '당기순이익(손실) (290,000)'으로 표기하거나 '당기순손실 (290,000)'으로 표기한다.

〈표 3.8〉은 손익계산서 완성 이후 작성된 (주)안전유통의 재무상태표이다.

금융회사를 제외한 대부분의 일반 기업은 재무상태표의 자산과 부채를 유동과 비유동으로 구분한다.[7] **유동자산**(current assets)은 일반적으로 1년 이내에

표 3.8 (주)안전유통의 4월 말 재무상태표

재무상태표 20×1년 4월 30일 (주)안전유통			(단위: 원)
자 산:		부 채:	
유동자산		유동부채	
현 금	14,920,000	매입채무	10,000,000
매출채권	13,500,000	미지급이자	50,000
상 품	1,000,000	미지급금	6,000,000
선급보험료	440,000	단기차입금	10,000,000
유동자산 합계	29,860,000	유동부채 합계	26.050.000
		부채총계	26,050,000
비유동자산			
임차보증금	20,000,000	자 본:	
비 품	6,000,000	자본금	30,000,000
비품감가상각누계액	(100,000)	결손금	(290,000)
비유동자산 합계	25,900,000	자본총계	29,710,000
자산총계	55,760,000	부채 및 자본총계	55,760,000

현금으로 회수되거나 사용 등으로 소멸되는 자산이고, **비유동자산**(non-current assets)은 1년을 초과한 후 현금으로 회수되거나 1년 넘게 사용하는 자산이다. 마찬가지로 **유동부채**(current liabilities)는 1년 이내에 현금을 지급하거나 의무를 이행해야 하는 부채이고, **비유동부채**(non-current liabilities)는 1년을 초과한 후 현금을 지급하거나 의무를 이행해야 하는 부채이다.

자산과 부채를 유동과 비유동으로 구분하는 이유는 유동자산과 유동부채를 비교함으로써 해당 기업의 단기채무 지급능력을 파악할 수 있고, 예상하지 못

---

7) K-IFRS를 적용하는 은행을 비롯한 금융회사는 자산과 부채를 유동/비유동으로 구분하는 방법보다는 유동성 순서에 따라 오름차순이나 내림차순으로 표시하는 유동성배열법을 사용한다. 왜냐하면 이 방법이 유동/비유동 구분법보다 신뢰성 있고 더욱 목적적합한 정보를 제공하기 때문이다(K-IFRS 제1001호 문단63).

한 긴급 상황에서 기업의 현금 동원능력을 파악할 수 있기 때문이다.

〈표 3.8〉의 재무상태표는 유동자산에 매출채권과 상품을 포함하고 있다. 모두 1년 이내에 현금으로 회수할 예정이기 때문이다. 또한 선급보험료는 화재보험 서비스를 앞으로 11개월 받을 권리를 나타낸 것이므로 1년 이내에 소멸되므로 유동자산이다.

임차보증금은 앞서 4월 거래내역에서 임차기간이 2년이라고 했으므로 2년 후에야 보증금을 돌려받을 수 있기 때문에 비유동자산으로 분류하고, 비품은 사용연수가 5년이므로 비유동자산이다.

한편, 매입채무는 통상 30일~90일 사이에 현금 결제가 이루어지므로 유동부채이고, 미지급이자는 다음 달인 5월 초에, 그리고 비품을 외상으로 구입하여 발생한 미지급금은 한 달 후에 갚기로 했으므로 모두 유동부채이다. 단기차입금은 4월 4일 발생하였고 만기가 1년으로 다음 해 4월 4일에 상환된다. 따라서 4월 30일 현재 1년 이내에 갚아야 할 부채이므로 유동부채에 포함된다.

한편, 〈표 3.8〉 재무상태표상의 자본에는 **결손금**(deficit)이라는 계정이 나타난다. 결손금은 이익잉여금이 음수(−)일 경우 사용하는 회계용어로 '결손금(290,000)'으로 표기하거나 '이익잉여금(결손금) (290,000)'으로 표기하며 괄호 안의 금액은 자본의 감소를 의미한다. (주)안전유통은 4월 1일에 설립되었으므로 이익잉여금의 기초잔액은 0이고, 4월에 당기순이익이 아닌 당기순손실이 발생했으므로 4월 말 현재 결손금 잔액은 29만원이 된다. (주)안전유통은 자본총계가 2,971만원으로 자본금 3,000만원보다 작으므로 자본이 일부 잠식된 상태이다.

(주)안전유통은 총자산 5,576만원 중 총부채가 2,605만원으로 사산의 46.7%$\left(=\frac{2,605}{5,576}\right)$는 추후 채권자에게 지급될 부분이고, 나머지 53.3%는 주주 몫이다. 이를 달리 표현하면 총자산 중 46.7%는 부채를 원천으로 조달하여 취득하였고, 나머지 53.3%는 자본, 즉 주주의 몫을 원천으로 하여 취득한 것이다.

〈표 3.9〉는 (주)안전유통의 4월 자본의 변동내역을 보여주는 자본변동표이다. 4월 초 주주의 출자로 자본금이 3,000만원 증가하였고, 당기순손실 29만원으로 자본총계가 그만큼 감소하였음을 알 수 있다.

표 3.9 (주)안전유통의 4월 자본변동표

자본변동표

20×1년 4월 1일부터 4월 30일까지

(주)안전유통 (단위: 원)

과 목	자본금	결손금	총 계
20×1.4.1. (기초자본)	0	0	0
주주의 출자	30,000,000		30,000,000
당기순손실		(290,000)	(290,000)
20×1.4.30. (기말자본)	30,000,000	(290,000)	29,710,000

〈표 3.10〉은 (주)안전유통의 4월 현금 계정 〈표 3.3〉에 나타난 현금 유입과 유출 자료를 토대로 작성한 4월의 현금흐름표이다.

〈표 3.7〉에서 4월 손익계산서의 당기순손실은 (29만원)이었으나 〈표 3.10〉 현금흐름표의 영업활동 현금흐름은 (508만원)으로 상당한 차이를 보인다. 이러한 차이는 회계기준에 따른 수익과 비용의 인식이 현금의 유입과 유출을 기준으로 하지 않기 때문이다. 손익계산서상에는 매출액이 1,350만원으로 표기되어 있으나 이는 전액 외상매출이기에 4월 말까지 매출로 인해 현금이 유입된 것은 없다.

마찬가지로 손익계산서상의 매출원가는 900만원이나 외상으로 상품을 매입하였기에 4월 말까지 상품매입으로 현금이 지출된 것도 없다. 그 외에도 감가상각비 10만원은 실제로 현금이 사외로 유출된 것이 없는 비용이고, 이자비용 5만원도 아직 현금으로 지급하지 않았으며, 화재보험료는 1년 치로 48만원을 지불하였으나 비용에는 한 달 치인 4만원만 반영되었기에 차이가 발생한다. 이러한 차이를 요약하면 〈표 3.11〉과 같다.

표 3.10 **(주)안전유통의 4월 현금흐름표**

현금흐름표 20×1년 4월 1일부터 4월 30일까지 (주)안전유통 (단위: 원)		
Ⅰ. 영업활동 현금흐름		(5,080,000)
고객으로부터 유입된 현금	0	
종업원에 대한 현금지출	(3,500,000)	
기타 현금지출(임차료, 보험료, 전력비)	(1,580,000)	
Ⅱ. 투자활동 현금흐름*		(20,000,000)
임차보증금의 지급	(20,000,000)	
Ⅲ. 재무활동 현금흐름		40,000,000
주주의 출자	30,000,000	
단기차입금의 증가	10,000,000	
Ⅵ. 현금의 증가		14,920,000
Ⅴ. 기초의 현금		0
Ⅵ. 기말의 현금		14,920,000

* 현금유출이 없는 투자활동으로 비품의 외상취득 600만원이 있다.

표 3.11 **영업활동 현금흐름과 당기순이익의 차이**

당기순손실	− **290,000**
1) 현금유입이 없는 매출수익	− 13,500,000
2) 현금유출이 없는 매출원가	+ 9,000,000
3) 현금유출이 없는 감가상각비	+ 100,000
4) 현금지출이 없는 이자비용	+ 50,000
5) 화재보험료 지급액 중 미반영분	− 440,000
영업활동 현금흐름	− **5,080,000**

요약하면, 손익계산서상의 수익과 비용은 현금의 유입과 유출과는 관계없이 수익과 비용이 해당 기간에 발생하였는가를 기준으로 반영되기에 당기순이익(또는 당기순손실)은 영업활동 현금흐름과 다르며 해당 기간 당기순이익이 났

더라도 영업활동 현금흐름은 음수(−)일 수 있고, 당기순손실이 났더라도 영업활동 현금흐름은 양수(+)일 수 있다.

투자활동 현금흐름에는 임차보증금의 지급이 포함된다.[8] 비품의 구입도 투자활동에 해당하지만 외상으로 구입하였기에 4월 현금흐름표에는 나타나지 않고, 5월 현금을 지급할 때 투자활동 현금유출에 반영된다. 재무활동 현금흐름에는 주주의 출자와 은행 차입으로 인한 현금유입이 포함되어 있다.

영업활동, 투자활동, 재무활동 현금흐름을 모두 합하면 1,492만원으로 이는 당기의 현금 증가액을 나타낸다. 4월 초에 회사가 설립되었으므로 기초 현금은 0이며, 따라서 기말 현금은 1,492만원이다. 현금흐름표상의 기말 현금 1,492만원은 〈표 3.8〉 재무상태표상의 현금 잔액과 일치한다.

실무에서 기업들은 현금흐름표 중 영업활동 현금흐름을 〈표 3.11〉과 유사하게 당기순이익(손실)에서 출발하여 현금유출이 없는 비용, 현금유입이 없는 수익 등을 조정한 후 영업활동 현금흐름을 산출한다. 이러한 방법을 **간접법**(indirect method)이라고 하며, 이와는 대조적으로 〈표 3.10〉과 같이 영업활동 현금흐름을 작성하는 방법을 **직접법**(direct method)이라고 부른다.

직접법은 투자자들에게 영업활동에서의 현금유입은 원천별로, 현금유출은 용도별로 구분하여 보여준다. 따라서 직접법은 현금흐름을 쉽게 파악할 수 있다는 장점이 있기 때문에 K-IFRS가 추천하는 방법이다. 하지만 직접법의 사용을 위해서는 회계기간 동안의 현금 계정에 표시된 현금의 유입과 유출을 일일이 분석해야 하는 어려움이 있다. 따라서 실무에서는 직접법 대신 간접법을 사용하고, 간접법은 제9장에서 상세히 다룬다.

---

8) 월임차료 지급은 영업활동에 해당하나 임차 사용으로 인한 파손, 임차료 연체에 대한 보증금으로 지급한 임차보증금은 일종의 이자 없는 대여금으로 볼 수 있으므로 투자활동으로 분류하는 것이 타당하다.

한국의 기업과 경영인 ③

(주)HD현대중공업-조선소도 없이 주문부터 받다

정주영은 국내에서 외화를 벌 수 있는 조선소 설립을 평소 구상하고 있던 차에 포항제철의 철을 대량으로 소비해 줄 사업으로 조선소 육성을 계획했던 정부와 박정희 대통령의 강한 권고로 1970년 조선소 설립을 추진하였다. 선박 건조의 경험은 없지만 각종 건설공사의 경험을 토대로 철판을 잘라 용접하고, 내연기관은 도면대로 제자리에 설치하면 된다는 긍정적인 마음가짐으로 사업을 시작하였다. 한편, 조선소에 필요한 대형 기계장치의 설치를 위해서는 차관(외국에서 차입)이 필수적인데 경험 부족을 이유로 미국과 일본의 금융기관은 차관을 거절하였다.

유럽으로 간 정주영은 영국의 선박 엔지니어링 회사인 A&P 애플도어사와 기술협조 계약을 체결하고, 교육을 위해 인력을 영국의 조선소에 파견하였으나 영국 바클레이즈은행은 차관에 별다른 반응을 보이지 않았다. A&P 애플도어사의 롱바톰 회장으로부터 한국의 상환능력과 잠재력이 믿음직스럽지 않다는 말을 듣자 정주영은 당시 500원짜리 지폐를 꺼내 거북선을 소개하고, 한국은 이미 1500년대에 철갑선을 만들었으며 영국의 조선 역사보다도 오히려 300년 앞섰음을 언급해 그를 설득하였고, 바클레이즈은행에 제출할 추천서를 받을 수 있었다.

바클레이즈은행은 차관에 승인하였으나 영국 수출신용보증국은 조선소를 짓기 전에 배 주문을 먼저 받아 오면 차관을 최종 승인하겠다고 하였다. 롱바톰 회장의 도움으로 그리스 선주 리바노스를 만나 앞으로 조선소를 만들 울산 백사장 사진, 지도, 26만톤급 유조선 도면만으로 약속을 못 지키면 계약금에 이자를 물어주고 배에 하자가 있으면 인수를 거부해도 좋다고 설득하여 유조선 2대의 주문을 받아내고 마침내 차관 도입에 성공하였다.

이후 부지 매입과 동시에 조선소와 유조선의 건설을 함께 진행하였다. 경험 부족으로 온갖 시행착오 끝에 최단 시일 내에 조선소와 유조선 2척을 건조하였고, 리바노스로부터 자기가 본 선박 중 최고라는 찬사를 받았다. 1973년 오일쇼크로 인한 유류 물동량 감소로 유조선 3척이 인수 거부되자 정주영은 (주)아세아상선(현(주)HMM)을 설립하고 해운업에도 진출하였다.

참고문헌: 이 땅에 태어나서(정주영, 1998, 솔), 영원한 도전자 정주영(허영섭, 2015, 나남)

제3장 보론 K-IFRS 제1118호 '재무제표의 표시와 공시'

2024년 12월 공표된 K-IFRS 제1118호 '재무제표의 표시와 공시'는 2027년도가 시작되는 회계연도부터 적용될 예정이며, 기존 손익계산서의 양식과 영업손익의 개념을 변경하는 내용을 포함한다. 변경되는 손익계산서는 수익과 비용을 영업, 투자, 재무, 법인세, 중단영업의 5개 범주로 구분한다.

먼저, 영업 범주는 기업의 주된 사업활동에서 발생한 손익을 의미하며, 투자, 재무, 법인세, 중단영업 범주에 해당하지 않는 모든 수익과 비용이 이에 포함된다. 현재는 영업손익에서 제외되는 유·무형자산의 처분손익과 손상차손, 영업과 관련된 외화환산손익, 기부금 등이 앞으로는 영업 범주에 포함된다.

투자 범주는 (1) 관계기업, 공동기업 및 비연결종속기업에 대한 투자, (2) 현금 및 현금성자산, (3) 개별적으로 그리고 기업의 다른 자원과 대부분 독립적으로 수익을 창출하는 기타 자산에서 발생하는 수익과 비용을 포함한다.[9)]

재무 범주는 (1) 자금조달과 관련된 부채에서 발생하는 수익과 비용, (2) 그 외 부채의 이자비용 및 이자율 변동 효과를 포함한다.[10)]

또한 손익계산서 본문은 중간합계로서 영업손익과 재무손익 및 법인세차감전손익을 의무적으로 표시해야 한다. 변경 전과 후의 손익계산서 양식을 비교하면 다음과 같다.

---

9) 기업의 주된 사업활동으로 자산에 투자하는 경우는 지분법을 적용하여 회계처리하는 경우를 제외하면 영업 범주에 포함된다.

10) 기업의 주된 사업활동으로 고객에게 금융을 제공하는 경우는 고객에게 금융을 제공하는 것과 관련된 부채에서 발생하는 수익과 비용은 영업 범주에 포함된다.

<table>
<tr><th>변경 전</th><th>변경 후</th><th>변경 후 범주</th></tr>
<tr><td>매출액(영업수익)</td><td>매출액(영업수익)</td><td rowspan="5">영업 범주</td></tr>
<tr><td>매출원가</td><td>매출원가</td></tr>
<tr><td>매출총이익</td><td>매출총이익</td></tr>
<tr><td>판매관리비</td><td>판매관리비</td></tr>
<tr><td></td><td>기타영업손익-유·무형자산 처분손익, 유·무형자산 손상차손, 외화환산손익(영업)</td></tr>
<tr><td>영업이익</td><td>영업이익</td><td></td></tr>
<tr><td>배당금수익</td><td>배당금수익1)</td><td rowspan="5">투자 범주</td></tr>
<tr><td>유·무형자산 처분손익</td><td>이자수익2)</td></tr>
<tr><td>유·무형자산 손상차손</td><td>지분법손익</td></tr>
<tr><td>이자수익</td><td>관계기업 및 공동기업 주식의 처분손익</td></tr>
<tr><td>이자비용</td><td>그 외 투자자산 처분손익3)</td></tr>
<tr><td>지분법손익</td><td>재무손익및법인세차감전이익</td><td></td></tr>
<tr><td>관계기업 및 공동기업 주식의 처분손익</td><td>이자비용</td><td rowspan="2">재무 범주</td></tr>
<tr><td>그 외 투자자산 처분손익</td><td>외화환산손익(재무)</td></tr>
<tr><td>법인세비용차감전이익</td><td>법인세비용차감전이익</td><td></td></tr>
<tr><td>법인세비용</td><td>법인세비용</td><td>법인세 범주</td></tr>
<tr><td>계속영업이익</td><td>계속영업이익</td><td></td></tr>
<tr><td>중단영업손실</td><td>중단영업손실</td><td>중단영업 범주</td></tr>
<tr><td>당기순이익</td><td>당기순이익</td><td></td></tr>
</table>

1) 기업의 주된 사업활동으로 자산에 투자하는 경우, 영업 범주에 포함.
2) 기업의 주된 사업활동으로 고객에게 금융을 제공하는 경우 영업 범주에 포함
3) 기업의 주된 사업활동으로 자산에 투자하는 경우, 영업 범주에 포함.
* 출처: 금융위원회 보도자료, "IFRS 18이 '27년부터 순조롭게 도입·적용될 수 있도록 면밀히 지원해 나가겠습니다", 2024.6.13.

요 약

1. 판매할 목적으로 다른 기업으로부터 구입하는 완성품을 상품이라고 한다. 상품은 구입하는 시점에는 자산으로 기록하고, 상품이 판매되면 상품이라는 자산을 제거하고 매출원가라는 비용으로 처리한다.

2. 계속기록법은 상품의 매입(입고) 시 매입수량과 매입단가, 그리고 상품의 판매(출고) 시 판매수량과 판매단가에 대한 정보를 바코드와 스캐너 등을 이용하여 계속적으로 기록하여 판매된 상품의 수량, 기말에 남아있는 수량을 결정하는 기록방법이다. 상품의 날짜별 매입과 판매에 대한 장부를 상품수불부 또는 상품재고장이라고 한다.

3. 상품수불부의 재고수량은 장부상 수량일 뿐 도난, 파손, 실수 등으로 실제로 그 수량의 상품을 보유하고 있다는 보장은 없다. 따라서 이에 대한 확인을 위해 정기적으로 상품재고수량에 대한 실사를 수행하고, 만약 장부상의 수량과 일치하지 않는다면 그 차이만큼 상품을 줄이고 비용(재고자산감모손실)을 추가로 인식한다.

4. 상품의 외상판매는 우선, 매출(수익)과 매출채권에 대한 분개를 먼저 하고, 다음으로 매출원가와 상품에 대해 분개한다. 일반적으로 매출수익은 판매 시에 분개하고, 매출원가는 판매 시에 분개하거나 상품수불부의 기록을 바탕으로 회계기간 말에 일괄적으로 분개한다.

5. 손익계산서는 매출액에서부터 시작하여 매출원가, 매출총이익, 판매관리비, 영업이익, 기타수익과 기타비용, 금융수익과 금융비용, 법인세비용차감전순이익, 법인세비용을 거쳐 당기순이익에 이르기까지 여러 단계를 보여주는 다단계 손익계산서로 작성된다.

6. 금융회사를 제외한 대부분의 일반 기업은 재무상태표의 자산과 부채를 유동과 비유동으로 구분한다. 유동자산은 일반적으로 1년 이내에 현금으로 회수되거나 사용에 의해 소멸되는 자산이고, 그 외의 자산은 비유동자산이다. 마찬가지로 유동부채는 1년 이내에 현금을 지급하거나 의무를 이행해야 하는 부채이고, 그 외의 부채는 비유동부채이다. 자산과 부채를 유동과 비유동으로 구분함으로써 해당 기업의 유동부채를 지급할 능력과 예상하지 못한 긴급 상황에서 기업의 현금 동원능력을 파악할 수 있다.

7. 자본변동표는 자본의 주요 계정이 기초부터 기말까지 어떤 이유로 변동하였는가를 보여준다. 주주의 출자는 자본금을 증가시키고, 당기순이익은 이익잉여금을 증가시키는

반면, 당기순손실과 주주에 대한 배당지급 결정은 이익잉여금을 감소시킨다.

8. 현금흐름표는 영업활동, 투자활동, 재무활동으로부터의 현금 유입과 유출을 보여준다. 손익계산서는 현금의 유입과 유출에 관계없이 수익과 비용의 발생을 기준으로 작성되기에 당기순이익이 있는 기업도 현금이 부족한 상황이 발생할 수 있다. 경영성과와 현금흐름에 대한 상황을 파악하기 위해서는 당기순이익(손실)과 영업활동 현금흐름을 비교해 보는 것이 필요하다.

O×퀴즈 아래 문장이 옳으면 O, 틀리면 ×로 답하고 틀린 곳은 올바르게 고치시오.

1. 계속기록법은 상품의 입고와 출고 시점에 수량, 매입단가, 판매가격 등을 기록하므로 상품의 판매시점에 매출원가의 산출이 가능하다.

2. 상품의 외상판매 시 차변에는 매출채권, 대변에는 매출원가와 매출이익을 기록한다.

3. 상품의 외상매입에 대한 분개는 (차변) 매입채무, (대변) 상품이다.

4. 계속기록법을 사용할 경우 판매수량, 기말 재고수량에 대한 파악이 상품수불부에서 가능하므로 회계기간 말 상품 재고수량에 대한 실사를 수행하지 않는다.

5. 기업의 장래 매출과 직접적으로 관련된 상품 또는 원재료의 외상구입으로 인한 채무는 매입채무 계정에, 그 외 매출과 직접적으로 관련 없는 자산의 외상구입으로 인한 채무는 미지급금 계정에 기록한다.

6. 회계기간 중에 보험료 1년 치를 미리 지급한 경우, 우선 선급보험료라는 자산으로 기록하고, 추후 기말 수정분개를 통하여 해당 기간 보험료를 인식하며 선급보험료를 그만큼 줄인다.

7. 영업이익(손실)은 매출액에서 매출원가와 판매관리비를 차감하여 산출한다.

8. 법인세비용은 법인세비용차감전이익에 법인세율을 곱하여 산출한다.

9. 1년 이내로 되돌려 받는 임차보증금은 유동자산에 포함된다.

10. 결손금은 이익잉여금이 음수(-)일 경우 사용하는 회계용어로서 예를 들어, 재무상태표상에 이익잉여금 −100만원으로 표기하지 않고, 결손금 (100만원)으로 표기한다.

11. 주식회사에서 주주의 출자와 당기순이익의 발생은 모두 자본금을 증가시킨다.

12. 상품매매기업의 매출원가는 기말상품에 당기상품매입액을 더하고 기초상품을 차감하여 산출한다.

13. 상품의 외상매출대금 500만원을 만기에 현금으로 회수하였다. 이를 분개하면, (차변) 현금 5,000,000 (대변) 매출채권 5,000,000이다.

14. 재무상태표에서 자산총계는 항상 부채총계보다 크다.

15. 계속기록법과 실지재고조사법은 모두 회계기간 중 매출원가 계산이 가능하다.

16. 실지재고조사법에서는 재고자산감모손실을 파악할 수 없다.

제3장 객관식 문제

1. 다음 자료를 이용하여 당기 매출총이익을 구한 것으로 옳은 것은? 〈전산회계 2급, 2025〉

> · 당기상품 순매출액: 6,700,000원
> · 기초상품재고액: 150,000원
> · 당기상품 총매입액: 5,000,000원
> · 기말상품재고액: 500,000원

① 1,700,000원 ② 2,050,000원 ③ 2,200,000원 ④ 2,350,000원

2. 다음 중 도소매업을 영위하는 기업의 판매비와 관리비에 해당하는 계정과목이 아닌 것은? 〈FAT 2급, 2024〉

① 임차료 ② 보험료 ③ 감가상각비 ④ 기부금

3. ㈜서울은 유통업종에 속한다. 다음 중 영업이익에 영향을 미치지 않는 계정과목은? 〈전산회계 2급, 2024〉

① 이자비용 ② 매출원가 ③ 감가상각비 ④ 물류비

4. 다음의 결산정리사항을 반영하지 아니한 (주)서울의 당기순이익은 400,000원이다. 결산정리사항을 추가로 반영하여 당기순이익을 계산하면 얼마인가? 〈TAT 2급, 2024〉

> · 임대료 미수수익 미계상 30,000원
> · 기계장치 감가상각비 미계상 40,000원
> · 선급 보험료 미계상(지출시 전액비용 계상) 20,000원

① 380,000원 ② 400,000원 ③ 410,000원 ④ 430,000원

5. 다음의 회계상 거래가 20×1년 재무제표에 미치는 영향으로 옳지 않은 것은? 〈전산세무 2급, 2024〉

· 영업부의 업무용 차량에 대한 보험료(보험기간: 20×1.07.01.~20×2.06.30.)를 20×1년 7월 1일에 지급하고 전부 비용으로 회계처리하였다. 20×1년 12월 31일 결산일 현재 별도의 회계처리를 하지 않았다.

① 자산과대　　② 비용과대

③ 당기순이익 과소　　④ 부채 영향 없음

6. ㈜서울은 ㈜부산에게 20×1년 7월 1일 건물을 임대하고, 1년치 임대료 2,400,000원을 선수하고 다음과 같이 회계처리 하였다. 20×1년 12월 31일 이와 관련된 결산수정분개로 가장 옳은 것은(임대료수익은 월할계산 한다고 가정한다)? 〈회계관리 2급, 2023 수정〉

(차) 현　금　2,400,000원　(대) 선수임대료　2,400,000원

① (차) 임대료수익 1,200,000원 (대) 선수임대료 1,200,000원
② (차) 임대료수익 1,200,000원 (대) 현　금 1,200,000원
③ (차) 선수임대료 1,200,000원 (대) 임대료수익 1,200,000원
④ (차) 현　금 1,200,000원 (대) 임대료수익 1,200,000원

제3장 주관식 문제

1. 다음은 의약품 도매업체인 (주)헬스팜의 상품 중 J연고에 대한 4월 상품수불부이다. ①~⑨에 들어갈 금액을 계산하시오.

날 짜	적 요	입 고			출 고			재고 수량
		수 량	매입단가	금 액	수 량	판매단가	금 액	
4.1	기초재고	10	3,000	30,000				10
4.10	매　입	70	3,000	①				80
4.15	매출－A약국				50	5,000	250,000	②
4.20	매　입	80	3,000	240,000				③
4.25	매출－B약국				90	5,000	④	⑤
	합　계	⑥		⑦	⑧		⑨	

2. 제3장에서는 계속기록법을 사용하는 (주)안전유통의 4월 거래를 분개하고 재무제표를 작성하였다. 다음은 그 다음 달인 5월의 거래내역이다. 아래 물음에 답하시오.

5월 1일　4월 4일 대출한 은행 차입금의 4월 이자 5만원을 현금으로 지급함.
5월 2일　5월 임차료 100만원을 현금으로 지급함.
5월 3일　비품 외상구입대금 600만원을 현금으로 지급하고, 사무실에서 사용할 소모품을 현금 20만원에 구입함.
5월 6일　분말소화기 제조업체 K기업에 외상매입대금 450만원을 현금으로 지급함.
5월 10일　Z건설로부터 외상매출대금 600만원을 현금으로 수령함.
5월 15일　분말소화기 제조업체 K기업에 외상매입대금 550만원을 현금으로 지급함.
5월 16일　분말소화기 1,000개를 제조업체 K기업으로부터 개당 10,000원에 한 달 후 지급하는 조건으로 외상구입함.

5월 25일 W기업에게 분말소화기 1,050개를 개당 15,000원에 한 달 후 지급받는 조건으로 외상판매함.

5월 28일 X물산으로부터 외상매출대금 750만원을 현금으로 수령함.

5월 31일 급여 350만원, 수도광열비 10만원을 현금으로 지급함.

1) 5월 거래를 날짜별로 분개하시오.
2) 5월 말 시산표에 나타날 현금 잔액을 현금 계정을 이용하여 산출하시오(현금의 기초잔액은 제3장 본문의 4월 말 재무상태표를 참조).
3) 5월 말 시산표를 작성하시오(계정별 기초잔액은 제3장 본문의 4월 말 재무상태표를 참조).
4) 5월 말에 필요한 결산수정분개를 하시오(5월 말 현재 소모품은 5만원어치 남아 있다).
5) 5월 말 수정후시산표를 작성하시오.
6) 5)번의 수정후시산표를 토대로 손익계산서, 재무상태표, 자본변동표와 현금흐름표를 작성하시오(법인세비용은 없는 것으로 가정).

3. 다음은 신발 유통업체인 (주)슈퍼슈즈의 20×1년 12월 31일 수정후시산표에 나타난 계정잔액이다(법인세비용은 없는 것으로 가정).

(단위: 천원)

계정과목	잔 액	계정과목	잔 액
현 금	462,000	장기차입금	1,000,000
자본금	450,000	임차료	77,000
비 품	1,040,000	보험료	65,000
수도광열비	5,000	급 여	1,760,000
매 출	8,075,000	미지급이자	4,000
광고선전비	200,000	이익잉여금	300,000
상 품	430,000	매출원가	5,632,000
차량운반구	380,000	차량운반구감가상각누계액	80,000

계정과목	잔 액	계정과목	잔 액
감가상각비	93,000	이자비용	55,000
비품감가상각누계액	350,000	여비교통비	72,000
매출채권	382,000	매입채무	394,000

1) 20×1년 12월의 다단계 손익계산서를 작성하시오(20×1년 12월 1일~12월 31일).

2) 20×1년 말 재무상태표를 작성하시오(유동과 비유동으로 구분할 것).

4. 운동기구 도매업체인 (주)백세유통의 20×1년 2월 말 재무상태표는 다음과 같다.

재무상태표

20×1년 2월 28일

(주)백세유통 (단위: 천원)

자 산		부 채	
Ⅰ. 유동자산		Ⅰ. 유동부채	
현 금	2,500	매입채무	2,500
매출채권	2,000	미지급이자	20
선급보험료	120	Ⅱ. 비유동부채	
상 품	5,000	장기차입금	2,000
Ⅱ. 비유동자산			
비 품	3,600	자 본	
비품감가상각누계액	(1,200)	Ⅰ. 자본금	8,000
차량운반구	4,800	Ⅱ. 이익잉여금	1,900
차량감가상각누계액	(2,400)		

20×1년 3월 중 (주)백세유통의 거래는 다음과 같다. 이 회사는 계속기록법을 사용한다(단위: 천원).

3/3 3월 임차료 ₩1,000을 현금으로 지급.

3/5 주주에게 현금배당 ₩1,000을 확정하고 현금으로 지급.

3/6 매출채권 ₩2,000을 현금으로 회수.

3/10 상품 ₩4,000을 외상으로 매입.

3/23 주요 고객인 (주)시대헬스 사장과 상담 후 저녁식사비로 현금 ₩60을 지출.
3/25 상품을 (주)시대헬스에 총 ₩10,000에 외상매출(매출원가는 ₩7,000).
3/30 장기차입금에 대한 1월~3월의 3개월 이자 ₩30(매월 ₩10)을 현금으로 지급(장기차입금에 대한 이자는 매 분기 말에 지급).

3월 말 결산수정분개를 위한 추가정보는 다음과 같다(단위: 천원).

- 3월분 보험료는 2월 말 현금으로 지급한 1년 치 선급보험료에 포함되어 있다.
- 3월분 아르바이트생 급여 ₩600이 발생하였으나 3월 말 현재 아직 지급하지 않았고 4월 초에 지급할 예정이다.
- 3월분 비품과 차량운반구의 감가상각비는 각각 ₩100과 ₩200이다.

1) (주)백세유통의 3월 중 거래를 모두 분개하시오.
2) 3월 말에 필요한 결산수정분개를 기록하시오.
3) (주)백세유통의 3월 손익계산서를 작성하시오(단, 법인세비용은 없는 것으로 가정).
4) (주)백세유통의 3월 말 재무상태표를 작성하시오.

5. 아래 표는 (주)남대문이 사용하는 계정과목과 해당 번호를 나열한 것이다.

1. 현 금	11. 매입채무
2. 매출채권	12. 이자수익
3. 소모품	13. 용역매출
4. 미수이자	14. 감가상각비 - 비품
5. 선급보험료	15. 급 여
6. 비 품	16. 소모품비
7. 비품감가상각누계액	17. 보험료
8. 미지급급여	18. 이자비용
9. 미지급이자	19. 단기차입금
10. 선수용역매출	20. 자본금

20×1년 5월 31일 (주)남대문의 5월 한 달의 수정분개에 필요한 추가정보는 아래와 같다. 필요한 수정분개를 완성하기 위해 필요한 계정과목 번호와 금액을 빈 칸에 쓰시오(분개가 필요 없으면 '분개없음'으로 표기할 것).

추가정보	차변	대변	금 액
예시) 단기차입금 관련 이자비용이 10,000원 발생하였으나 5월 말 현재 지급되지 못했다.	18	9	10,000
① 5월 초 1년 치 자동차보험료로 480,000원을 지급하였고, 선급보험료로 기록하였다.			
② 장부상 소모품의 잔액은 170,000원이고, 5월 말 현재 남아 있는 소모품은 40,000원이다.			
③ 4월 말에 A사로부터 3개월 용역에 대한 대가로 2,700,000원을 미리 받았고, 5월 중에 용역의 1/3이 제공되었다. 5월 말 현재 관련 용역매출은 인식하지 않았다.			
④ 5월 말 현재 지급되지 않은 급여는 1,000,000원이다.			
⑤ 20×0년 1월 초에 비품을 7,200,000원에 구입하였고, 1년 감가상각비는 240,000원이다.			
⑥ 5월 중 B사에 용역 제공을 완료하였으나, 5월 말까지 받지 못한 금액이 2,000,000원이다. 5월 말 현재 관련 용역매출은 인식하지 않았다.			

6. 다음은 (주)SD리테일의 20×1년 6월 말의 시산표와 수정후시산표의 일부분이다. 아래 물음에 답하시오.

계정과목	시산표		수정후시산표	
	차 변	대 변	차 변	대 변
선급보험료	1,000,000		900,000	
소모품	①		50,000	
비 품	60,000,000		②	
비품감가상각누계액		7,000,000		③
미지급이자		150,000		④

계정과목	시산표		수정후시산표	
	차 변	대 변	차 변	대 변
미지급급여				1,500,000
급 여	7,000,000		⑤	
보험료			⑥	
소모품비			450,000	
비품감가상각비			1,000,000	
이자비용			50,000	

1) ①~⑥에 들어갈 잔액을 구하시오.

2) 위의 계정과목과 관련된 6월 말 수정분개를 모두 작성하시오.

7. 다음은 상품매매기업인 (주)대광유통의 5월 말 수정후시산표에 포함된 계정과 잔액을 표시한 것이다. 아래 물음에 답하시오(단위: 천원).

계정과목	잔 액	계정과목	잔 액
토 지	14,153,553	이익잉여금	1,998,534
감가상각비	137,234	매출채권	118,211
건물감가상각누계액	276,067	임대수익	20,772
전력비	63,577	상 품	658,573
차량운반구감가상각누계액	107,220	미지급이자	75,815
비 품	95,296	매출원가	10,948,434
수도광열비	18,196	매입채무	990,235
법인세비용	45,990	임차료	165,790
임대보증금	710,000	비품감가상각누계액	76,245
미지급금(단기)	862,783	급 여	1,049,093
매 출	13,690,671	장기차입금	12,764,790
이자수익	41,656	지급수수료	314,200
선급보험료	34,653	차량운반구	111,837
이자비용	460,827	광고선전비	15,461
자본금	300,000	건 물	2,954,543
보험료	69,279	현 금	500,041

1) 5월 말의 수정후시산표를 작성하시오.

2) 5월의 다단계 손익계산서를 작성하시오.

3) 5월 말의 재무상태표를 작성하시오(유동과 비유동으로 구분할 것).

실제 기업 사례 문제

1. 문구용품 도매업체인 비상장기업 (주)알파의 2024년도 감사보고서를 전자공시시스템(dart.fss.or.kr)에서 검색하여 손익계산서를 찾은 후 다음 물음에 답하시오.

    1) 2024년 매출액은 전기보다 몇 % 증가 또는 감소하였는가?
    2) 2024년 매출액의 상세 항목을 보고 매출액의 증가 또는 감소는 주로 어느 부문에서 발생했는지를 설명해 보시오.
    3) 손익계산서의 'Ⅱ. 매출원가'에서 매출원가 706억원은 구체적으로 어떻게 산출된 것인지 답하고, '3. 타계정대체액'이 무엇을 뜻하는지 인터넷 검색을 통해 답을 찾아보시오.
    4) 영업비용 중 가장 비중이 큰 항목 5개는 무엇이고, 2023년도와 비교할 때 영업비용 중 금액이 가장 크게 감소한 항목 5개는 무엇인가? (전자공시시스템에서 2024년 감사보고서의 손익계산서 영역을 복사하여 EXCEL에 붙인 후 계정과목별 변동을 계산)
    5) 영업비용 중 급여, 퇴직급여, 복리후생비는 어떤 차이가 있는지 인터넷 검색을 통해 답을 찾아보시오.
    6) 영업외수익과 영업외비용 중 금액이 가장 큰 항목은 각각 무엇인가?
    7) 매출총이익, 영업이익, 당기순이익은 전기보다 몇 % 감소했는지 각각 계산해보시오. 영업이익의 감소율이 매출총이익의 감소율보다 더 큰 이유와 당기순이익의 감소율이 영업이익의 감소율보다 더 작은 이유는 각각 무엇인지 답해보시오.

2. (주)알파의 2024년도 감사보고서를 전자공시시스템(dart.fss.or.kr)에서 검색하여 재무상태표를 찾은 후 다음 물음에 답하시오.

    1) (주)알파의 2024년 유동자산은 당좌자산과 재고자산으로 분류된다. 당좌자산은 무엇으로 구성되는가?
    2) 2024년 유형자산은 무엇으로 구성되는가?
    3) 2024년 무형자산은 무엇으로 구성되는가?

4) 유동자산의 '매출채권' 아래에 있는 '대손충당금'이 무엇인지 인터넷 검색을 통하여 답을 찾아보시오.
5) 유동자산과 유동부채에 나오는 미수금, 선급금, 미지급금, 예수금, 선수금이 무엇인지 인터넷 검색을 통해 답을 찾아보시오.
6) (주)알파의 유형자산 중 토지와 건설중인자산을 제외하면 감가상각누계액이 존재한다. 이는 토지와 건설중인자산만 감가상각이 적용되지 않는다는 의미인데, 그 이유가 무엇인지 생각하고 답해 보시오.
7) (주)알파의 자본총계가 전기 217.0억원에서 당기 214.7억원으로 감소한 원인이 무엇인지를 생각해 보고, (주)알파의 자본변동표를 통해 확인해 보시오.

제 4 장

제조기업의 회계

제2장과 제3장에서는 용역(서비스)을 제공하는 기업인 (주)안심경비와 상품을 구입하여 판매하는 상품매매기업인 (주)안전유통의 회계처리에 대해 알아보았다. 본 장에서는 원재료를 구입하여 제품을 직접 생산한 후 판매하는 제조기업의 회계를 살펴보기로 한다.

4.1 제품제조원가

제조기업의 회계가 서비스기업이나 상품매매기업과 다른 점은 생산하는 제품에 대한 **제조원가**(manufacturing cost)의 산출이 필요하다는 점이다.[1] 제조원가를 모른다면 생산한 제품을 얼마의 금액으로 장부에 기록할 것인지를 알 수 없고, 제품이 판매되었을 때 매출원가도 파악할 수 없게 된다.

상품매매기업은 상품의 취득 시 매입단가를 알기 때문에 상품 매입단가를 이용하여 자산으로 인식한 뒤 판매시점에는 판매된 상품의 매입단가로 매출원가를 산출할 수 있다. 그러나 제조기업은 존재하지 않던 물건을 새로 만들어 내기 때문에 제품을 생산하는 과정에 들어간 모든 원가, 즉 제조원가의 집계가 필요하다.

아래에서는 모자를 생산하는 (주)제일모자의 사례를 이용하여 제조원가의 산출을 설명한다. (주)제일모자가 모자를 제작하는 과정은 다음과 같다.

1. 원단을 구입하여 모자 형태에 맞게 재단한다.
2. 재단한 원단에 필요한 자수를 놓는다.
3. 자수를 놓은 원단을 재봉틀을 이용하여 재봉한다.
4. 스타일에 맞는 골에 모자를 씌워서 곱게 펴주어 모자의 형태를 완성한다.

---

1) **원가**란 제품 또는 서비스를 제공하기 위해 사용된 자원을 금액으로 측정한 것을 말한다.

(주)제일모자는 모자의 제작을 위해 먼저 원단, 모자 부품과 같은 원재료가 필요하고, 이를 재단하고 재봉하며 모자의 형태를 완성할 공장직원의 노동이 필요하다. 또한 제작과정에서 사용되는 재단기, 재봉틀 등 기계의 취득, 모자를 제작할 장소의 임차, 기계의 작동을 위한 전기의 사용 등이 요구된다.

일반적으로 제조기업은 [그림 4.1]과 같이 총원가를 제조원가와 비제조원가로 구분하고, 제조원가를 다시 **재료원가**(material cost), **노무원가**(labor cost), **제조경비**(overhead cost)로 나눈다.[2)]

그림 4.1 제조원가와 비제조원가

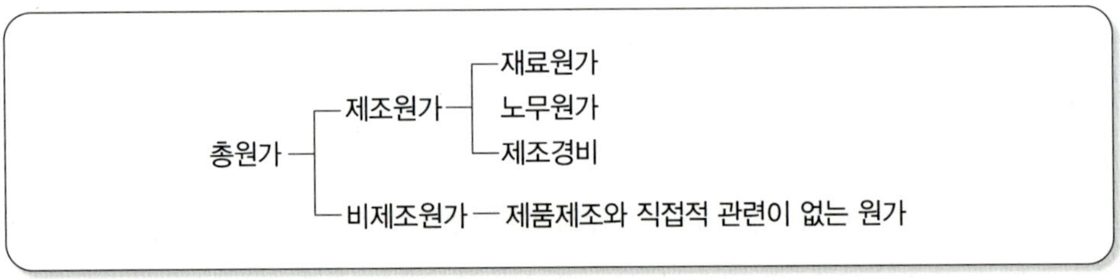

(주)제일모자의 경우, 재료원가는 사용된 원단과 모자 부품 등의 원가를 포함하고, 노무원가는 모자의 생산에 참여한 생산직원들의 급여를 포함하며, 제조경비는 재료원가와 노무원가를 제외한 제조와 관련된 모든 원가로서 사용된 재단기와 재봉틀의 감가상각비, 공장임차료, 공장에서 사용한 전력비 등을 포함한다. 한편, 제품의 제조와 직접적인 관련이 없는 사무직원의 급여, 사무실 비품의 감가상각비와 같은 원가는 **비제조원가**(non-manufacturing cost)로 분류한다.

제조원가는 발생 시 바로 비용으로 처리하지 않고 집계해 두었다가 제품의 완성 시 자산인 제품의 원가로 기록하고, 제품의 판매 시에 비로소 매출원가라는 비용으로 인식한다. 이와 반면에 비제조원가에 해당하는 판매비와 관리비는 발생한 기간에 모두 비용으로 처리한다.

---

2) 제조원가를 직접재료원가, 직접노무원가, 제조간접원가(간접재료원가, 간접노무원가, 제조경비)로 나누기도 한다.

따라서 제조원가의 집계를 위해서는 제조원가의 발생 시에 판매관리비의 계정과는 구분되는 별도의 계정을 사용하는 것이 필요하다. 예를 들어, 같은 급여라 하더라도 생산직원의 급여는 급여-노무원가로, 판매부서 또는 사무부서 직원의 급여는 급여-판관비로 서로 다른 계정과목을 사용하여 분개해야 한다.

4.2 제조기업의 회계순환 사례

아래에서는 (주)제일모자의 5월 거래를 이용하여 제조원가의 분개와 집계를 설명한다.

5월 1일	최상모 씨 등 주주 3인의 6,000만원 현금 출자로 (주)제일모자를 설립함.
5월 2일	공장의 임차를 위해 임차보증금 3,000만원과 월임차료 현금 200만원을 지불함. 임차한 면적의 90%는 모자의 생산을 위해 사용하고, 나머지 10%는 회사 사무실로 사용할 계획임.
5월 2일	모자 제작을 위한 재봉틀 등 기계(잔존가치 10%, 내용연수 5년)를 현금 2,000만원을 지급하여 구입하고, 사무실에서 사용할 책상 등 600만원의 비품(잔존가치 0, 내용연수 5년)을 한 달 후 지불하는 조건으로 구입함.
5월 3일	구입한 기계에 대한 1년 화재보험료로 120만원을 현금 지불함.
5월 4일	추가적인 자금조달을 위해 은행에서 현금 2,000만원을 대출함(만기 1년, 연이자율 6% 매달 초에 지급).
5월 7일	모자의 제작에 사용될 원재료인 원단과 모자 부품을 외상으로 500만원에 구입함.
5월 29일	공장직원과 사무직원의 5월 급여로 각각 600만원과 400만원을 현금 지급함.
5월 30일	5월 한 달간의 전기요금으로 22만원(공장 20만원, 사무실 2만원)을 현금으로 지급함.

5월 31일 한 달간 원재료를 모두 소진하여 총 2,000개의 모자를 생산하였고, 미완성된 모자는 없음.

5월 31일 모자 1,900개를 K유통에 개당 1만원에 외상으로 판매함.

1) 거래의 분개

(주)제일모자의 5월 거래를 분개하면 〈표 4.1〉과 같다.

표 4.1 (주)제일모자의 5월 거래 분개

날 짜	차 변		대 변	
5월 1일	현 금	60,000,000	자본금	60,000,000
5월 2일	임차보증금 임차료-제조경비 임차료-판관비	30,000,000 1,800,000 200,000	현 금	32,000,000
5월 2일	기계장치 비 품	20,000,000 6,000,000	현 금 미지급금	20,000,000 6,000,000
5월 3일	선급보험료	1,200,000	현 금	1,200,000
5월 4일	현 금	20,000,000	단기차입금	20,000,000
5월 7일	원재료	5,000,000	매입채무	5,000,000
5월 29일	급여-노무원가 급여-판관비	6,000,000 4,000,000	현 금	10,000,000
5월 30일	전력비-제조경비 전력비-판관비	200,000 20,000	현 금	220,000
5월 31일	매출채권	19,000,000	매 출	19,000,000

5월 2일의 월임차료 200만원을 현금으로 지급한 거래가 서비스기업이나 상품매매기업에서 발생했다면, (차변) 임차료 200만원으로 분개했을 것이다. 그러나 (주)제일모자는 임차한 공간의 90%를 모자의 생산을 위해 사용하므로

임차료 200만원 중 180만원은 제조원가의 제조경비로, 나머지 20만원은 제품의 제조와는 직접 관련이 없는 관리목적의 사무실로 사용하므로 판매관리비로 구분하는 것이 필요하다.

5월 3일에 지불한 화재보험료는 1년 치의 보험료를 미리 지급한 것이므로 우선 자산에 해당하는 선급보험료로 인식하고, 결산수정분개 시에 해당 월의 보험료를 인식한다. 5월 7일에 구입한 원재료는 아직 제품의 제조에 투입되지 않았으므로 원재료라는 자산으로 인식한다.

5월 29일에 지불한 급여는 생산직원과 사무직원의 급여를 구분하여 생산직원의 급여는 노무원가인 급여로, 사무직원의 급여는 판매관리비인 급여로 차변에 분개한다. 5월 30일에 지급한 전력비도 공장 사용분은 전력비-제조경비로, 사무실 사용분은 전력비-판관비로 분개한다.

5월 31일 모자 1,900개의 외상판매에 대해서는 매출수익에 대한 분개를 먼저 하고, 판매된 모자의 매출원가에 대한 분개는 결산수정분개에서 제품의 제조원가를 파악한 후에 실시한다. 5월 31일 작성한 시산표는 〈표 4.2〉와 같다.

표 4.2 (주)제일모자의 5월 말 시산표

시산표
20×1년 5월 31일

(주)제일모자 (단위: 원)

차 변	계정과목	대 변
16,580,000	현 금	
19,000,000	매출채권	
1,200,000	선급보험료	
5,000,000	원재료	
30,000,000	임차보증금	
20,000,000	기계장치	
6,000,000	비 품	

차 변	계정과목	대 변
	매입채무	5,000,000
	단기차입금	20,000,000
	미지급금	6,000,000
	자본금	60,000,000
	매 출	19,000,000
1,800,000	임차료-제조경비	
6,000,000	급여-노무원가	
200,000	전력비-제조경비	
200,000	임차료-판관비	
4,000,000	급여-판관비	
20,000	전력비-판관비	
110,000,000	합 계	110,000,000

〈표 4.2〉 시산표에 나타난 5월 말 현금 잔액은 1,658만원이다. 현금과 관련된 분개가 모두 전기된 〈표 4.3〉의 현금 계정을 통해 현금 잔액이 1,658만원임을 확인할 수 있다.

표 4.3 (주)제일모자의 현금 계정

현 금			
5/1 주주 출자	60,000,000	5/2 임차보증금, 임차료 지급	32,000,000
5/4 은행 차입	20,000,000	5/2 기계 현금 구입	20,000,000
		5/3 보험료 지급	1,200,000
		5/29 급여 지급	10,000,000
		5/30 전력비 지급	220,000
5/31 차변 합계	80,000,000	5/31 대변 합계	63,420,000
5/31 계정잔액	16,580,000		

5월에 발생한 거래를 지금까지 기록하였으나 기계장치의 감가상각비와 같

은 일부 제조원가 등은 누락되어 있다. 아래에서는 결산수정분개를 통해 누락된 제조원가 및 비제조원가를 장부에 기록하고, 제조원가를 산출하며, 판매된 제품에 대해서는 매출원가를 인식하는 분개를 논의한다.

2) 결산수정분개

(주)제일모자의 5월 말 결산수정분개는 〈표 4.4〉와 같다.

표 4.4 (주)제일모자의 5월 말 결산수정분개

구분	차 변		대 변	
일반적 결산 수정분개	기계장치감가상각비-제조경비	300,000	기계장치감가상각누계액	300,000
	비품감가상각비-판관비	100,000	비품감가상각누계액	100,000
	보험료-제조경비	100,000	선급보험료	100,000
	이자비용	100,000	미지급이자	100,000
당기 제조원가 집계	재공품	13,400,000	원재료	5,000,000
			급여-노무원가	6,000,000
			임차료-제조경비	1,800,000
			전력비-제조경비	200,000
			기계장치감가상각비-제조경비	300,000
			보험료-제조경비	100,000
제품 완성	제　품	13,400,000	재공품	13,400,000
매출원가 반영	매출원가	12,730,000	제　품	12,730,000

먼저, 일반적 결산수정분개에서 기계장치의 잔존가치가 취득원가의 10%이고, 내용연수가 5년이므로 기계장치감가상각비는 30만원($=\frac{(20,000,000-2,000,000)}{5년\times12개월}$)이고, 비품은 잔존가치가 없고 내용연수는 5년이므로 비품감가상각비는 10만원($=\frac{(6,000,000-0)}{5년\times12개월}$)이다. 모자의 제조에 사용되는 기계장치의 감가상각비는 제조원가로, 모자의 제조와는 무관한 사무실 비품의 감가상각비는 판매관리비로 분개

한다. 또한 5월 3일 지급한 기계에 대한 1년 치 화재보험료 120만원 중 5월 한 달 보험료인 10만원(=120만원÷12개월)을 보험료-제조경비로 인식하고, 선급보험료는 그만큼 줄인다.

마지막 수정분개로 5월 초에 빌린 차입금 2,000만원에 대한 이자비용 10만원[=(2,000만원×0.06)÷12개월]을 차변에 기록하고, 아직 지급하지 않았으므로 대변에 미지급이자 10만원을 인식한다. 이자비용은 제품의 제조와는 직접적인 관련이 없으므로 비제조원가이다.

한편, 5월 한 달간 원재료를 모두 소진하여 모자 2,000개를 완성하였고, 그중 1,900개를 판매하였다. 앞서 제조원가는 재료원가, 노무원가, 제조경비로 구성된다고 설명하였는데 이 세 구성요소를 제품의 원가로 집계하기 위해 각 구성요소별 발생 금액을 1차로 **재공품**(work in process)이라는 자산 계정과목에 모으고, 제품이 완성되면 재공품에서 다시 **제품**(finished goods) 계정으로 옮기는 분개를 한다.

〈표 4.4〉의 5월 31일 재공품에 대한 분개를 보면 재공품의 장부가에 제조원가인 원재료(재료원가), 급여-노무원가, 제조경비(임차료, 전력비, 보험료, 기계감가상각비)가 포함되어 있다. 이어서 제품이 완성되면 재공품을 다시 제품으로 이동시킨다. (주)제일모자의 경우 5월 말 현재 모든 제품이 완성되었으므로 재공품 잔액 1,340만원을 모두 제품 계정으로 대체한다. 만약, 5월 말까지 재공품의 일부가 완성되지 못한 채로 남아 있다면, 그만큼은 재공품의 잔액으로 남게 된다.

5월에 완성된 제품의 수량은 모두 2,000개이고, 제품의 잔액은 1,340만원이므로 제품(모자)의 개당원가는 6,700원(=13,400,000원÷2,000개)이다. 5월 31일 1,900개가 개당 1만원에 판매되었으므로 매출은 1,900만원(=1,900개×10,000원)이 되고, 판매된 제품의 매출원가는 1,273만원이다(=1,900개×6,700원).

[그림 4.2]는 제조원가의 발생과 집계과정을 보여준다.

그림 4.2 **제조원가의 발생과 집계과정**

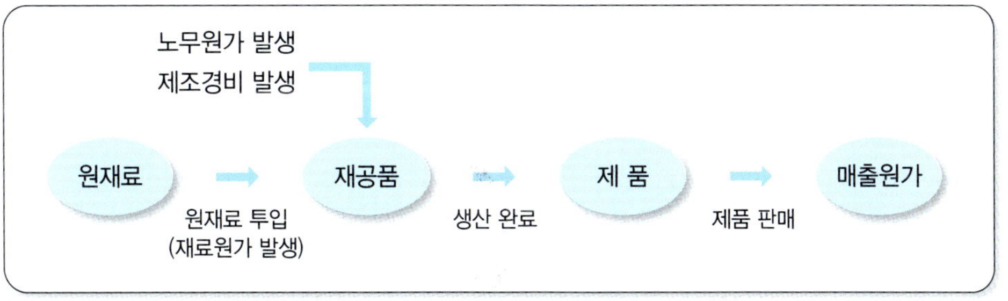

원재료는 구입 후 생산에 투입되면 재공품 계정으로 이동하고, 생산과정에서 발생한 노무원가와 제조경비도 재공품에 포함된다. 생산과정이 완료되면 재공품은 다시 제품 계정으로 이동한다. 그 후 제품이 판매되면 제품은 매출원가 계정으로 이동한다.

3) 수정후시산표

〈표 4.4〉의 분개가 회계전산시스템에 의해 전기된 후 계정별 잔액을 나타낸 수정후시산표는 〈표 4.5〉와 같다.

표 4.5 **(주)제일모자 5월 말 수정후시산표**

수정후시산표

20×1년 5월 31일

(주)제일모자 (단위: 원)

차 변	계정과목	대 변
16,580,000	현 금	
19,000,000	매출채권	
670,000	제 품	
1,100,000	선급보험료	
30,000,000	임차보증금	
20,000,000	기계장치	

차 변	계정과목	대 변
	기계장치감가상각누계액	300,000
6,000,000	비 품	
	비품감가상각누계액	100,000
	매입채무	5,000,000
	미지급금	6,000,000
	단기차입금	20,000,000
	미지급이자	100,000
	자본금	60,000,000
	매 출	19,000,000
12,730,000	매출원가	
4,000,000	급여-판관비	
200,000	임차료-판관비	
100,000	비품감가상각비-판관비	
20,000	전력비-판관비	
100,000	이자비용	
110,500,000	합 계	110,500,000

〈표 4.5〉 수정후시산표에는 원재료와 재공품 계정은 나타나지 않는데 이는 원재료가 모두 제품의 생산에 투입되어 잔액이 0이고, 5월 말 현재 모든 제품이 완성되어 재공품의 잔액도 0이기 때문이다.

한편, 〈표 4.5〉의 수정후시산표에 나타난 제품의 잔액은 67만원이다. 〈표 4.6〉의 제품 계정에 표기된 것처럼 제품이 모두 완성되어 재공품 계정에서 제품 계정으로 유입된 금액이 1,340만원(2,000개)이고, 그중 1,900개가 판매되어 1,273만원(=13,400,000원×1,900/2,000)이 매출원가로 이전되므로 잔액이 67만원임을 확인할 수 있다.

표 4.6 (주)제일모자의 제품 계정

제 품					
5/31	재공품에서 이전	13,400,000	5/31	매출원가로 대체	12,730,000
5/31	차변합계	13,400,000	5/31	대변합계	12,730,000
5/31	계정잔액	670,000			

4) 재무제표의 작성

〈표 4.5〉의 수정후시산표를 토대로 작성한 (주)제일모자의 손익계산서는 〈표 4.7〉과 같다.

제3장에서 소개한 상품매매기업은 〈표 3.7〉의 (주)안전유통 손익계산서처럼 매출원가의 산출내역에서 기초상품재고액, 당기상품매입액, 기말상품재고액을 보여주었고, 아래의 등식이 성립하였다.

매출원가 = 기초상품재고액 + 당기상품매입액 − 기말상품재고액

제조기업은 〈표 4.7〉의 (주)제일모자 손익계산서와 같이 매출원가 산출내역에서 기초제품재고액, 당기제품제조원가, 기말제품재고액을 보여주고, 아래 등식이 성립한다.[3] 아래의 당기제품제조원가에는 5월에 발생한 재료원가, 노무원가, 제조경비가 모두 포함되어 있다.

매출원가 = 기초제품재고액 + 당기제품제조원가 − 기말제품재고액

---

3) 제품 생산의 원료로 구입한 원재료 중 일부를 외부에 판매한 경우 판매한 원재료의 매입단가가 매출원가에 추가되어야 하는데 이때 '타 계정에서 대체'라는 항목이 추가된다. 또한 생산한 제품을 회사 직원들에게 제공하여 복리후생비로 처리할 경우 해당 제품을 매출원가에서 제외하기 위해 '타 계정으로 대체'라는 항목도 추가되기도 한다. 이때 다음 등식이 성립한다. 매출원가 = 기초제품재고액 + 타 계정에서 대체 + 당기제품제조원가 − 타 계정으로 대체 − 기말제품재고액.

표 4.7 (주)제일모자의 5월 손익계산서

손익계산서 20×1년 5월 1일부터 5월 31일까지 (주)제일모자		(단위: 원)
매출액		19,000,000
매출원가		12,730,000
기초제품재고액	0	
당기제품제조원가	13,400,000	
기말제품재고액	(670,000)	
매출총이익		6,270,000
판매관리비		4,320,000
급 여	4,000,000	
임차료	200,000	
비품감가상각비	100,000	
전력비	20,000	
영업이익		1,950,000
기타수익		0
기타비용		0
금융수익		0
금융비용		100,000
이자비용	100,000	
법인세비용차감전순이익		1,850,000
법인세비용		0*
당기순이익		1,850,000

* 법인세비용은 없는 것으로 가정하였다.

손익계산서 다음으로 작성하는 (주)제일모자의 재무상태표는 〈표 4.8〉과 같다.

〈표 4.8〉의 재무상태표가 상품매매기업의 재무상태표와 다른 점은 상품 대신 제품이 유동자산에 포함되어 있다는 점이다. 만약, (주)제일모자가 원재료를 모두 소진하지 않고, 일부가 남아 있거나 5월 말까지 일부 모자가 미완성인 상

표 4.8 **(주)제일모자의 5월 말 재무상태표**

재무상태표 20×1년 5월 31일 (주)제일모자			(단위: 원)
자 산:		부 채:	
유동자산		유동부채	
현 금	16,580,000	매입채무	5,000,000
매출채권	19,000,000	미지급이자	100,000
제 품	670,000	미지급금	6,000,000
선급보험료	1,100,000	단기차입금	20,000,000
유동자산 합계	37,350,000	유동부채 합계	31,100,000
비유동자산		부채총계	31,100,000
기계장치	20,000,000		
기계장치감가상각누계액	(300,000)	자 본:	
비 품	6,000,000	자본금	60,000,000
비품감가상각누계액	(100,000)	이익잉여금	1,850,000
임차보증금	30,000,000		
비유동자산 합계	55,600,000	자본총계	61,850,000
자산총계	92,950,000	부채 및 자본총계	92,950,000

태로 남아 있다면 제품과 함께 원재료, 재공품도 유동자산에 포함될 것이다. 기업이 제조 및 판매의 목적으로 구입하여 회계기간 말 현재 보유하고 있는 원재료, 재공품, 상품, 제품 등을 통틀어 **재고자산**(inventory)이라고 한다.

〈표 4.9〉는 (주)제일모자의 자본변동표이다. 주주의 출자와 당기순이익의 발생으로 자본총계가 증가했음을 보여주고 있다.

〈표 4.10〉은 〈표 4.3〉의 현금 계정에 나타난 현금의 유입과 유출 자료를 토대로 하여 작성한 5월 현금흐름표이다.

손익계산서에 나타난 (주)제일모자의 5월 당기순이익은 185만원이지만

표 4.9 (주)제일모자의 5월 자본변동표

자본변동표

20×1년 5월 1일부터 5월 31일까지

(주)제일모자 (단위: 원)

과 목	자본금	이익잉여금	총 계
20×1.5.1. (기초자본)	0	0	0
소유주의 출자	60,000,000		60,000,000
당기순이익		1,850,000	1,850,000
20×1.5.31. (기말자본)	60,000,000	1,850,000	61,850,000

표 4.10 (주)제일모자의 5월 현금흐름표

현금흐름표

20×1년 5월 1일부터 5월 31일까지

(주)제일모자 (단위: 원)

Ⅰ. 영업활동 현금흐름		(13,420,000)
고객으로부터 유입된 현금	0	
종업원에 대한 현금지출	(10,000,000)	
기타 영업비 현금지출(임차료, 보험료 등)	(3,420,000)	
Ⅱ. 투자활동 현금흐름		(50,000,000)
기계의 취득	(20,000,000)	
임차보증금의 지급	(30,000,000)	
Ⅲ. 재무활동 현금흐름		80,000,000
주주의 출자	60,000,000	
단기차입금의 증가	20,000,000	
Ⅳ. 현금의 증가		16,580,000
Ⅴ. 기초의 현금		0
Ⅵ. 기말의 현금		16,580,000

〈표 4.10〉 현금흐름표상의 영업활동 현금흐름은 −1,342만원으로 1,527만원의 큰 차이를 보인다. 이러한 차이의 가장 큰 원인은 판매가 외상으로 이루어져 현

금유입이 전혀 없기 때문이다. 반면, 급여, 임차료, 보험료의 지급은 현금으로 결제되었기에 영업활동의 현금흐름은 음수로 나타난 것이다.

한국의 기업과 경영인 ④

유일한과 유한양행–기업이 얻은 이익은 그 기업을 키워준 사회에 환원해야 한다

유일한은 1895년 평양에서 9남매 중의 장남으로 태어났다. 기독교 신자인 부친은 미국으로 두 명의 아이를 유학 보낼 수 있다는 선교사의 말을 듣고 아홉 살이던 유일한을 시대를 이끌 지도자로 키우기 위해 미국으로 유학을 보낸다. 미국 네브라스카주에서 독실한 기독교 자매의 따뜻한 보살핌 속에 초, 중, 고교를 마친 유일한은 학비를 벌기 위해 1년간 일한 후 미시간 대학에 입학하였다. 대학을 졸업한 후 GE에서 회계사로서 일하기도 했으나 재미 중국인에게 인기 있는 숙주나물을 판매하는 식품업을 시작하여 숙주나물 통조림을 개발하였다. 1922년 미국인 친구와 라초이 식품회사를 창업하였고, 수분이 빌려올 정도로 크게 성공하였다. 숙주나물의 원료인 녹두를 사기 위해 21년 만에 중국과 고국을 방문한 그는 당시 일제 치하의 비참한 현실을 목도하고, 고국으로 돌아와 병들고 굶주린 동포들을 위해 봉사하겠다고 결심하였다.

라초이 식품회사의 주식을 매각한 자금으로 많은 의약품을 구입하여 중국인 아내와 함께 1926년 귀국하였다. 유한양행을 설립하여 당시 한국 제약업계를 지배하던 일본 업체에 맞서 미국의 의약품을 수입하여 판매하기 시작하였다. 3~4년 만에 회사를 급성장시킨 유일한은 한국의 특산품을 미국으로 수출하고, 만주, 중국, 대만, 일본 지역까지 판매망을 구축하며 의약품의 국내 생산도 시작하였다. 제2차 세계대전과 한국전쟁에도 살아남은 유한양행은 건강한 국민, 병들지 않은 국민만이 주권을 누릴 수 있다는 유일한의 신념하에서 양질, 염가의 제품을 생산하며 오늘에 이르고 있다.

유일한은 정당하며 정상적인 이윤 추구는 기업의 일차적인 목적이 되나 이윤은 사회를 위해 환원되어야 한다는 것이 그의 철학이었다. 좋은 제품을 만들어 국민에게 제공하고, 양심적으로 세금을 납부하되 세금 이외의 다른 돈을 정부에 바쳐 그 대가로 어떤 도움을 받아서는 안 된다는 신념을 갖고 있었다. 1967년에 실시한 세무감사에서 유한양행에서는 어떠한 부정 수입과 부정 지출도 발견되지 않았고, 약품의 함량 미달도 없었다. 이를 계기로 유한양행은 정부로부터 동탑산업훈장을 받기도 했다.

국가에 실질적으로 도움이 되는 기술자를 육성하기 위해 3년간 전액 장학금을 지급하는 유한공고와 유한공업전문대학을 설립하였다. 유일한은 유한양행의 주식을 연세대와 보건장학회에 기증하였으며, 서울시가 교량 건설을 위해 유한양행의 땅을 매입할 때에도 시가보다 훨씬 낮은 가격임에도 이의 없이 이를 수용하였다. 간부들의 권고로 미국 변호사인 아들에게 기업경영을 맡겨보았으나 경영에 관한 신념이 자신과 다르자 결국 전문경영인에게 유한양행을 맡기고, 1969년 유일한은 아들과 함께 회사를 떠났다. 1971년 3월 유일한은 손녀에게 대학 학자금 1만 달러만을 남기고, 자신이 소유한 땅과 주식은 모두 공익사업을 위해 기증한다는 유언장을 남기고 76세의 일기로 영면하였다.

참고문헌: 유일한의 생애와 사상(김형석, 2016, 올댓스토리), 유일한을 기억하다(민석기, 2015, 중앙북스).

제4장 보론 커피 한 잔의 원가와 손익분기점

커피전문점의 주 메뉴인 아메리카노 한 잔의 가격은 1,700원에서 4,700원 정도로 다양하다. 이러한 가격 차이는 어디에서 발생하는 것일까? 먼저, 아메리카노의 원재료인 커피 원두의 원가에서 차이가 날 수 있고, 커피전문점의 위치에 따라 매장의 임차료 차이도 크다. 또한 테이크아웃 위주의 커피점과 카페 형태의 커피점은 인테리어 비용에서도 큰 차이를 보인다.

그리고 유명 프랜차이즈 여부, 또는 고용된 직원의 수에 따라 인건비도 달라질 것이므로 가격 차별의 원인일 될 것이다. 그밖에 부근 커피전문점 간의 경쟁 정도, 근처 편의점의 아메리카노 가격 등도 커피 가격에 영향을 미칠 것이다. 아래에서는 커피 한 잔의 원가를 산출하고 상황 변화에 따른 수익성을 분석해 보기로 한다.

원가에는 판매량이 증가하면 함께 증가하는 원가와, 판매량에 관계 없이 일정한 원가가 있다. 판매량에 따라 변동하는 원가를 **변동원가**(variable cost)라 하고, 판매량과 무관하게 일정한 원가를 **고정원가**(fixed cost)라고 한다. 이제 아메리카노 한 잔의 원가를 변동원가와 고정원가로 구분하여 계산해 보자.

변동원가의 대표적인 예는 재료원가이다. 아메리카노를 많이 팔수록 재료원가도 자연히 늘어난다. 아메리카노의 주요 원재료인 커피 원두 가격은 1kg에 약 14,000원에서 28,000원까지 다양하지민, 여기서는 1kg에 15,000원이라고 가정하겠다. 아메리카노 한 잔에는 약 20g 정도의 원두가 들어가므로, 1kg(1,000g)의 원두로는 50잔(=1,000g÷20g)의 아메리카노를 만들 수 있다. 따라서 아메리카노 한 잔당 커피 원두 원가는 300원(=15,000원÷50잔)이다.

아메리카노용 종이컵은 500개에 20,000원이므로, 한 개당 40원(=20,000

원÷500개)이다. 뚜껑은 500개에 18,000원이므로 한 개당 36원(=18,000원÷500개)이며, 종이컵에 끼우는 홀더는 500개에 12,000원이므로, 한 개당 24원(=12,000원÷500개)이다. 또한 아메리카노 한 잔을 2,000원에 신용카드로 판매할 경우 2.5%의 수수료가 발생하여 한 잔당 50원의 비용이 발생한다. 마지막으로, 아메리카노 한 잔에 들어가는 생수와 전기세 비용을 대략 100원으로 가정한다.

이처럼 변동원가를 요약한 결과는 아래 표와 같다.

품 목	수 량	가 격	한 잔당 가격	비 고
커피 원두	1kg (50잔 분량)	20,000원	400원	한 잔당 20g
종이컵	500개	20,000원	40원	
뚜껑	500개	18,000원	36원	
홀더	500개	12,000원	24원	
카드사수수료			10원	2,000원의 0.5%
생수, 전기세			100원	
합 계			610원	

위 표에 따르면 아메리카노 한 잔의 변동원가는 610원이다. 한 잔의 판매가격이 2,000원일 경우, 변동원가 610원을 차감하면 1,390원이 남는다. 이때 매출액에서 변동원가를 뺀 금액을 **공헌이익**(contribution margin)이라고 하며, 이는 고정원가를 회수하는 데 공헌(기여)하는 이익을 의미한다. 따라서 아메리카노 한 잔의 공헌이익은 1,390원이다.

한편, 커피전문점의 고정원가에는 가게 임차료, 커피머신 감가상각비, 매월 납부하는 상가관리비, 계산용 포스기 대여료, CCTV 관리비, 변동원가를 제외한 공과금, 정기소독비, 세무 신고를 위한 세무사 수수료 등이 포함된다. 각 고정원가 항목별 월별 인식 금액은 다음 표와 같다.

품 목	금 액	비 고
임차료	2,000,000원	월세
커피머신감가상각비	100,000원	6,000,000원÷60개월
상가관리비	120,000원	
포스기 대여료	30,000원	
정기소독료	50,000원	
세무사 수수료	100,000원	
공과금(수도, 전기, 인터넷)	200,000원	변동원가 이외의 공과금
합 계	2,600,000원	

총고정원가가 월 2,600,000원이고, 아메리카노 한 잔당 공헌이익 1,390원이므로, 고정원가를 회수하기 위한 판매량은 1,870,5잔(=2,600,000원÷1,390원)이다. 이를 한 달의 영업일인 26일로 나누면 하루 약 71.9잔(=1,870.5잔÷26일)이 된다. 즉, 하루에 최소 72잔을 팔아야 적어도 손실을 면할 수 있다. 이와 같이 수익과 비용이 일치하는 지점을 **손익분기점**(break-even point)이라고 하며, 이 커피전문점의 손익분기점은 하루 72잔으로 볼 수 있다.

그런데 한 달 동안 일한 창업자 자신에게도 적정한 이익이 필요하다. 한 달에 3,000,000원의 이익을 얻기 위해서는 고정원가 2,600,000원에 이윤 3,000,000원을 더한 총 5,600,000원을 아메리카노 한 잔당 공헌이익 1,390원으로 나누어야 한다. 즉, 한 달에 약 4,028.7잔(=5,600,000원÷1,390원)을 판매해야 하며, 한 달 영업일 26일을 기준으로 하루 약 154.9잔(=4,028.7잔÷26일)을 팔아야 한다. 따라서 창업자가 한 달에 3,000,000원의 이익을 얻으려면 하루에 최소 155잔을 판매해야 한다.

만약, 창업자가 혼자 감당하기 어려워 주 5일 근무하는 아르바이트생을 고용한다면, 손익분기점과 월 3,000,000원의 이익을 위한 판매량은 어떻게 달라질까?

2025년 아르바이트생의 시급은 10,030원이며, 주 15시간 이상 근무 시 주휴수당이 지급된다. 주 5일, 총 40시간 근무할 경우, 주휴수당 8시간을 포함해 총 48시간에 대한 급여가 지급되므로 주급은 481,440원(=48시간×10,030원)이다. 이를 기준으로 한 달(4주)의 급여는 약 2,166,480원(=481,440원×4주)이 된다.

따라서 총고정원가는 아르바이트생 고용 전의 2,600,000원에 아르바이트생 급여 2,166,480원을 더한 4,766,480원이 된다. 이에 따른 손익분기점은 월 약 3,429.1잔(=4,766,480원÷1,390원)이며, 하루 131.9잔(=3,429.1÷26일)이다. 즉, 하루에 132잔을 판매해야 손실을 피할 수 있다.

아르바이트생을 고용하면서 월 3,000,000원의 이익을 달성하기 위해서는 고정원가 4,766,480원에 3,000,000원을 더한 총 7,766,480원을 충당해야 한다. 따라서 한 달에 약 5,587.3잔(=7,766,480원÷1,390원)을 판매해야 하며, 하루 약 214.8잔(=5,587.3잔÷26일), 즉 하루 215잔을 팔아야 한다.

이는 아르바이트생 고용 전월 3,000,000원의 이익을 위해 필요한 하루 판매량 155잔과 비교할 때 약 1.4배 증가한 수치이다. 따라서 아르바이트생을 고용하여 판매량이 1.4배 이상 늘어나지 않으면, 오히려 고용 전보다 손해가 발생할 수 있다는 의미이다.

요 약

1. 제조원가는 재료원가, 노무원가, 제조경비로 구성된다. 모자를 제조하는 기업의 경우, 재료원가는 사용된 원단과 모자 부품의 원가를 포함하고, 노무원가는 모자의 제조와 관련된 직원들의 급여를 포함하며, 제조경비는 재료원가와 노무원가를 제외한 제조와 관련된 모든 원가로서 사용된 재단기와 재봉틀의 감가상각비, 공장임차료, 공장에서 사용한 전력비 등을 포함한다.

2. 제품의 제조와 직접적인 관련이 없는 사무직원의 급여, 사무실 비품의 감가상각비와 같은 원가는 비제조원가로 분류하고, 발생한 기간에 모두 비용으로 처리한다. 급여, 임차료, 감가상각비 등의 경우 제품의 제조와 관련이 있느냐에 따라 제조원가와 비제조원가인 판매관리비로 구분되므로 제조원가의 집계를 위해서는 동일한 계정과목에 대해서도 제조원가와 판매관리비로 구분하여 별도의 계정을 사용하는 것이 필요하다.

3. 제조원가인 재료원가, 노무원가, 제조경비는 생산에 투입되거나 지출이 발생할 경우, 결산수정분개에서 재공품이라는 계정과목에 집계하고, 제품이 완성되면 재공품에서 다시 제품 계정으로 이전한다. 제품이 판매되면 판매된 제품을 제거하고, 그만큼을 매출원가로 인식한다. 판매되지 않고 남은 제품, 재공품, 원재료는 재고자산으로 재무상태표상의 유동자산에 표기된다.

4. 일반적으로 상품매매기업의 손익계산서에 표기된 매출원가는 (매출원가=기초상품재고액+당기상품매입액−기말상품재고액)의 등식이 성립하고, 제조기업의 손익계산서에 표기된 매출원가는 (매출원가=기초제품재고액+당기제품제조원가−기말제품재고액)의 등식이 성립한다.

5. 제조업의 경우는 서비스업, 상품매매기업보다 당기순이익과 영업활동 현금흐름의 차이를 이해하는 것이 더 어렵고 복잡하다. 그 이유는 제품제조원가 중 팔린 부분만 매출원가로 손익계산서에 포함되고, 팔리지 않은 제품은 재고자산으로 남기 때문이다.

O×퀴즈 아래 문장이 옳으면 ○, 틀리면 ×로 답하고 틀린 곳은 올바르게 고치시오.

1. 제조원가는 재료원가, 노무원가, 제조경비로 구성된다.

2. 제조경비는 재료원가와 노무원가를 제외한 모든 원가이다.

3. 제조원가 중 제조경비는 생산에 사용된 기계의 감가상각비, 공장임차료, 공장에서 사용한 전력비, 사무직원의 급여, 사무실 비품의 감가상각비 등을 포함한다.

4. 같은 감가상각비라 하더라도 생산에 사용된 기계나 생산과 관련된 차량의 감가상각비는 제조경비의 감가상각비로, 판매부서 또는 관리부서에서 사용하는 비품의 감가상각비는 판매관리비의 감가상각비로 서로 다른 계정과목을 사용하여 분개한다.

5. 제조업체가 임차한 건물의 80%를 제품의 생산을 위해 사용하고 나머지 20%는 일반 관리목적으로 사용한다면 임차료의 80%는 제조원가의 제조경비로, 나머지 20%는 영업외비용으로 구분한다.

6. 원재료는 생산에 투입되면 제품으로 이동하고, 제품이 완성되면 매출원가로 이동한다.

7. 원재료 중 투입되고 남은 부분, 제품으로 완성되지 않은 재공품, 판매되지 않고 남은 제품은 모두 재무상태표의 재고자산에 포함된다.

8. 일반적으로 제조기업의 손익계산서에 표기된 매출원가는 (매출원가=기초제품재고액+당기상품매입액−기말제품재고액)의 등식이 성립한다.

9. 기초원재료가 300,000원, 당기원재료매입액이 2,000,000원, 기말원재료가 200,000원이면 당기원재료투입액은 1,900,000원이다.

10. 재료원가가 1,400,000원, 노무원가가 2,000,000원, 제조경비가 900,000원, 판매관리비가 1,100,000원, 이자비용이 60,000원이면, 제조원가는 4,300,000원이다.

11. 회계기간 말에 원재료는 투입되었으나 완성되지 않은 제품이 있으면 수정후시산표는 재공품을 포함한다.

12. 당기순이익이 발생하는 경우, 수정후시산표의 대변합계가 차변합계보다 더 크다.

제4장 객관식 문제

1. 다음의 원재료 매입액은 8,000,000원이고 기말 원재료 재고액이 기초 원재료 재고액보다 300,000원이 감소한 경우 당기의 원재료 원가는 얼마인가? 〈전산회계 1급, 2025〉

① 7,000,000원　② 7,700,000원　③ 8,000,000원　④ 8,300,000원

2. 다음 중 제조원가에 영향을 미치지 않는 거래는 무엇인가? 〈전산세무 1급, 2024 수정〉

① 당기에 투입된 노무원가를 과대계상하였다.
② 기초 제품 원가를 과소계상하였다.
③ 당기에 투입된 원재료를 과소계상하였다.
④ 생산공장에서 사용된 소모품을 과대계상하였다.

3. 다음 자료에 의한 당기총제조원가는 얼마인가? 단, 노무원가는 발생주의에 따라 계산한다. 〈전산회계 1급, 2024 수정〉

· 기초원재료	300,000원	· 당기지급임금액	350,000원
· 기말원재료	450,000원	· 당기원재료매입액	1,300,000원
· 전기미지급임금액	150,000원	· 제조경비	700,000원
· 당기미지급임금액	250,000원	· 기초재공품	200,000원

① 2,100,000원　② 2,300,000원　③ 2,450,000원　④ 2,500,000원

4. 다음 판매부의 광고선전비를 제조원가로 잘못 회계처리한 경우, 재무제표에 미치는 영향으로 옳은 것은? (단, 기말재고자산은 없다고 가정한다. 〈전산세무 1급, 2024〉

① 제품매출원가가 감소된다.　② 매출총이익이 감소된다.
③ 영업이익이 감소된다.　④ 당기순이익이 증가된다.

5. 다음 고구마 제조업을 영위하는 ㈜제이비의 2024년 지출 내역을 요약한 것이다. ㈜

제이비의 손익계산서상 판매비와관리비는 얼마인가? 〈회계관리 2급, 2024〉

· 제품매출	3,050,000원	· 매출원가	1,000,000원
· 급 여	4,800,000원	· 복리후생비	2,000,000원
· 접대비	900,000원	· 소모품비	300,000원
· 이자비용	100,000원	· 미수수익	500,000원
· 선급비용	200,000원	· 운반비(매입)	900,000원
· 운반비(매출)	200,000원	· 건물재산세	100,000원

① 20,500,000원 ② 1,800,000원 ③ 18,300,000원 ④ 8,300,000원

제4장 주관식 문제

1. 다음은 (주)율도인쇄소의 5월 거래내역이다. 아래 물음에 답하시오.

5월 1일	주주 홍길동 씨의 3,000만원 현금 출자로 (주)율도인쇄소를 설립함.
5월 2일	인쇄기계(잔존가치 200만원, 내용연수 5년)의 구입비용으로 현금 2,000만원을 지급함.
5월 3일	추가적인 자금조달을 위해 은행에서 현금 1,000만원을 대출함(만기 1년, 연이자율 6% 매달 초에 지급).
5월 4일	종이, 잉크 등 인쇄제품 제작을 위한 원재료를 구입하는데 현금 200만원을 지급함.
5월 7일	율도인쇄소의 인터넷 광고를 위해 포털업체에 현금 100만원을 지급함.
5월 20일	카탈로그 제작을 의뢰한 업체 사장과 상담 후 저녁식사비로 현금 6만원을 지출함.
5월 28일	카탈로그를 제작하여 공급한 후 제작대금으로 현금 700만원을 수취함.
5월 31일	인쇄소 임차료 100만원, 직원 급여 300만원, 아르바이트생 급여 50만원을 각각 현금으로 지급함(인쇄소는 80%가 인쇄제품 제작을 위한 공간으로 20%는 사무용으로 사용하고, 직원은 인쇄업무를, 아르바이트생은 사무를 전담함).

1) 5월 거래를 날짜별로 분개하시오. 단, 매출원가에 대한 분개는 4)번 결산수정분개에서 수행하시오.
2) 5월 말 시산표에 나타날 현금 잔액을 현금 계정을 이용하여 산출하시오.
3) 5월 말 시산표를 작성하시오.
4) 5월 말에 매출원가에 관한 분개를 포함한 필요한 모든 결산수정분개를 하시오(5월 말 현재 인쇄제품의 제작을 위한 원재료는 50만원어치가 남아 있고 인쇄제품은 모두 완성되었으며 전부 고객에게 전달되었다).

5) 5월 말 수정후시산표를 작성하시오.

6) 5)번의 수정후시산표를 토대로 손익계산서, 재무상태표, 자본변동표와 현금흐름표를 작성하시오.

2. 다음은 (주)웰빙천연비누의 7월 거래내역이다. 아래 물음에 답하시오.

7월 1일	주주의 5,000만원 현금 출자로 (주)웰빙천연비누를 설립함.
7월 2일	제조공장의 임차를 위해 임차보증금 3,000만원(임차기간 2년)과 월임차료 현금 100만원을 지불함. 임차한 면적의 80%는 비누의 제조를 위해 사용하고, 나머지 20%는 사무실로 사용할 계획임.
7월 3일	비누제조기계(잔존가치 200,000원, 내용연수 5년)와 사무실에서 사용할 컴퓨터, 책상, 의자 등(잔존가치 0원, 내용연수 5년)을 각각 한 달 후 지급하는 조건으로 500만원과 420만원에 구입함.
7월 4일	비누베이스, 향료 등 150만원의 원재료를 외상으로 구입함.
7월 30일	비누제조직원과 판매담당직원의 7월 급여로 400만원과 200만원을 현금으로 지급함. 7월의 전기요금으로 50만원(공장 45만원, 사무실 5만원)을 현금 지급함. 천연비누 광고료로 50만원을 현금 지급함.
7월 31일	7월 한 달 동안 원재료의 90%를 투입하여 천연비누 10,000개를 제작하였고 그중 9,000개를 개당 1,000원에 현금으로 판매하였다(미완성 비누는 없음).

1) 7월 거래를 날짜별로 분개하시오(매출원가에 대한 분개는 제외).

2) 7월 말 시산표에 나타날 현금 잔액을 현금 계정을 이용하여 산출하시오.

3) 7월 말 시산표를 작성하시오.

4) 7월 말에 매출원가에 관한 분개를 포함한 필요한 모든 결산수정분개를 수행하시오.

5) 7월 말 수정후시산표를 작성하시오.

6) 5)번의 수정후시산표를 토대로 손익계산서, 재무상태표, 자본변동표와 현금흐름표를 작성하시오(법인세비용은 없는 것으로 가정).

3. 다음은 제조업체인 (주)세계화학의 20×1년 12월 31일 수정후시산표에 나타난 계정 잔액이다.

(단위: 천원)

계정과목	잔 액	계정과목	잔 액
현 금	250,000	매입채무	974,000
자본금	400,000	임차료-판관비	240,000
비 품	150,000	보험료-판관비	21,000
법인세비용	39,000	급 여-판관비	1,265,000
매 출	6,240,000	미지급금(단기)	84,000
광고선전비	655,000	이익잉여금	1,698,000
재고자산	680,000	매출원가	3,630,000
차량운반구	350,000	차량운반구감가상각누계액	300,000
감가상각비-판관비	91,000	이자비용	30,000
비품감가상각누계액	120,000	여비교통비-판관비	98,000
매출채권	1,235,000	장기차입금	516,000
기계장치	2,862,000	기계장치감가상각누계액	1,264,000

1) 20×1년 12월의 다단계 손익계산서를 작성하시오(20×1년 12월 1일~12월 31일).

2) 20×1년 말 재무상태표를 작성하시오(유동과 비유동으로 구분할 것).

4. (주)르네상스가구의 원가내역은 다음과 같다. 각 원가를 다음 중 하나로 분류하시오.

① 재료원가　② 노무원가　③ 제조경비　④ 비제조원가

원 가	분 류	원 가	분 류
가구제조용 원목		급여-공장근로자	
급여-판매직원		보험료-공장기계	
감가상각비-공장기계		수선비-공장기계	
이자비용		광고선전비	
감가상각비-트럭 (제품배송용)		가구제조용 나사, 못, 접착제, 페인트	

5. 다음은 제조원가의 집계를 위한 결산수정분개를 앞둔 (주)매일산업의 계정별 잔액의 일부이다. 아래에 나타난 원재료의 80%가 제조공정에 투입되었고, 기말에 미완성된 제품은 없으며, 제품의 90%가 판매되었다(기초 제품 잔액은 0).

계정과목	잔 액	계정과목	잔 액
원재료	20,000	임차료-판관비	500
급여-노무원가	15,000	이자비용	900
임차료-제조경비	4,000	접대비-판관비	120
전력비-제조경비	110	감가상각비-제조경비	3,000
급여-판관비	150	전력비-판관비	100

1) (주)매일산업의 기말 결산수정분개에서 재공품으로 이전(대체)되는 항목들은 무엇이고, 합계는 얼마인가?
2) (주)매일산업의 당기 손익계산서상에 나타나는 매출원가는 얼마인가?
3) (주)매일산업의 당기 손익계산서상에 나타나는 판매관리비의 합계는 얼마인가?
4) (주)매일산업의 기말의 재무상태표상에 나타나는 재고자산에 포함되는 것은 무엇이고 합계는 얼마인가?

6. 다음은 당기 말 제조원가의 집계를 위한 결산수정분개 직전 ㈜번창기업의 계정과목과 잔액이다. 아래 물음에 답하시오.

계정과목	잔 액	계정과목	잔 액
현 금	17,470,000	이익잉여금	3,450,000
매출채권	20,110,000	매 출	18,080,000
선급임차료	2,000,000	임차료-제조경비	2,000,000
원재료	6,000,000	임차료-판관비	200,000
제 품	1,100,000	급여-노무원가	6,500,000
임차보증금	20,000,000	급여-판관비	1,000,000
기계장치	39,000,000	보험료-제조경비	100,000
기계장치감가상각누계액	500,000	광고선전비-판관비	250,000
매입채무	18,470,000	수도광열비-제조경비	240,000
미지급이자	100,000	수도광열비-판관비	80,000

단기차입금	26,000,000	기계장치감가상각비-제조경비	500,000
자본금	50,000,000	이자비용	50,000

1) 당기 원재료 투입액이 5,000,000원일 경우, 당기 제조원가 집계를 위해 수행하는 결산수정분개를 제시하시오.
2) 당기 말 미완성 제품이 없을 경우, 필요한 분개를 제시하시오.
3) 기초제품의 수량이 100개이고, 당기에 완성된 제품 수량은 1,250개이며, 당기 판매량은 1,200개이다. 기초제품이 모두 판매되었다고 가정할 때, 매출원가 인식을 위한 분개를 제시하시오.
4) 당기 말 재무상태표에 포함되는 재고자산 항목과 그 합계 금액은 얼마인가?

7. 본 장에서는 (주)제일모자의 5월 거래를 분개하고 재무제표를 작성하였다. 아래는 그 다음 달인 6월의 거래내역이다. 다음 물음에 답하시오.

6월 1일	은행 차입금 2,000만원에 대한 5월 이자 10만원을 현금으로 지급함.
6월 2일	원재료인 원단과 모자 부품을 외상으로 700만원에 구입함.
6월 3일	6월 임차료로 현금 200만원을 지급(임차 면적의 90%는 모자 제조에, 나머지 10%는 회사 사무실로 사용).
6월 4일	운영자금 부족으로 주주인 최상모 씨가 추가로 현금 1,000만원을 출자함.
6월 5일	5월 비품의 외상구입으로 발생한 미지급금 600만원을 현금으로 지급함.
6월 8일	5월에 발생한 원재료 외상매입금 500만원을 현금으로 지급함.
6월 9일	제품의 홍보를 위해 포털사이트에 광고료로 현금 50만원을 지급함.
6월 20일	마케팅 교육을 위해 유료 세미나에 참가비 6만원을 내고 직원이 참석.
6월 28일	5월에 발생한 K유통의 외상매출금 1,900만원을 현금으로 수령함.
6월 29일	공장직원, 사무직원의 급여로 각각 600만원과 400만원을 현금으로 지급, 6월 전기요금으로 23만원(공장 20만원, 사무실 3만원)을 현금으로 지급함.
6월 30일	원재료의 90%를 소진하여 총 2,800개의 모자를 생산하였고, 미완성된 모자는 없음. 5월 제품재고 100개와 6월 제품 2,600개를 개당 1만원에 외상으로 판매함.

1) 위의 거래를 날짜별로 분개하시오.
2) 6월 말 현금 계정의 잔액을 계산하시오(기초잔액은 본문 〈표 4.8〉을 참조할 것).
3) 6월 말의 시산표를 작성하시오(계정별 기초잔액은 본문 〈표 4.8〉을 참조할 것).
4) 6월 말에 필요한 결산수정분개를 수행하시오(일반적 결산수정분개는 본문의 〈표 4.4〉를 참조할 것).
5) 6월 말의 수정후시산표를 작성하시오.
6) 손익계산서와 재무상태표를 각각 작성하시오(법인세비용은 없는 것으로 가정).

실제 기업 사례 문제

1. 비상장 모자 제조기업인 (주)유풍의 2024년도 감사보고서를 전자공시시스템(dart.fss.or.kr)에서 검색하여 손익계산서를 찾은 후 다음 물음에 답하시오.

1) 손익계산서의 'I. 매출액'에서 '제품매출'과 '상품매출'은 어떤 차이가 있는지 말해 보시오.
2) 상품매출원가가 제품매출원가보다 50배 이상 더 크다는 것이 의미하는 바가 무엇인지 생각해 보고, (주)유풍의 재무제표 주석7에서 상품을 주로 어느 회사로부터 구입하는지 찾아보시오.
3) 판매관리비에 포함된 '세금과공과'와 '법인세비용'과는 어떻게 다른지 생각해 보고 인터넷 검색을 통해 답을 확인해 보시오.
4) 매출원가, 판매관리비, 영업이익이 매출액에서 차지하는 비율을 각각 산출하고 2023년의 동일한 비율과 비교해 보시오.
5) 영업외수익 중 '수수료수익'은 누구를 상대로 왜 발생한 것인지 재무제표 주석7을 보고 답하시오.
6) 영업외비용 중 '외화환산손실'은 왜 발생했는지 재무제표 주석13을 보고 답해 보시오.
7) 2024년 당기순이익이 매출액에서 차지하는 비율을 산출하고, 2023년의 비율과 비교한 후 증가 또는 감소의 주요 원인이 무엇인지 답해 보시오.

2. 전자공시시스템에서 비상장 모자 제조기업 (주)유풍의 2024년 재무상태표를 찾은 후 다음 물음에 답하시오.

1) 유동자산의 미수금, 투자자산의 장기대여금에 대해 재무제표 주석7과 주석13을 통해 알 수 있는 사실은 무엇인지 말해 보시오.
2) 재고자산에는 '미착품'이 포함되어 있다. 아직 도착하지 않은 물품이라는 의미인데 도착하지도 않은 물품이 왜 (주)유풍의 재고자산에 포함되는지 그 이유를

인터넷 검색을 통해 답을 찾아보시오.

3) 유형자산 중 감가상각을 하지 않는 자산은 무엇인지 재무제표 주석8을 참조하여 답하고, 그 이유를 생각해 보시오.
4) (주)유풍이 보유한 토지는 구체적으로 무엇으로 구성되어 있는지 재무제표 주석8을 보고 답하시오.
5) 비유동부채의 퇴직급여충당부채는 종업원들에게 퇴직금을 지급할 의무를 금액으로 나타낸 것이다. 현재 (주)유풍은 퇴직급여충당부채의 지급을 위해 사용할 별도의 자산을 얼마나 확보하고 있는지 재무제표 주석12에서 답을 찾아보시오.
6) (주)유풍의 2024년 말 자본금은 2023년 말보다 감소하였다. 그 이유가 무엇인지 재무제표 주석15를 보고 답하시오.
7) (주)유풍이 2024년 지급한 중간배당금과 지급할 연말배당금은 각각 얼마인지 재무제표 주석19를 보고 답하시오.

제 5 장

유동자산의 주요 계정

재무상태표상에 자산은 일반적으로 유동자산(current assets)과 비유동자산(non-current assets)으로 구분하여 표시한다.[1] 유동자산은 재무상태표 작성일로부터 1년 또는 정상영업주기 이내에 현금으로 회수되거나 사용 등으로 소멸되는 자산을 말하며 현금, 은행예금, 매출채권, 재고자산 등이 포함된다.[2] 본 장에서는 〈표 5.1〉의 (주)하이트진로 연결재무상태표를 토대로 유동자산의 주요 계정을 설명한다.[3]

표 5.1 **(주)하이트진로의 연결재무상태표 – 자산 부분**

제 73 기 2024년 12월 31일 현재
제 72 기 2023년 12월 31일 현재

하이트진로주식회사와 그 종속기업 (단위: 백만원)

	제73기	제72기
자 산		
유동자산	1,023,166	1,067,667
현금및현금성자산	259,177	272,488
매출채권 및 기타채권(유동)	313,128	382,625
기타금융자산(유동)	80,593	63,468
재고자산	282,653	268,110
기타유동자산	86,644	80,686
당기법인세자산	970	290

---

1) 은행 등 금융회사는 재화나 서비스를 명확히 식별 가능한 영업주기 내에 제공하지 않기 때문에 유동/비유동 구분법보다 자산과 부채를 유동성 순서에 따라 표시하는 방법을 주로 사용한다.

2) **영업주기**란 영업활동을 위한 자산(주로 원재료, 상품)의 취득시점부터 그 자산이 현금으로 실현되는 시점까지 소요되는 기간을 말한다. 대부분의 정상영업주기는 1년 이내이지만, 조선업이나 건설업처럼 선박이나 아파트의 완공에 1년 이상 소요되는 경우 정상영업주기가 1년을 초과할 수도 있다.

3) **연결재무제표**(consolidated financial statements)는 지배기업(모기업)과 종속기업(자회사)의 관계가 형성되는 경우, 지배기업과 종속기업을 하나의 실체로 보아 작성하는 재무제표이다. K-IFRS는 연결재무제표를 주 재무제표로 작성하고, 지배기업만의 재무제표는 **별도재무제표**라 부른다.

5.1 현금 및 현금성자산

현금(cash)은 기업이 보유한 화폐, 타인발행수표, 우편환과 즉시 현금인출이 가능한 요구불예금을 포함한다. 여기서 타인발행수표는 고객의 요청으로 은행이 발행하는 자기앞수표와 기업이 발행하는 당좌수표가 대표적이다. 기업은 현금 지급과 관련된 위험과 번거로움을 피하기 위해 은행에 당좌예금을 개설하고, 은행으로부터 당좌수표 용지를 받아 필요시 당좌수표를 발행할 수 있다.[4)]

기업은 보유한 현금을 〈표 5.1〉과 같이 재무상태표상에 **현금성자산**(cash equivalents)을 포함하여 **현금 및 현금성자산**으로 표시한다. 현금성자산은 취득 당시 만기일이 3개월 이내이고, 현금으로 쉽게 전환할 수 있는 금융기관 예금상품을 의미한다. 현금성자산에 포함되는 예금상품으로는 양도성예금증서(certificate of deposit, CD), 환매조건부채권(repurchase agreement, RP), 정기예금 중 취득 당시 만기가 3개월 이내인 것과 즉시 현금화할 수 있는 은행의 초단기 펀드상품인 MMF(money market fund), 종합금융사 및 증권사의 초단기 펀드상품인 CMA(cash management account)가 있다.

(주)하이트진로는 〈예시 5.1〉과 같이 현금 및 현금성자산의 상세내역을 연결재무제표 주석에 공시하고 있다. (주)하이트진로의 현금 및 현금성자산은 보유 현금과 보통예금, 당좌예금, 기타예금으로 구성되어 있음을 알 수 있다.

한편, 은행예금 중 현금인출에 제한이 있는 경우는 현금 및 현금성자산으로 분류할 수 없고, 그 내역을 별도로 재무제표 주석에 공시한다. (주)하이트진

---

4) 당좌수표의 2024년 일평균 결제규모는 6.7조원으로 어음(약속어음과 전자어음)의 4.9조원보다 크다. 그러나 계좌이체 등의 사용 증가로 사용량이 계속 감소하고 있다(2024년 중 지급결제동향, 한국은행).

〈예시 5.1〉 (주)하이트진로의 2024년 연결재무제표 주석 공시 – 현금 및 현금성자산 (단위: 백만원)

	공시금액
보유현금	276
보통예금	97,326
당좌예금	14,058
기타예금	147,517
현금및현금성자산 합계	259,177

로는 〈예시 5.2〉와 같이 사용이 제한된 은행예금을 장기금융상품으로 인식하고 있다.

〈예시 5.2〉 (주)하이트진로의 2024년 연결재무제표 주석 공시 – 제한된 금융상품 (단위: 백만원)

거래상대방	사용이 제한된 금융자산	실 명
(주)하나은행 등	33.8	장기금융상품 (제공사유: 당좌개설보증금)

5.2 매출채권

매출채권(trade receivable)은 재화의 판매 또는 용역의 제공과 같이 기업의 주된 영업활동에서 발생한 외상매출로 인해 장래에 현금을 회수할 권리를 뜻한다. 매출채권은 상대방에게 얼마의 현금을 언제 지급한다는 증표인 약속어음을 받았을 경우에 사용하는 **받을어음**(notes receivable) 계정과 약속어음 없이 순수한 신용거래일 경우에 사용하는 **외상매출금**(accounts receivable) 계정으로 나뉜

다.[5)]

1) 대손충당금(손실충당금)

받을어음이든 외상매출금이든 미래에 반드시 현금을 회수한다는 보장은 없기 때문에 회계에서는 매출채권 중 미래에 회수되지 않을 금액을 추정하고, 이를 **대손충당금**(또는 **손실충당금**, allowance for bad debts)이라는 자산차감계정에 기록한다. 만약 매출채권의 일부가 회수되지 않을 것으로 예상함에도 불구하고 대손충당금을 인식하지 않는다면 미래 현금으로 회수될 자산을 과대 계상한 것이고, 투자자에게 잘못된 정보를 제공하는 것이다. 따라서 매출채권이 존재할 경우 회계기간 말에 대손충당금을 인식하는 결산수정분개가 꼭 필요하다.[6)]

K-IFRS를 적용하는 기업은 재무상태표상에는 매출채권에서 대손충당금을 차감한 금액, 즉 순매출채권으로 표시하고, 매출채권 총액과 대손충당금은 재무제표 주석에 공시하는 경우가 대부분이다. 〈예시 5.3〉은 (주)하이트진로가 연결재무제표 주석에 공시한 매출채권과 대손충당금에 관한 상세내역이다.

〈예시 5.3〉 (주)하이트진로의 2024년 연결재무제표 주석 공시 – 매출채권 및 기타채권

(단위: 백만원)

		유 동		비유동
		매출채권	단기미수금	매출채권
장부금액	장부 총액	325,343	3,656	15,385
	대손충당금	(15,720)	(152)	(3,576)
장부금액 합계		309,623	3,504	11,809

5) 신용카드에 의한 외상매출은 주로 외상매출금 계정을 사용한다. 신용카드회사는 신용카드 매출의 발생 3일 정도 후에 수수료를 제외한 금액을 입금한다

6) 여기서 대손(貸損)이라는 것은 내가 남에게 빌려준 돈을 회수하지 못해 발생한 손해라는 뜻으로 외상판매는 판매자가 구매자에게 돈을 빌려주어 구매자가 그 돈으로 구입한 셈이므로 만기에 구매자가 판매자에게 빌린 돈을 갚지 못했다면 이를 대손으로 볼 수 있다.

㈜하이트진로의 유동매출채권에 설정된 대손충당금은 15,720백만원으로, 유동매출채권 총액 325,343백만원의 4.8%에 해당한다. 반면, 비유동매출채권에 대한 대손충당금은 3,576백만원으로, 비유동매출채권 총액 15,385백만원의 23.2%에 달한다. 따라서 ㈜하이트진로는 비유동매출채권에 대한 대손충당금 비율이 유동매출채권 대비 약 4.8배 더 높다.

대손충당금의 인식은 먼저 회계기간 말 현재 보유 중인 매출채권에서 회수불가능할 것으로 예상되는 금액, 즉 **기대신용손실**(expected credit loss)을 추정하는 것에서 시작한다. 이후 기말 대손충당금 잔액이 이 추정된 기대신용손실과 일치하도록 분개한다.

매출채권에 대한 기대신용손실 추정은 신용손상에 대한 객관적 증거가 있고, 금액이 중요한 항목은 개별적으로 평가하며, 개별평가 대상이 아닌 나머지 매출채권에 대해서는 〈예시 5.4〉와 같이 **연령분석법**(aging method)을 주로 활용한다.

〈예시 5.4〉 **연령분석법 사례**

보유 매출채권은 총 10,000,000원이다. 먼저, 매출채권을 연체기간별로 분류한 후, 과거 경험과 미래 전망을 토대로 연체기간별 채무불이행률을 설정한다. 연체기간별 기대신용손실은 아래와 같이 해당 기간 매출채권 장부금액에 채무불이행률을 곱하여 산출한다.

연체일수	매출채권 장부금액	채무불이행률(%)	기대신용손실
연체되지 않음	5,000,000원	0.2	10,000원
1~30일 연체	2,000,000원	1.5	30,000원
31~60일 연체	1,500,000원	4	60,000원
61~90일 연체	1,000,000원	8	80,000원
90일 초과 연체	500,000원	15	75,000원
합 계	10,000,000원		255,000원

우선, 보유한 매출채권을 연체일수를 기준으로 연체되지 않음, 1~30일 연체, 31~60일 연체, 61일~90일 연체, 90일 초과 연체 등과 같이 몇 개의 구간으로 구분한다.[7] 다음으로 연체일수가 많은 구간일수록 높은 채무불이행률을 설정하고, 각 구간별 기대신용손실은 구간별 매출채권 금액과 채무불이행률을 곱하여 추정한다. 구간별 채무불이행률은 과거에 관측된 매출채권의 채무불이행률을 기초로 하되 미래의 전망을 반영하여 결정한다.

〈예시 5.4〉처럼 회계기간 말의 매출채권 잔액이 10,000,000원이고 총기대신용손실을 255,000원으로 추정하였으며, 기대신용손실 추정 직전 대손충당금의 잔액이 155,000원(대변)이었다고 가정하면, 회계기간 말 '대손추정'의 결산수정분개는 다음과 같다.

날 짜	차 변		대 변	
12/31	대손상각비	100,000원	대손충당금	100,000원

여기서 주의할 점은, 대손추정과 관련한 수정분개 시 인식하는 대손충당금의 금액이 당기에 추정한 기대신용손실 총액 255,000원과 동일하지 않다는 것이다. 올바른 처리방법은 기대신용손실 추정 직전의 대손충당금 잔액에 필요한 금액을 더하거나 빼서, 대손충당금의 기말 잔액이 추정된 기대신용손실 총액과 일치하도록 조정하는 것이다.

위 예시에서는 대손 추정 직전 대손충당금의 대변 잔액이 155,000원이므로, 최종 대손충당금이 당기에 추정된 총 기대신용손실 255,000원이 되기 위해서는 100,000원을 추가로 인식해야 한다.

---

7) 과거 매출채권의 신용손실 경험으로 볼 때 서로 다른 고객 집단이 유의하게 서로 다른 손실 양상을 보이는 경우는 전체 매출채권을 몇 개의 부문으로 적절하게 분류한 후 각 부문별로 연령분석표를 작성한다. 매출채권을 분류하는 기준의 예로는 지역적 위치, 상품형태, 고객등급, 담보유무, 고객형태(도매상이나 소매상)를 들 수 있다(K-IFRS 제1109호 '금융상품' B5.5.35).

대손충당금

	대손 추정 전 잔액	155,000	
	당기 대손충당금 가산액	? →	255,000－155,000 =100,000
	대손 추정 후 잔액	255,000 →	총 기대신용손실

위의 분개에서 대변의 대손충당금과 함께 기록하는 차변의 **대손상각비**(또는 **매출채권손상차손**, bad debt expense)는 기대신용손실을 인식하는 비용 계정이다.

한편, 회계기간 말 매출채권의 대손추정에 대한 결산수정분개가 완료된 이후 도산 등의 사유로 실제로 특정 매출채권의 회수가 불가능하게 되었다면 해당 매출채권을 제거하는 '대손확정'을 위한 분개를 한다. 매출채권의 미회수로 인한 손실(대손상각비)은 이미 이전에 대손추정의 수정분개에서 인식되었으므로, 매출채권을 제거하는 대손확정의 시점에는 비용을 추가로 인식하지 않고 매출채권과 함께 기대신용손실의 추정치인 대손충당금을 줄이는 분개를 한다.

위의 〈예시 5.4〉에서 12월 31일 대손충당금에 대한 결산수정분개 이후 다음해 1월 15일 특정 기업의 도산으로 매출채권 90,000원에 대한 회수가 실제로 불가능하게 된 때 대손확정의 분개는 다음과 같다. (대변) 매출채권 90,000원으로 자산인 매출채권이 그만큼 감소하고, (차변) 대손충당금 90,000원으로 자산차감계정인 대손충당금도 감소한다.

날 짜	차 변		대 변	
1/15	대손충당금	90,000원	매출채권	90,000원

만약, 매출채권의 대손추정에 대한 결산수정분개 이후 예상과 달리 매출채권이 대부분 회수되어 대손이 실제로 거의 발생하지 않는다면 대손충당금이 감소하지 않고 유지된다. 이러한 경우 다음 회계기간의 대손추정 분개 시 대손충당금 잔액이 많기 때문에 그만큼 대손상각비를 적게 인식하게 된다. 그런데 때

로는 회계기간 말 대손추정 시 연령분석법에 의한 총기대신용손실이 기존의 대손충당금 잔액보다 작은 경우도 발생하는데 이때는 기존의 대손충당금을 총기대신용손실 추정액까지 줄이고 그만큼을 **대손충당금환입**이라는 수익으로 인식한다.[8)]

2) 어 음

어음발행자가 어음수취인에게 일정 기간 후에 정해진 금액을 지급할 것을 약속하는 증권을 **약속어음**이라고 한다. 다른 기업으로부터 외상판매 후 약속어음을 수취한 경우에는 매출에 대한 분개 시에 받을어음으로 기록한다. 기업은 다른 기업으로부터 수취한 어음을 만기 때까지 보관하다가 은행에 제시하여 현금을 회수할 수도 있고, 만기 전에 은행을 비롯한 금융기관에 어음을 양도하고 만기에 지급될 금액에서 할인수수료를 차감한 금액을 회수할 수도 있는데 이를 **어음할인**이라고 한다.[9)]

금융기관이 어음을 양수한 후 어음의 만기가 도래할 때 애초 어음발행자가 도산 등의 이유로 약속한 금액을 금융기관에게 지급하지 못하는 경우가 발생할 수 있다. 따라서 어음의 양도 및 양수 시에는 이러한 만기 미지급 상황에서 어음양수인(금융기관)이 어음양도인에게 대금의 지급을 요청할 권리, 즉 **상환청구권**(recourse)을 갖는지를 미리 정해 놓게 된다. 상환청구권의 유무에 따라 어음양도인의 어음양도에 대한 회계처리가 달라지는데 이는 제7장 부채의 주요 계정에서 다시 논의한다.

약속어음의 수령 없이 신용에 의한 외상판매로 발생한 외상매출금도 경우

---

8) 예를 들어, 회계기간 말 대손추정의 수정분개 직전 대손충당금 잔액이 500만원이고, 연령분석법으로 추정한 총기대신용손실이 490만원이라면 (차변) 대손충당금 10만원, (대변) 대손충당금환입 10만원으로 분개한다.

9) 은행은 할인해준 어음을 소규모로 쪼개어 투자자들에게 금융상품으로 판매하는데 이러한 금융상품을 '표지어음'이라고 한다.

에 따라 만기 이전에 금융기관에 양도하여 수수료를 제외한 금액으로 현금회수가 가능하다. 이와 같이 외상매출금을 만기 이전에 양도하여 현금을 회수하는 것을 **팩토링**(factoring)이라고 한다. 어음의 양도와 마찬가지로, 외상매출금을 양수한 금융기관이 만기 때 현금을 회수하지 못하는 경우를 대비하여 외상매출금의 양도 시에 금융기관의 상환청구권 보유여부를 미리 정해 둔다.

5.3 기타금융자산: 미수금, 미수수익, 보증금

K-IFRS는 [그림 5.1]과 같이 **금융자산**(financial asset)을 일반적으로 현금, 다른 기업의 주식, 거래 상대방에게서 현금을 수취할 계약상 권리 등으로 정의한다. 여기서 거래 상대방에게서 현금을 수취할 계약상 권리는 앞서 살펴본 현금성자산, 매출채권 이외에도 아래에서 설명할 미수금, 미수수익, 대여금, 보증

그림 5.1 금융자산의 분류

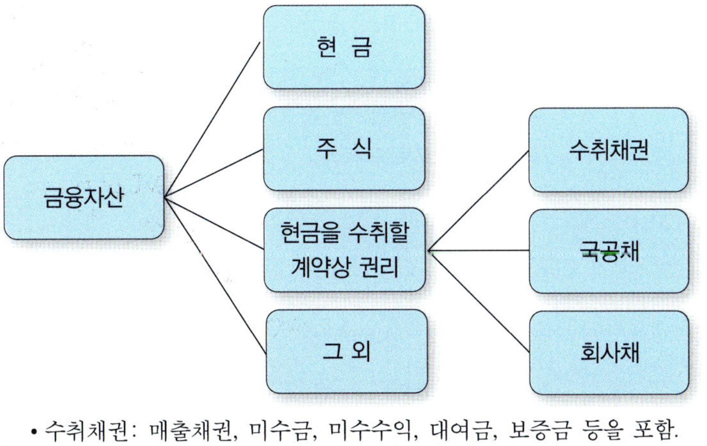

• 수취채권: 매출채권, 미수금, 미수수익, 대여금, 보증금 등을 포함.
• 그 외: 국채지급어음, 파생금융자산 등

금, 단기금융상품 등과 같은 수취채권과 국공채, 회사채를 포함한다.

미수금(non-trade receivable)은 외상판매로 장래에 현금을 수취할 수 있는 권리라는 점에서 매출채권과 유사하다. 그러나 〈표 5.2〉에서 비교하듯이, 사용하던 기계나 차량의 외상매각과 같이 기업의 주된 영업 이외의 활동에서 매출수익과 관련 없이 발생한다는 점에서 차이가 있다.

미수수익(accrued revenues)은 회계기간 말 결산수정분개를 통하여 인식하는 자산으로 기간의 경과로 수익은 발생했으나, 아직 현금을 수취하지 못한 경우

표 5.2 **수취채권, 선급금, 선급비용의 비교**

계정과목		회계적 분류	정 의
매출채권	외상매출금	금융자산	재화의 판매, 용역의 제공 등 매출수익과 관련되는 외상거래로 발생한 현금을 수취할 권리 – 어음을 수취하지 않음
	받을어음		재화의 판매, 용역의 제공 등 매출수익과 관련되는 외상거래로 발생한 현금을 수취할 권리 – 어음을 수취함
미수금			사용하던 자산의 외상매각과 같이 기업의 주된 영업 이외의 활동에서 매출과 관련 없는 외상거래로 발생한 현금을 수취할 권리
미수수익			결산수정분개를 통해 기록되며 당기에 기간 경과로 수익은 발생하였으나 현금을 받지 못한 것(미수이자, 미수임대료 등)
보증금			타인과 체결한 계약의 이행, 보증의 목적으로 상대방에게 일정액을 미리 지급한 돈으로 계약 이행 또는 만료 후 돌려받을 권리(임차보증금 등)
대여금			주주, 임원, 종업원, 거래 업체에게 돈을 빌려주어 만기에 현금을 수취할 권리
단기금융상품			재무제표 작성일 현재 만기 또는 회수가능 시점이 1년 이내인 예금 등 금융상품(현금성자산은 제외)
선급금		비금융자산	원재료 등 재화의 구입을 위해 다른 기업에 미리 지급한 금액
선급비용			일정 기간 용역 또는 서비스를 받기 위해 다른 기업에 지급한 금액(선급보험료, 선급임차료 등)

에 사용하는 계정이다. 미수수익의 대표적인 계정으로 미수이자와 미수임대수익[10)]이 있다.

보증금(deposits paid)은 다른 기업 또는 제3자와 체결한 계약에 따라 보증, 계약이행을 목적으로 일정액을 미리 지급한 것으로 계약이행 또는 계약만료 후 현금으로 반환받기 때문에 금융자산이며, 1년 이내에 회수할 예정이면 단기보증금 또는 유동성보증금으로, 1년 이후에 회수할 예정이면 보증금으로 기록한다.

대여금(loans)은 기업이 주주, 임원, 종업원, 관계회사, 거래 업체에게 돈을 빌려줌으로써 발생하는 미래 현금을 수취할 계약상의 권리이다. 제조기업은 제조과정에서 사용되는 부품과 일부 완성품을 자신이 직접 생산하지 않고 외부의 다른 기업 즉, 외주업체에게 맡겨 생산하는 경우가 많다. 이때 외주업체는 규모가 작아 외주를 의뢰한 기업이 원자재 구입 등에 필요한 자금을 빌려주기도 하는데 이를 대여금으로 처리하고, 만기가 1년 이내이면 단기대여금이 된다.[11)]

한편, 현금성자산을 제외하고 재무제표 작성일 현재 만기 또는 회수가능 시점이 1년 이내인 예금 등 금융상품은 일반적으로 **단기금융상품**으로 기록하고, 1년을 초과하는 예금 등 금융상품은 **장기금융상품**으로 기록한다.

K-IFRS를 적용하는 기업이 금융자산을 재무상태표상에 표기하는 방법은 다양하다. (주)하이트진로는 〈표 5.1〉의 연결재무상태표에서 보듯이, 유동자산에 포함된 금융자산을 매출채권 및 기타채권과 기타금융자산으로 분리하여 표기하고 있다. (주)하이트진로는 〈예시 5.3〉과 같이 매출채권 및 기타채권에 매출채권과 단기미수금을 포함하고, 〈예시 5.5〉와 같이 기타유동금융자산에 단기금융상품, 대여금, 미수수익, 보증금을, 기타비유동금융자산에 장기금융상품, 대여금, 보증금을 포함하고 있다.

---

10) 미수임대수익 대신 미수임대료라는 이름도 사용된다. 임대(賃貸)는 빌려준다는 의미이므로 임대료는 수익 계정이고, 임차(賃借)는 빌린다는 의미이므로 임차료는 비용 계정이다.

11) 이민주, 『대한민국 업종별 재무제표 읽는 법』, (스프링, 2011), p.190.

〈예시 5.5〉 (주)하이트진로의 2024년 연결재무제표 주석 공시 – 기타금융자산 (단위: 백만원)

<table>
<tr><th colspan="3">기타금융자산</th><th>공시금액</th></tr>
<tr><td rowspan="7">유 동</td><td rowspan="5">비파생 금융자산</td><td>단기금융상품</td><td>48,194</td></tr>
<tr><td>대여금</td><td>1,773</td></tr>
<tr><td>미수수익</td><td>876</td></tr>
<tr><td>보증금</td><td>26,922</td></tr>
<tr><td>소 계</td><td>77,765</td></tr>
<tr><td colspan="2">파생상품 금융자산*</td><td>2,828</td></tr>
<tr><td colspan="2">합 계</td><td>80,593</td></tr>
<tr><td rowspan="7">비유동</td><td rowspan="5">비파생 금융자산</td><td>장기금융상품</td><td>62</td></tr>
<tr><td>대여금</td><td>9,076</td></tr>
<tr><td>미수수익</td><td>0</td></tr>
<tr><td>보증금</td><td>16,309</td></tr>
<tr><td>소 계</td><td>25,447</td></tr>
<tr><td colspan="2">파생상품 금융자산</td><td>1,842</td></tr>
<tr><td colspan="2">합 계</td><td>27,289</td></tr>
</table>

* **파생상품**은 그 가치가 다른 기초자산(금리, 환율, 주가, 상품가격 등)의 변동에 따라 결정되는 금융상품으로 선도계약, 선물, 옵션, 스왑 등이 있다. 기업이 보유한 파생상품 중 공정가치가 양(+)의 가치를 가지면 파생상품 금융자산으로 분류된다(저자 주).

매출채권에 대해서 대손충당금을 설정하듯이 미수금, 미수수익, 대여금 등에 대해서도 예상되는 회수불능액이 있다고 판단될 경우 대손충당금을 설정한다. 앞서 〈예시 5.3〉에서 (주)하이트진로는 단기미수금에 대한 대손충당금을 설정하고 있음을 볼 수 있다.

5.4 기타자산: 선급금, 선급비용

〈표 5.1〉 (주)하이트진로의 기타유동자산에 포함된 계정은 〈예시 5.6〉에서 보듯이 선급금, 선급비용 등이다.

〈예시 5.6〉 (주)하이트진로의 2024년 연결재무제표 주석 공시 – 기타자산 (단위: 백만원)

기타자산		공시금액
유 동	선급금	2,830
	선급비용	6,565
	선급주세	72,529
	부가가치세대급금	3,711
	반환자산회수권*	1,009
	소 계	86,644
비유동	선급비용	126

*고객이 반품할 것으로 예상되는 재화를 회수할 연결기업의 권리입니다.

선급금(advance payments)은 원재료, 상품 등 필요한 재화를 구입하기 위해 또는 외주업체에 생산을 맡기기 위해 다른 기업에게 미리 지불한 금액을 뜻한다. 선급금은 앞서 〈표 5.2〉에서 비교하였듯이 지불 후 원재료, 상품 등을 받는다는 점에서 추후 현금을 받는 매출채권, 미수금과는 다른 비금융자산이다.

한편, **선급비용**(prepaid expenses)도 현금을 미리 지불했고 추후에 현금을 받는 것이 아니라는 점에서 비금융자산인 선급금과 유사하지만, 주로 계약에 의해 일정 기간 동안 특정 서비스를 제공받는다는 점에서 재화를 수취하는 선급금과 차이가 있다. 대표적인 선급비용으로 선급임차료와 선급보험료가 있다.

5.5 재고자산

1) 재고자산의 종류

재고자산(inventory)은 판매 또는 제품 제조를 목적으로 보유하고 있는 재화로 〈예시 5.7〉에서 볼 수 있듯이 상품, 제품, 반제품, 재공품, 원재료, 부재료, 저장품, 미착품을 포함한다.

상품(merchandise)은 제3자로부터 판매를 목적으로 완성품으로 구입한 재화이고, **제품**(finished goods)은 해당 기업이 직접 또는 일부 외주로 가공하여 생산한 재화를 뜻한다. **반제품**은 일정 생산공정에서는 완성이 되었으나 다음 공정은 시작하지 않은 중간제품과 부분품이다. **재공품**(work-in-process)은 원재료 등이 생산공정에 투입되었으나 회계기간 말 현재 완성되지 않고 생산라인에 물려 있는 상태를 말한다.

원재료(raw materials)는 제품의 생산에 들어가는 핵심적인 재료를, **부재료**는 제품 생산에 보조적으로 사용되는 재료이다. **저장품**(supplies)은 생산, 영업, 관리 활동에서 사용되는 소모성 물품으로 소모품(나사, 못, 장갑, 안전모, 필터, 사무

〈예시 5.7〉 (주)하이트진로의 2024년 연결재무제표 주석 공시 – 재고자산 (단위: 백만원)

	총장부금액	재고자산 평가충당금	장부금액 합계
상 품	85,751	(1,221)	84,530
제 품	74,379	(839)	73,540
반제품 및 재공품	44,098	(3,723)	40,375
원재료 및 부재료	57,428	(1,569)	55,859
저장품	5,236	(114)	5,122
미착품	23,227	0	23,227
합 계	290,119	(7,466)	282,653

표 5.3 선적지 인도조건과 도착지 인도조건의 비교

	미착품 법적 소유	운임지불기업*	비 고
선적지 인도조건	구매기업	구매기업	주로 구매기업의 운임협상력이 더 큼
도착지 인도조건	판매기업	판매기업	주로 판매기업의 운임협상력이 더 큼

* 운임지불기업은 해운사에 운임을 지급하는 기업을 뜻한다. 도착지 인도조건은 판매기업이 물품대금에 운임이 포함된 금액을 구매기업으로부터 받아 해운사에 운임을 지불하므로 실질적인 운임지불 주체는 구매기업이다.

용품 등), 내용연수가 1년 미만이거나 소액의 소모성 공구 또는 기구(드라이버, 스패너 등), 연료 등을 포함한다.

한편, 원재료나 상품을 외국으로부터 수입하는 경우 구매기업은 수입물품의 운송을 위해 **선적지 인도조건**(FOB(Free on Board) shipping point) 또는 **도착지 인도조건**(FOB destination) 중 하나를 선택한다. 〈표 5.3〉과 같이 선적지 인도조건은 외국의 판매기업이 물품을 생산하고 물품대금만 구매기업에게 청구하고, 물품의 운송에 관한 사항은 구매기업이 해운사와 직접 접촉하여 운송을 의뢰한다. 반면, 도착지 인도조건은 판매기업이 물품의 생산과 운송을 모두 담당하게 되고, 구매기업에게 물품대금과 운송대금을 함께 청구한다.[12)]

회계기간 말 현재 주문한 물품이 선적되었으나 아직 도착하지 않은 경우, 인도조건에 따라 물품에 대한 법적소유권이 결정된다. 선적지 인도조건은 법적소유권이 구매기업에 귀속되고, 도착지 인도조건은 판매기업에 귀속된다. 따라

---

12) 예를 들어, 한국의 A기업이 홍콩의 B기업으로부터 의류 한 컨테이너를 수입할 경우, A기업은 B기업에게 선적지 인도조건과 도착지 인도조건의 예상청구금액을 문의하고, B기업이 선적지 인도조건은 $10,000, 도착지 인도조건은 $11,000를 제시하였다고 가정하자. A기업은 해운사에게 홍콩에서 한국까지의 운송요금을 문의하고 가장 낮은 운임으로 $800를 제의받았다면, A기업은 선적지 인도조건이면 B기업에게 물품대금 $10,000, 해운사에 운임으로 $800를 총 $10,800를 지불하면 되므로 도착지 인도조건인 $11,000보다 $200가 저렴하다. 따라서 A기업은 선적지 인도조건을 택할 것이다. 만약, A기업이 해운사로부터 받은 가장 낮은 운임이 $1,200라면 총비용이 $11,200가 되어 도착지 인도조건($11,000)이 오히려 $200 싸게 되므로 도착지 인도조건을 택할 것이다.

서 해외에서 물품을 수입하면서 선적지 인도조건으로 구입하였고, 회계기간 말 현재 선적되었으나 물품이 도착하지 않았다면, 구매기업은 이를 **미착품**(goods in transit)으로 기록하고 재고자산에 포함한다.

마지막으로 앞의 〈예시 5.7〉에는 재고자산의 과목별 평가충당금이 표시되어 있다. 재고자산은 오래되거나 유행이 지날 경우 **순매각금액**(=판매가격−판매비용)이 취득원가보다 낮은 경우가 발생할 수 있다.[13] 재고자산의 순매각금액이 취득원가보다 낮음에도 불구하고, 재고자산을 취득원가로 재무상태표상에 표기하면 재고자산의 가치를 투자자에게 과대 계상하는 문제를 야기한다.

따라서 회계기간 말에는 순매각금액이 취득원가보다 낮은 재고자산을 파악하여 그 차이만큼을 **재고자산평가손실**(loss from decline in value of inventory)로 인식하고, 동일한 금액만큼 **재고자산평가충당금**(allowance for decline in value of inventory)이라는 자산차감계정에 기록한다.[14] 이렇게 함으로써 손익계산서에는 재고자산과 관련된 손실을 적시에 반영하고, 재무상태표의 재고자산은 재고자산평가충당금만큼 가치가 감소하여 올바른 정보를 투자자에게 제공할 수 있다.

(주)SK하이닉스는 2023년 반도체 가격의 하락으로 약 1조 913억원의 재고자산평가손실을 인식하였고, (주)GS칼텍스는 2024년 유가 하락으로 10,938백만원의 재고자산평가손실을 인식하였다.

앞의 〈예시 5.7〉에서 재고자산의 취득원가는 총 290,119백만원이나 평가충당금 7,466백만원으로 인해 재무상태표상에는 재고자산이 〈표 5.1〉과 같이 282,653백만원(=290,119백만원−7,466백만원)으로 표기되어 있다.

2) 재고자산의 입출(入出)에 대한 가정

제3장 상품매매기업의 회계에서 상품의 입고와 출고에 관한 장부인 상품수

---

13) 순매각금액을 **순실현가능가치**(net realizable value)라고도 부른다.

14) 다음과 같이 분개된다. (차변) 재고자산평가손실 ○○○ (대변) 재고자산평가충당금 ○○○

불부를 〈표 3.1〉에서 소개하였다. 〈표 3.1〉의 상품수불부에서는 상품인 분말소화기의 매입단가가 매번 10,000원으로 일정하였다. 그러나 현실에서는 동일 상품의 매입단가가 매입 시기에 따라 달라지는 경우가 많다. 만약, 동일한 상품의 매입단가가 다른 경우, 추후 상품이 판매되더라도 매입단가가 얼마인 상품이 팔렸는지를 구분할 수 없다면 매출원가를 정확히 파악할 수 없는 문제가 발생한다.

예를 들어 기초에 취득원가 10,000원인 상품을 100개 보유하고 있는 기업이 5월 10일과 20일에 매입한 상품의 단가가 각각 10,200원과 10,600원으로 다르다면 상품수불부는 다음의 〈표 5.4〉와 같을 것이다.

표 5.4 5월 상품수불 – 분말소화기(다양한 매입단가)

날짜	적 요	입 고			출 고			재고
		수량	매입단가	금 액	수량	판매단가	금 액	수량
5.1.	기초상품	100	10,000	1,000,000				100
5.10	매 입	900	10,200	9,180,000				1,000
5.15	A기업 매출				800	15,000	12,000,000	200
5.20	매 입	1,000	10,600	10,600,000				1,200
5.25	B기업 매출				900	15,000	13,500,000	300
	합 계	2,000		20,780,000	1,700		25,500,000	

그렇다면 〈표 5.4〉에서 5월 15일 판매된 800개의 매출원가는 얼마인가? 판매된 800개 중 매입단가가 10,000원인 기초상품 재고 100개가 모두 포함되었다면 매출원가는 (100개×10,000원)+(700개×10,200원)으로 8,140,000원임을 정확히 계산할 수 있다. 그러나 판매된 800개 상품 중 매입단가가 10,000원인 기초상품 재고가 몇 개가 포함되어 있는지를 모른다면, 정확한 매출원가 계산이 불가능하다. 이러한 문제에 대해 회계기준은 상품의 입출흐름에 대한 가정을 기업이 선택할 수 있도록 허용하며, 입출흐름에 대한 가정방법에 따라 **선입선출법**(先入先出法, First-In First-Out), **가중평균법**(average cost method) 등이 있

다.[15)]

선입선출법은 먼저 구입한 상품이 먼저 팔린다는 가정이다. 〈표 5.4〉에서 선입선출법으로 5월에 판매된 1,700개의 매출원가를 계산하면 매입단가 10,000원인 기초상품 100개와 5월 10일 매입한 900개는 모두 팔렸고, 나머지 700개는 5월 20일 매입한 상품 1,000개 중 700개가 팔렸을 것이므로 매출원가는 다음과 같이 계산된다.

〈5월 판매된 1,700개 매출원가 – 선입선출법〉

기초상품	100개 × 10,000원 = 1,000,000원
5/10 매입	900개 × 10,200원 = 9,180,000원
5/20 매입	700개 × 10,600원 = 7,420,000원

5월 매출원가 = 1,000,000원 + 9,180,000원 + 7,420,000원 = 17,600,000원
5월 말 상품 재고 300개의 장부금액 = 300개 × 10,600원 = 3,180,000원

가중평균법은 보유하고 있는 상품의 가중평균 매입단가를 구한 후 이를 보유 상품의 매입단가로 가정하여 매출원가를 산출하는 방법이다. 가중평균법은 가중평균단가를 판매시점마다 구해서 사용할 수도 있고, 기말에 가중평균단가를 한 번 구한 후 사용할 수도 있다. 전자를 **이동평균법**(moving average method)이라고 하고, 후자를 **총평균법**(weighted average method)이라고 한다.[16)]

〈표 5.4〉의 상품수불부에서 이동평균법으로 5월 15일 판매된 800개의 매출원가와 5월 25일 판매된 900개의 매출원가를 계산하면 다음과 같이 계산된다.

---

15) 비상장기업이 사용하는 일반회계기준은 가장 최근에 들어온 것이 먼저 팔린다고 가정하는 **후입선출법**(Last-In First-Out)도 허용하고 있으나 실무에서는 거의 사용되지 않는다. K-IFRS에서는 후입선출법을 선택할 수 없다.

16) 계속기록법에서는 이동평균법 또는 총평균법 중에서 둘 다 선택할 수 있으나 실지재고조사법을 사용한다면 기말이 되어서야 실사를 통해 기말재고수량과 기중 판매량을 알 수 있으므로 총평균법만 선택 가능하다.

〈이동평균법에 의한 매출원가 계산〉

1) 5월 15일 판매된 800개의 가중평균 매입단가
   판매가능상품 = (100개 × 10,000원) + (900개 × 10,200원) = 10,180,000원
   가중평균 매입단가 = 10,180,000원 ÷ 1,000개 = 10,180원
   5월 15일 판매된 800개의 매출원가 = 800개 × 10,180원 = 8,144,000원
   5월 15일 판매 후 남은 200개 상품 = 200개 × 10,180원 = 2,036,000원

2) 5월 25일 판매된 900개의 가중평균 매입단가
   판매가능상품 = (200개 × 10,180원) + (1,000개 × 10,600원) = 12,636,000원
   가중평균 매입단가 = 12,636,000원 ÷ 1,200개 = 10,530원
   5월 25일 판매된 900개의 매출원가 = 900개 × 10,530원 = 9,477,000원
   5월 25일 판매 후 남은 300개의 장부금액 = 300개 × 10,530원 = 3,159,000원

3) 5월 판매된 1,700개의 매출원가 = 8,144,000원 + 9,477,000원 = 17,621,000원

〈표 5.4〉의 상품수불부에서 총평균법으로 5월에 판매된 1,700개의 매출원가를 계산하면 다음과 같이 계산된다.

〈총평균법에 의한 매출원가 계산〉

1) 5월 판매된 1,700개의 가중평균 매입단가
   판매가능상품 = (100개 × 10,000원) + (900개 × 10,200원)
   + (1,000개 × 10,600원) = 20,780,000원
   가중평균 매입단가 = 20,780,000원 ÷ 2,000개 = 10,390원

2) 5월 판매된 1,700개의 매출원가 = 1,700개 × 10,390원 = 17,663,000원
   5월 말 남은 300개 상품 장부금액 = 300개 × 10,390원 = 3,117,000원

이동평균법과 총평균법을 비교하면, 이동평균법이 판매시점까지의 보유 상품의 매입단가를 이용하여 가중평균단가를 산출하였다는 점에서 보다 정확한 원가산출방법이다. 실무에서는 계산이 간편한 총평균법이 가장 많이 사용되고, 그 다음으로 이동평균법, 선입선출법이 사용된다.

〈표 5.5〉는 앞서 세 가지 방법으로 계산한 매출원가와 기말상품 재고금액을 비교한 것이다. 개당 매입단가가 기초상품은 10,000원, 5월 10일 매입상품

은 10,200원, 그리고 5월 20일 매입상품은 10,600원으로 증가하는 상황에서 매출원가의 크기는 선입선출법이 가장 작고, 그 다음이 이동평균법, 총평균법 순이다. 반면, 기말상품의 장부금액은 총평균법이 가장 작고, 그 다음이 이동평균법, 선입선출법 순이다. 기업은 매출원가와 기말상품 재고액을 세 가지 방법 중 한 가지를 선택하여 산출하며 지속적으로 사용해야 한다.

표 5.5 원가 산출방법의 비교

원가 산출방법	매출원가	기말상품 재고금액
선입선출법	17,600,000원	3,180,000원
이동평균법	17,621,000원	3,159,000원
총평균법	17,663,000원	3,117,000원

마지막으로 판매상품 또는 기말상품 재고의 매입단가를 정확히 알고 있기 때문에 상품 입출흐름에 대한 가정을 하지 않고 매출원가와 기말상품 재고액을 계산하는 방법을 **개별법**(specific identification method)이라고 한다. 실무에서는 개별법을 주로 미착품에 적용한다. 미착품은 상품의 매입단가를 정확히 알 수 있고, 아직 판매되지 않은 상품이므로 개별법을 사용하여 기말 재고액을 계산한다.

〈예시 5.8〉은 상장기업인 (주)금호타이어의 재고자산에 대한 2024년 연결재무제표 주석 공시이다. (주)금호타이어는 재고자산의 단위원가 산출방법으로 제품과 반제품은 총평균법을, 원재료, 상품, 저장품은 이동평균법을, 미착품은 개별법을 적용하고 있다. 한편, 재고자산감모손실과 재고자산평가손실은 발생한 기간에 비용으로 인식하고 있다.

〈예시 5.8〉 (주)금호타이어의 2024년 연결재무제표 주석 공시 – 중요한 회계정책

2. 중요한 회계정책

2.5 재고자산
재고자산의 취득원가는 매입원가, 전환원가 및 재고자산을 현재의 장소에 현재의 상태로 이르게 하는 데 발생한 기타 원가 모두를 포함하고 있으며, 재고자산의 단위원가는 제품과 반제품은 총평균법, 원재료, 상품, 그리고 저장품은 이동평균법, 미착품은 개별법에 따라 결정됩니다.

..... 재고자산을 순실현가능가치로 감액한 평가손실과 모든 감모손실은 감액이나 감모가 발생한 기간에 비용으로 인식하며, 순실현가능가치의 상승으로 인한 재고자산 평가손실의 환입은 환입이 발생한 기간의 비용으로 인식된 재고자산 금액의 차감액으로 인식하고 있습니다. 비용으로 인식된 재고자산의 매출원가에서 차감하고 있습니다.

한국의 기업과 경영인 ⑤

이병철과 삼성그룹–사업보국(事業報國), 사업을 통해 국가와 사회에 공헌한다

경남 의령의 비교적 유복한 집안에서 태어난 이병철은 열 살 때부터 진주, 서울을 거쳐 동경 와세다대학으로 유학을 떠났으나 각기병으로 대학을 졸업하지 못한 채 귀향하였다. 2년 정도의 공백기 끝에 사업을 하기로 결심하고, 1936년 마산에서 정미소마다 사람들이 줄을 서서 기다리는 것을 본 후 정미소를 설립하여 크게 성공하였다. 그러나 중일전쟁의 발발로 은행 대출금을 갚기 위해 그동안 매입한 토지와 정미소까지 모두 매각하여 원점으로 돌아왔다.

1938년 한반도와 중국의 여러 도시를 둘러본 그는 물자가 부족한 현실을 보고 한반도와 만주를 오가는 무역업을 하기로 결심하고, 대구에 삼성상회를 설립하였다. 돈이 제법 모이자 조선양조를 인수하였고, 해방 후 1948년에는 서울에서 무역회사인 삼성물산을 설립하였다. 1년 만에 국내 7위의 무역업체로 성장하였으나 한국전쟁으로 모든 것을 잃고, 1.4후퇴 때 대구로 피난을 떠났다. 양조장 사업을 맡긴 직원들로부터 생각지도 못했던 사업자금 3억원을 받은 이병철은 부산에서 다시 삼성물산을 세웠다.

무역업의 성공을 바탕으로 이병철은 제지, 설탕, 페니실린을 국내에서 직접 생산하는 제조업을 시작하여 해외 수입을 대체하기를 희망하였다. 그러다 설탕을 제조하는 것이 비교적 단시간에 진출할 수 있음을 깨닫고 제일제당을 설립하였다. 일본에서 주요 기계를 들여오되 국내 기술진으로 생산설비를 조립하였다. 우여곡절 끝에 공장을 완성하고 시운전을 하였으나 설탕은 나오지 않고 검은 물만 나와 이를 해결하고자 3일 동안이나 씨름하였다. 지나가던 공장의 한 용접공이 원료를 너무 많이 넣는 것 아니냐는 말을 듣고 원료를 줄여서 넣었더니 드디어 하얀 설탕이 나오기 시작하였다.

제당사업의 성공을 바탕으로 이병철은 이번에는 수입에 의존하던 양복지를 국내에서 생산하기 위해 제일모직을 설립하였다. 독일에서 기계를 들여왔지만, 국내 기술자들을 최대한 활용하여 조립하였고, 불철주야 노력한 결과 6개월 만에 공장을 완공하였다. 이병철은 사람들을 만날 때면 제일모직 제품을 항상 입었고, 점차 품질에 대한 입소문이 퍼져 외국산 양복지를 대체하였으며 영국으로 수출하는 쾌거를 달성하였다.

그 후 일본 전자산업의 급속한 발전에 영향을 받아 1969년에 삼성전자를 설립하였다. 또한 중화학공업으로 진출하기 위해 1974년에 화학섬유의 원료를 생산하는 삼성석유화학을 설립하였고, 1977년에는 조선소를 인수하여 삼성중공업과 방위산업업체인 삼성정밀을 각각 설립하였다. 1983년 고심 끝에 반도체 사업의 과감한 투자를 결정하였고, 적자인 상황에서도 투자를 계속하여 64KD램, 256KD램, 1메가D램의 개발에 성공하였다. 그러나 이병철은 삼성전자가 반도체 사업에서 첫 흑자를 내기 직전 해인 1987년에 별세하였다.

참고문헌: 호암자전(이병철, 2014, 나남), 너의 이름보다는 너의 꿈을 남겨라(박은몽, 2010, 명진출판), 이병철처럼(박시온, 2012, FKI미디어)

요 약

1. 현금은 기업이 보유한 화폐, 타인발행수표, 우편환과 보통예금과 같은 요구불예금을 포함한다. 현금성자산은 취득 당시 만기일이 3개월 이내로서 현금으로 쉽게 전환할 수 있는 예금상품을 의미한다. 기업은 재무상태표상에 현금과 현금성자산을 합하여 현금 및 현금성자산으로 표기한다.

2. 매출채권은 순수한 신용거래일 경우에 사용되는 외상매출금과 상대방으로부터 약속어음을 받았을 경우에 사용하는 받을어음으로 구성된다. 매출채권은 미래에 현금을 반드시 회수한다는 보장은 없기 때문에 회계기간 말에 주로 연령분석법을 이용하여 미래 예상회수불능액(기대신용손실)을 추정한다. 대손충당금은 자산차감계정으로 매출채권의 장부가를 줄이는 역할을 하고, 회계기간 말에 대손충당금의 기말잔액이 기대신용손실과 일치할 수 있도록 대손상각비와 대손충당금을 인식한다.

3. 다른 기업으로부터 수취한 어음을 만기 전에 은행을 비롯한 금융기관에 양도하고 할인수수료를 차감한 금액으로 현금을 미리 회수하기도 하는데 이를 어음할인이라고 한다. 한편, 외상매출금도 만기 이전에 금융기관에 양도하여 수수료를 제외한 금액으로 현금을 미리 회수하기도 하는데 이를 팩토링이라고 한다.

4. 미수금은 장래에 현금을 수취할 권리로서 매출채권과 유사하지만, 사용하던 자산의 외상매각처럼 주된 영업 이외의 활동에서 매출수익과 관련 없이 발생한다는 점에서 차이가 있다. 대여금은 기업이 주주, 임원, 종업원, 거래 업체에게 돈을 빌려줌으로써 발생하는 미래 현금을 수취할 권리이다. 미수수익은 회계기간 말 결산수정분개를 통하여 인식하는 자산으로 기간의 경과로 수익은 발생했으나 현금을 수취하지 못한 경우에 인식된다. 매출채권과 마찬가지로 미수금, 미수수익, 대여금에 대해서도 필요시 대손충당금을 설정한다.

5. 선급금은 주로 필요한 재화를 구입하기 위해 다른 기업에게 미리 현금을 지불한 금액이고, 선급비용은 현금을 미리 지불했다는 점에서 선급금과 유사하지만 주로 계약에 의해 일정 기간 동안 서비스를 제공받는다는 점에서 선급금과 차이가 있다. 한편, 선급금과 선급비용은 추후 현금을 수취하지 않기 때문에 매출채권, 미수금, 대여금과 같이 추후 현금을 수취하는 금융자산과는 차이가 있다.

6. 재고자산은 판매 또는 제품 제조를 목적으로 보유하고 있는 재화로 상품, 제품, 반제품,

원재료, 부재료, 재공품, 저장품, 미착품 등을 포함한다. 재고자산의 회계처리 시 재고자산의 입출흐름에 대한 가정을 기업이 선택할 수 있으며 입출흐름에 대한 가정방법에 따라서 선입선출법, 이동평균법, 총평균법 등이 있다. 재고자산의 매입단가를 개별적으로 정확히 알 수 있는 경우는 상품 입출흐름에 대한 가정을 하지 않고 매출원가 또는 기말상품 재고액을 계산하는데 이러한 방법을 개별법이라고 한다.

7. 회계기간 말 재고자산의 순매각금액이 취득원가보다 낮은 경우, 그 차이만큼을 재고자산평가손실과 자산차감계정인 재고자산평가충당금으로 분개하여 재고자산의 장부가를 순매각금액으로 감소시킨다.

O×퀴즈 아래 문장이 옳으면 ○, 틀리면 ×로 답하고 틀린 곳은 올바르게 고치시오.

1. 현금성자산은 취득 당시 만기일이 1개월 이내인 현금으로 쉽게 전환할 수 있는 금융상품을 의미한다.

2. 대손충당금의 인식은 먼저, 전체 매출채권에서 예상회수불능액(기대신용손실)을 추정하고, 추정한 기대신용손실을 대손상각비와 대손충당금으로 각각 차변과 대변에 분개한다.

3. 매출채권에 대한 대손상각비는 영업활동과 관련이 있는 항목이므로 손익계산서상에 판매관리비로 분류한다.

4. 미수금은 사용하던 자산의 외상매각 등 매출과 관련이 없는 외상거래에서 발생한 미래 현금을 회수할 권리이고, 미수수익은 기간의 경과로 수익은 발생했으나 현금을 수취하지 못한 경우에 회계기간 말 결산수정분개를 통해 인식하는 자산이다.

5. 선수금은 주로 필요한 재화를 구입하기 위해 다른 기업에게 미리 현금으로 지불한 금액을 뜻하고, 선수비용은 현금을 미리 지불했다는 점에서 선수금과 유사하지만 주로 계약에 의해 일정 기간 동안 서비스를 제공받는다는 점은 선수금과 다르다.

6. 미착품은 주로 해외로부터 재고자산을 수입하면서 도착지 인도조건으로 구입하였고, 회계기간 말 현재 해외에서 선적은 되었으나 아직 도착하지 않은 경우에 법적인 소유권이 구매기업에게 있기 때문에 인식하는 재고자산이다.

7. 가중평균법은 가중평균단가를 판매시점마다 구해서 적용할 수도 있고, 기말에 가중평균단가를 한 번 구한 후 적용하는 방법이 있는데 전자를 이동평균법, 후자를 총평균법이라고 한다.

8. 재고자산평가손실은 재고자산에 대한 실사 후 실제 수량이 재고자산의 장부수량보다 적을 때 발생하고, 재고자산감모손실은 재고자산의 순매각금액이 취득원가보다 낮을 경우에 발생한다.

9. 대여금은 주주, 임원, 종업원, 관련 기업으로부터 자금을 빌린 경우 사용하는 부채계정과목이다.

10. 보증금은 다른 기업 또는 제3자와 체결한 계약에 따라 보증, 계약이행을 목적으로 일정액을 미리 지급한 것으로 계약이행 또는 계약만료 후 현금으로 반환받기 때문에 금융자산이며 1년 이내에 회수할 예정이면 유동자산이다.

11. 회계기간 말 매출채권의 대손추정에 관한 수정분개 이후 특정 매출채권의 대손이 해당 기업의 부도로 확정된 경우 대손확정의 분개는 (차변) 대손상각비, (대변) 매출채권이다.

12. 회계기간 말 매출채권의 대손추정에서 연령분석법으로 추정한 예상회수불능액이 수정분개 직전의 대손충당금 잔액보다 작은 경우는 발생할 수 없다.

13. 매입상품의 단가가 상승하는 상황에서 매출원가의 크기는 총평균법이 가장 작고, 그 다음이 이동평균법, 선입선출법 순이다.

14. 개별법은 판매상품 또는 기말상품 재고의 매입단가를 정확히 알고 있기 때문에 상품 입출흐름에 대한 가정을 하지 않고 매출원가와 기말상품 재고액을 계산하는 방법이다.

15. 매출채권에 대해서 대손충당금을 설정하듯이 미수금, 미수수익, 대여금에 대해서도 예상회수불능액이 있다면 대손충당금을 설정한다.

16. 총평균법을 사용할 경우, 회계기간 중에는 판매된 상품의 매출원가를 구할 수 없다.

제5장 객관식 문제

1. 다음 자료를 토대로 재무상태표에 표시될 현금 및 현금성자산을 계산하면 얼마인가? 〈FAT 2급, 2024〉

· 현　금	50,000원	· 당좌예금	150,000원
· 보통예금	200,000원	· 단기대여금	300,000원
· 받을어음	400,000원		

① 200,000원　② 400,000　③ 700,000원　④ 800,000원

2. 다음 자료를 이용하여 기말 결산 시 인식해야 하는 대손상각비를 계산하면 얼마인가? 〈진산회계 2급, 2025〉

· 당기 기말 매출채권 잔액은 10,000,000원이고, 기말 매출채권 잔액에 대하여 1%의 대손충당금을 설정하기로 한다. 한편 기말 결산 전의 대손충당금 잔액은 60,000원이다.

① 0원　② 40,000원　③ 60,000원　④ 100,000원

3. ㈜서울의 20×1년도 말의 회계자료와 20×2년도에 발생한 대손에 관련되는 거래는 다음과 같다. ㈜서울의 20×2년 포괄손익계산서에 보고될 대손상각비 계정과목 금액과, 20×2년도 말 재무상태표에 보고될 대손충당금 계정과목 금액은 각각 얼마인가?

· 20×1년 12월 31일 재무상태표상 매출채권은 4,500,000원이며, 대손충당금은 60,000원 이다.
· 20×2년 3월 31일 ㈜부산의 파산으로 인하여 동 회사에 대한 매출채권 50,000원을 대손처리하였다.
· 20×2년 12월 31일 현재의 매출채권 잔액 6,000,000원을 평가한 결과, 회수가능성이 매우 불확실한 매출채권이 160,000원 으로 추정되었다.

① 대손충당금: 150,000원　　대손상각비: 150,000원
② 대손충당금: 160,000원　　대손상각비: 160,000원
③ 대손충당금: 150,000원　　대손상각비: 160,000원
④ 대손충당금: 160,000원　　대손상각비: 150,000원

4. 다음 중 매출원가가 가장 작게 나오는 재고자산 평가방법으로 옳은 것은? 단, 물가가 계속 상승하고 재고자산의 수량이 일정하게 유지된다고 가정한다. 〈FAT 1급, 2024〉

① 선입선출법　② 이동평균법　③ 총평균법　④ 후입선출법

5. ㈜서울의 20×1년 말 재고자산에 대한 취득원가와 순실현가능가치는 다음과 같으며, 각 상품 항목은 서로 유사하거나 관련되어 있지 않다. ㈜서울의 20×1년 말 재무상태표상 재고자산의 장부금액을 계산하면 얼마인가? 〈회계관리 1급, 2023〉

상품 항목	취득원가	순실현가능가치
상품 1	30,000원	40,000원
상품 2	40,000원	30,000원
상품 3	70,000원	60,000원
합 계	140,000원	130,000원

① 100,000원　② 110,000원　③ 120,000원　④ 130,000원

제5장 주관식 문제

1. 다음은 (주)대한공업의 재무상태표 유동자산에 포함된 계정과목과 잔액의 자료이다. 아래 물음에 답하시오(단위: 백만원).

계정과목	잔 액	계정과목	잔 액
매출채권	300,000	선급금	31,000
매출채권-대손충당금	4,500	선급비용	3,000
미수금	67,000	현금및현금성자산	250,000
미수수익	4,000	대여금	20,000
재고자산	384,000	단기금융상품	12,000

1) 유동자산의 합계는 얼마인가?
2) 사용하던 자산의 외상매각 등 기업의 매출수익과 관련이 없는 외상거래에서 발생하여 미래 현금을 회수할 권리에 해당하는 것은 무엇인가?
3) 임대기간의 경과로 임대수익은 발생했으나 현금을 수취하지 못한 경우 어느 계정과목에 해당 금액이 포함되는가?
4) 생산에 필요한 원재료를 구입하기 위해 다른 기업에게 미리 현금으로 지불한 경우 어느 계정과목에 해당 금액이 포함되는가?
5) 1년 자동차보험료를 미리 지불한 경우 어느 계정과목에 해당 금액이 포함되는가?
6) 은행 금융상품을 취득하였는데 취득 당시 만기일이 3개월 이내이면 어느 계정과목에 포함되는가?
7) 은행 금융상품을 취득하였는데 취득 당시 만기일이 3개월을 조과하고 1년 이내이면 어느 계정과목에 포함되는가?
8) 주된 영업활동에서 발생한 외상매출액 중 장래에 회수하지 못할 금액으로 추정한 금액은 얼마인가?
9) 위의 계정과목 중에서 K-IFRS의 금융자산 범주에 포함되는 항목을 모두 고르시오.

2. (주)미광상사는 20×1년 말 현재 100,000,000원의 매출채권을 보유하고 있다. (주)미광상사는 보유하고 있는 매출채권을 아래와 같이 연체일수를 기준으로 몇 개의 구간으로 나누고, 과거의 대손 발생 경험과 미래의 전망을 고려하여 각 구간별 채무불이행률을 도출하였다.

연체일수	매출채권 장부금액	추정 채무불이행률(%)
연체되지 않음	70,000,000원	0.2
1~30일 연체	15,000,000원	1
31~90일 연체	10,000,000원	3
91~180일 연체	4,000,000원	5
180일 초과 연체	1,000,000원	40
합 계	100,000,000원	

1) 위의 연령분석표를 이용하여 ㈜미광상사의 20×1년 말 기준 매출채권에 대한 총 기대신용손실을 구하시오.

2) 20×1년 말 기대신용손실 추정 실시 전 대손충당금의 잔액이 1,000,000원(대변)이라고 할 때 20×1년 말 매출채권의 대손추정 관련 수정분개를 하시오.

3) 20×1년 말 기대신용손실 추정 실시 전 대손충당금의 잔액이 1,200,000원(대변)이라고 할 때 20×1년 말 매출채권의 대손추정 관련 수정분개를 하시오.

4) 20×2년 1월 10일 외상거래가 있던 기업의 도산으로 700,000원의 매출채권에 대한 대손이 확정되었다고 가정할 때 필요한 분개를 수행하시오.

3. 회계기간 말인 12월 31일 (주)서울산업의 기대신용손실을 추정하기 위한 매출채권의 연령분석표는 아래와 같다. 기대신용손실을 추정하기 전 매출채권 잔액은 10,000,000원, 대손충당금의 잔액은 135,000원(대변)이다. 다음 물음에 답하시오.

연체일수	채무불이행률(%)	총장부금액
연체되지 않음	0.1	5,000,000원
1~30일 연체	1	1,500,000원
31~60일 연체	5	1,500,000원
61~90일 연체	10	1,000,000원
90일 초과 연체	20	1,000,000원
합 계		10,000,000원

1) 위의 연령분석표를 이용하여 총기대신용손실액을 산출하시오.
2) 1)번에서 추정한 총기대신용손실액을 토대로 12월 31일 대손충당금에 대한 수정분개를 수행하시오.
3) 2)번의 수정분개 후 다음 해 1월 10일 외상매입거래를 했던 기업의 부도로 150,000원의 매출채권에 대한 대손이 확정되었다. 대손확정에 관한 분개를 수행하시오.
4) 만약, 2)번의 수정분개 후 다음 해 1월에 외상매입거래를 했던 기업의 연쇄부도로 총 500,000원의 매출채권에 대한 대손이 확정되었을 경우, 대손확정에 필요한 분개를 하고, 1월 말 연령분석법에 의한 총기대신용손실액이 400,000원이라고 가정하고 필요한 수정분개를 수행하시오.
5) 만약, 2)번의 수정분개 후 다음 해 1월 중에는 대손이 발생하지 않았다. 1월 말 연령분석법에 의한 총기대신용손실액이 350,000원이라고 가정하고 필요한 수정분개를 수행하시오.

4. 나음은 전사제품을 판매하는 (주)선자마트의 선풍기A형에 대한 상품수불부이다. 아래 물음에 답하시오. 평균단가 계산은 소수점 셋째 자리에서 반올림하시오.

날짜	적요	입고			출고			재고
		수량	매입단가	금액	수량	판매단가	금액	수량
6. 1	기초재고	20	15,000	300,000				20
6. 3	매 출				15	30,000	450,000	5
6. 4	매 입	100	14,500	1,450,000				105
6. 11	매 출				85	30,000	2,550,000	20
6. 12	매 입	150	14,000	2,100,000				170
6. 30	매 출				130	30,000	3,900,000	40
	합 계	270		3,850,000	230		6,900,000	

1) 상품의 입출에 대한 가정으로 선입선출법을 사용할 경우 6월의 매출원가와 기말상품액을 산출하시오.
2) 상품의 입출에 대한 가정으로 총평균법을 사용할 경우 6월의 매출원가와 기말

상품액을 산출하시오.

3) 상품의 입출에 대한 가정으로 이동평균법을 사용할 경우 6월의 매출원가와 기말상품액을 산출하시오.

5. 다음은 (주)정하유통의 20×1년 3월 재고자산 입고 및 출고에 관한 자료이다. 아래 물음에 답하시오.

날 짜	적 요	수량(개)	매입/판매 단가(원)
3. 1	기초재고	100	100
3. 7	매 입	300	120
3. 11	매 출	300	150
3. 14	매 입	400	130
3. 27	매 출	300	160
3. 30	매 입	200	120
3. 31	기말재고	400	

1) (주)정하유통이 선입선출법을 적용하는 경우 3월의 매출원가와 3월 말 재고자산 금액은 얼마인가?

2) (주)정하유통이 이동평균법을 적용하는 경우 3월의 매출원가와 3월 말 재고자산 금액은 얼마인가?

3) (주)정하유통이 총평균법을 적용하는 경우 3월의 매출원가와 3월 말 재고자산 금액은 얼마인가?

6. 20×1년 12월 말 (주)영패션의 아동복 상품에 대한 장부상 수량, 실사 수량, 개당 원가, 순매각금액에 대한 내역은 아래와 같다. 다음 물음에 답하시오.

상 품	장부상 수량	실사 수량	개당 원가	개당 순매각금액
아동복A-2019	50	45	8,000	5,000
아동복A-2020	100	98	10,000	13,000
아동복A-2021	300	299	15,000	20,000

1) 재고자산감모손실은 얼마인가?
2) 재고자산평가손실은 얼마인가?
3) 12월 말 재무상태표상에 반영될 아동복 상품의 총액은 얼마인가?

7. 다음은 (주)스타기계가 20×1년 12월 말 현재 보유하고 있는 자산의 일부이다. 아래 물음에 답하시오(단, 표에 기재된 만기는 취득시점의 만기를 의미함).

자 산	금 액	자 산	금 액
타기업 발행 당좌수표	3,000,000	MMF	4,523,000
대여금(만기 3개월)	5,400,000	당좌예금	1,352,600
현금 보유액	6,352,000	정기예금(만기 6개월)	6,000,000
환매조건부채권(만기 1개월)	4,000,000	은행 자기앞 수표	3,000,000
타기업 발행 약속어음	5,000,000	인출제한 당좌예금개설 보증금	10,000,000

1) 12월 말 (주)스타기계의 현금 잔액의 합계는 얼마인가(현금성자산은 제외)?
2) 12월 말 (주)스타기계의 현금성자산의 합계는 얼마인가(현금은 제외)?

실제 기업 사례 문제

1. 다음은 비상장 유통기업인 (주)아성다이소의 재무상태표 중 유동자산에 관한 부분이다. 아래 물음에 답하시오.

주식회사 아성다이소 (단위: 백만원)

과 목	2024.12.31.		2023.12.31.	
자 산				
Ⅰ. 유동자산		970,450		882,281
(1) 당좌자산		596,207		564,575
1. 현금및현금성자산	301,332		381,419	
2. 단기금융상품	200,000		86,619	
3. 매출채권	74,166		79,316	
대손충당금	(794)		(846)	
4. 단기대여금	37		54	
5. 미수금	1,119		1,446	
대손충당금	(319)		(644)	
6. 미수수익	2,270		116	
대손충당금	(23)		(1)	
7. 선급금	635		280	
대손충당금	(6)		(3)	
8. 선급비용	1,144		1,262	
9. 이연법인세자산	8,998		8,384	
10. 기타당좌자산	7,647		7,174	
(2) 재고자산		374,242		317,706
1. 상 품	371,843		315,328	
2. 저장품	2,399		2,378	

1) 재고자산으로 원재료, 재공품, 제품은 없고, 상품, 저장품만 있는 이유는 무엇인지 생각해보고 답해 보시오.
2) 재고자산의 평가방법이 무엇인지 전자공시시스템의 2024년 재무제표 주석에서 찾아 답하시오.
3) (주)아성다이소의 매출채권은 74,166백만원이나 매입채무는 366,515백만원으로 4.9배나 더 크다. 그 이유가 무엇인지를 생각하고 답해 보시오.

2. 다음은 상장기업인 (주)대한화섬의 재무상태표 중 유동자산에 관한 부분이다. 아래 물음에 재무제표 주석을 참조하여 답하시오.

대한화섬주식회사 (단위: 백만원)

	2024.12.31.	2023.12.31.
자 산		
유동자산	103,720	111,689
현금및현금성자산	66,546	69,544
단기금융상품	29	0.05
매출채권	15,309	18,272
기타채권	1,068	1,557
재고자산	19,141	19,904
기타유동자산	1,276	2,109
당기법인세자산	350	303

1) (주)대한화섬의 매출채권에 대한 대손충당금은 얼마이고, 매출채권 총장부금액의 몇 %를 차지하는지 재무제표 주석8을 참조하여 답하시오.
2) 당기에 대손이 확정되어 제거된 매출채권은 얼마인지 재무제표 주석8을 참조하여 답하시오.
3) 기타채권은 구체적으로 무엇으로 구성되어 있는지 재무제표 주석8을 참조하여 답하시오.
4) (주)대한화섬의 재고자산은 구체적으로 무엇으로 구성되고, 당기 말 현재 재고자산평가(손실)충당금은 얼마인지 재무제표 주석9를 참조하여 답하시오.

5) 기타유동자산은 구체적으로 무엇인지 재무제표 주석10을 참조하여 답하시오.

3. 다음은 상장기업인 (주)제주항공의 연결재무상태표 중 유동자산에 관한 부분이다. 아래 물음에 연결재무제표 주석을 참조하여 답하시오.

주식회사 제주항공과 그 종속기업 (단위: 백만원)

	2024.12.31.	2023.12.31.
자 산		
유동자산	473,143	507,538
현금및현금성자산	189,847	211,816
단기금융자산	5,027	102,473
매출채권 및 수취채권	187,982	124,530
당기법인세자산	1,905	239
기타유동자산	53,462	44,401
재고자산	34,919	24,079

1) 현금및현금성자산에는 어떤 항목이 포함되어 있고, 감소한 이유는 무엇인가?
2) 단기금융자산이 전기보다 감소한 이유는 무엇인가?
3) 매출채권 및 수취채권은 무엇으로 구성되어 있는가?
4) 기타유동자산에는 어떤 항목이 포함되어 있는가?
5) 항공사인 (주)제주항공은 재고자산으로 어떤 항목을 포함하며, 그 이유는 무엇인지 생각해보고 답하시오.

제 6 장

비유동자산의 주요 계정

6.1 유형자산
6.2 무형자산
6.3 투자자산
<보론> K-IFRS 제1109호 따른 유가증권의 분류

비유동자산은 회계기간 종료일로부터 1년 또는 정상영업주기 이내에 현금화하거나 처분할 의도가 없는 장기 보유 자산이다. 비유동자산에는 토지, 건물 등과 같이 형태가 있는 유형자산, 특허권, 상표권 등과 같이 형태가 없는 무형자산, 기업이 보유한 유가증권 등과 같은 투자자산 등이 포함된다. 본 장에서는 〈표 6.1〉 (주)하이트진로의 연결재무상태표를 토대로 비유동자산의 주요 계정을 설명한다.

표 6.1 (주)하이트진로의 연결재무상태표 – 비유동자산 부분

제 73 기 2024년 12월 31일 현재
제 72 기 2023년 12월 31일 현재

하이트진로주식회사와 그 종속기업 (단위: 백만원)

	제73기	제72기
비유동자산	2,418,373	2,290,680
매출채권 및 기타채권(비유동)	11,809	16,589
기타포괄손익-공정가치 측정 금융자산	15,506	14,998
당기손익-공정가치 측정 금융자산	12,124	12,466
관계기업 및 공동기업투자	15,000	0
기타금융자산(비유동)	27,289	28,273
투자부동산	56,983	59,734
유형자산	2,078,804	1,934,102
무형자산	107,277	135,954
사용권자산	74,767	73,500
이연법인세자산	18,688	15,064
기타비유동자산	126	0

6.1 유형자산

1) 유형자산의 종류

유형자산(property, plant, and equipment)은 기업이 재화의 생산, 용역의 제공, 영업활동 또는 관리활동에 1년 넘게 사용할 목적으로 보유하는 물리적 형태가 있는 자산이다. 〈표 6.2〉와 같이 유형자산에는 **토지**(land), **건물**(buildings), **구축물**(land improvement), **기계장치**(machinery), **차량운반구**(vehicle), **공구와기구**(tools), **비품**(equipment), **건설중인자산**(construction in progress) 등이 있다.

〈표 6.2〉에서 구축물은 토지 위에 설치된 토목설비나 공작물로서 상하수도 시설, 조경설비, 포장도로, 보도, 방벽, 주차장 등을 포함한다. 건설중인자산은 아직 완성되지 않은 건설 중에 있는 자산으로 건설에 소요되는 재료원가, 노무원가, 건설경비를 포함하거나 유형자산을 신규 취득하기 위해 지급한 계약금, 중도금을 포함한다.

유형자산의 취득원가는 유형자산을 원래의 의도로 사용하기까지 소요되는

표 6.2 유형자산의 종류

종 류	포함대상	비 고
토 지	공장부지, 건물부지, 임야 등	감가상각 없음
구축물	도로, 보도, 방벽, 상하수도, 정원, 주차장, 가로등 등	
건 물	공장, 사무용건물, 점포, 창고, 기숙사 등	
기계장치	기계류	
차량운반구	승용차, 트럭 등	
공구와기구	각종 공구, 기구(주로 100만원을 초과)	
비 품	가구, 컴퓨터, 복사기, 전자제품 등	
건설중인자산	유형자산의 건설에 지출한 재료원가, 노무원가, 경비	감가상각 없음

※ 비업무용 토지와 건물은 투자부동산으로 분류

비용을 포함한다. 예를 들어 토지의 취득원가에는 토지 매입가액, 소유권 이전 등기 시 납부하는 세금(취득세, 지방교육세, 농어촌특별세), 인지세, 법무사수수료, 부동산중개료 등이 들어간다.

2) 감가상각

유형자산 중 토지는 일반적으로 사용이나 시간의 경과에 따라 마모되지 않기 때문에 감가상각(depreciation)을 하지 않는다.[1)] 유형자산 중 구축물을 토지와 분리하는 이유는 구축물은 토지와 달리 감가상각이 가능하기 때문이다. 한편, 건설중인자산은 아직 사용 준비가 되지 않았으므로 감가상각을 하지 않는다. 건설중인자산이 완성되면 유형자산의 해당 계정으로 대체되며, 이후 감가상각을 시작한다. 〈예시 6.1〉 (주)하이트진로의 유형자산에 대한 주석 공시를 보면 토지와 건설중인자산을 제외하면 감가상각을 하고 있음을 알 수 있다.

〈예시 6.1〉 (주)하이트진로의 2024년 연결재무제표 주석 공시 – 유형자산 (단위: 백만원)

	토 지	건 물	구축물	기계장치	용 기	기타유형자산	건설중인자산
기 초	860,658	254,032	61,004	512,591	142,315	56,844	46,658
취 득	124,130	522	986	8,967	48,699	14,697	99,827
처분/폐기	(3,231)	(1,824)	(253)	(2,697)	(13,464)	(1,933)	0
감가상각비	0	(10,504)	(4,341)	(49,176)	(45,923)	(10,277)	0
대 체[1)]	19,047	3,619	1,411	21,821	(42)	1,882	(42,170)
손상차손[2)]	0	0	(161)	(15,098)	0	0	0
순외환차이	134	43	1	6	0	18	(13)
기 말	1,000,737	245,888	58,647	476,414	131,585	61,231	104,302

1) 투자부동산과 유형자산 및 무형자산의 대체 금액 등이 포함되어 있습니다.
2) 향후 사용계획이 없는 유형자산에 대하여 15,259,362,755의 손상차손을 인식하였으며, 해당 손상차손 금액은 기타비용에 포함되어 있습니다.
* 표의 형식을 본 교재의 크기에 맞게 수정함(저자 주).

---

1) 예외적으로, 사용 기한이 제한된 토지(폐기물 매립지, 자원 채굴용 토지) 등은 감가상각을 적용한다.

감가상각의 방법 중 가장 많이 사용되는 방법은 **정액법**(定額法, straight line method)과 **정률법**(定率法, declining balance method)이다. 정액법은 연도별 감가상각액을 유형자산의 취득원가에서 잔존가치를 차감한 후 내용연수로 나누어 산출하고, 내용연수 기간 동안 매년 같은 금액을 감가상각비로 인식하는 방법이다. 따라서 유형자산의 사용형태가 내용연수 기간 동안 매년 일정한 건물 등에 적합한 방법이다.

정률법은 유형자산의 기초 장부가에 매년 일정한 비율을 곱하여 연도별 감가상각비를 산출하는 방법으로 내용연수 초기에 감가상각비가 많이 계산되는 방식이다. 신제품이 자주 출시되는 기계장치 등과 같이 내용연수의 전반기에 많이 사용하는 경우에 적합한 방법이다.

다음은 내용연수 5년, 잔존가치가 5%인 트럭을 2,000만원에 구입한 경우, 정액법과 정률법에 따른 연도별 감가상각비를 계산한 사례이다.

〈정액법〉

$$\text{연도별 감가상각비} = \frac{\text{취득원가} - \text{잔존가치}}{\text{내용연수}} = \frac{20{,}000{,}000 - 1{,}000{,}000}{5} = 3{,}800{,}000\text{원}$$

〈정률법〉

	기초 장부가	감가상각률	감가상각비	기말 장부가
1차 연도	20,000,000	0.451	9,020,000	10,980,000
2차 연도	10,980,000	0.451	4,951,980	6,028,020
3차 연도	6,028,020	0.451	2,718,637	3,309,383
4차 연도	3,309,383	0.451	1,492,532	1,816,851
5차 연도	1,816,851	0.451	816,851	1,000,000

* 내용연수의 마지막 연도인 5차 연도는 기말 장부가가 잔존가치와 일치해야 하므로 감가상각비를 역순으로 산출한다. 즉, 기초 장부가가 1,816,851원이고, 기말 장부가는 잔존가치인 1,000,000원(=취득원가 20,000,000원×5%)이 되어야 하므로 감가상각비는 816,851원이 되어야 한다.

$$\text{감가상각률}^{2)} = 1 - \sqrt[n]{\frac{\text{잔존가치}}{\text{취득원가}}} \text{(여기서, } n = \text{내용연수)}$$

그림 6.1 **정액법과 정률법의 연도별 감가상각비 비교**

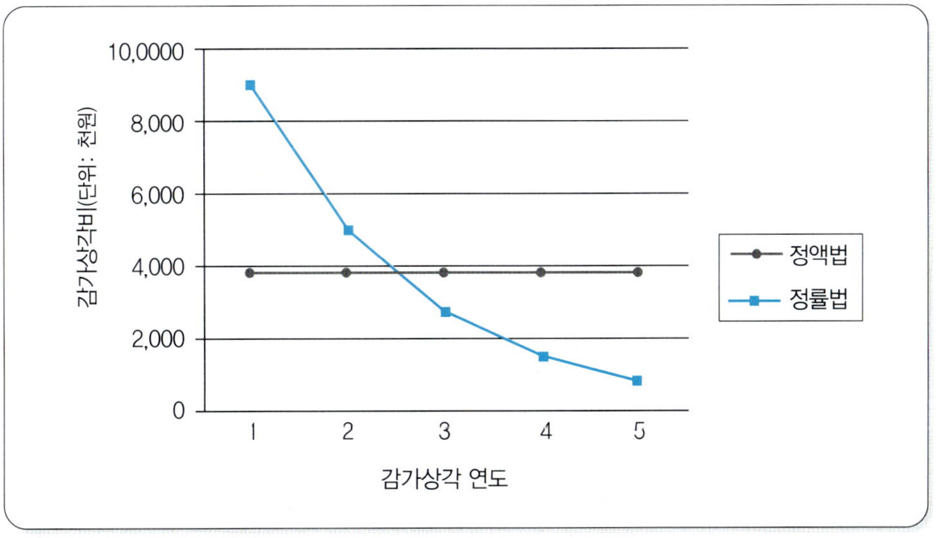

정률법은 기초 장부가에 미리 계산한 감가상각률을 곱하여 해당 연도 감가상각비를 산출한다. 내용연수의 전반기인 1차, 2차 연도 감가상각비는 각각 9,020,000원과 4,951,980원으로 정액법의 3,800,000원보다 크다. 하지만 반대로 3차, 4차, 5차 연도의 감가상각비는 각각 2,718,637원, 1,492,532원, 816,851원으로 정액법보다 작다. [그림 6.1]은 정액법과 정률법에 따라 산출된 연도별 감가상각비의 추세를 그래프로 보여준다.

---

2) 취득원가를 C, 감가상각률을 r, 내용연수를 n, 잔존가치를 S라 하면,

	기초 장부가	감가상각비	기말 장부가
1차 연도	C	$(C \cdot r)$	$C-(C \cdot r) = C \cdot (1-r)$
2차 연도	$C \cdot (1-r)$	$C \cdot (1-r) \cdot r$	$C \cdot (1-r) - C \cdot (1-r) \cdot r = C \cdot (1-r) \cdot (1-r)$ $= C \cdot (1-r)^2$
n차 연도	$C \cdot (1-r)^{n-1}$	$C \cdot (1-r)^{n-1} \cdot r$	$C \cdot (1-r)^{n-1} - C \cdot (1-r)^{n-1} \cdot r$ $= C \cdot (1-r)^{n-1} \cdot (1-r) = C \cdot (1-r)^n$

n차 연도 기말 장부가는 잔존가치와 일치해야 하므로 $C \cdot (1-r)^n = S$, 따라서 $r = 1 - \sqrt[n]{\frac{S}{C}}$

정률법의 경우 내용연수의 마지막 연도는 기말 장부가가 잔존가치와 일치하도록 감가상각비를 역으로 산출한다. 위에서 5차 연도 기초 장부가 1,816,851원에 감가상각률을 곱하면 819,400원이 되나 이를 그대로 적용하면 기말 장부가가 997,451원(=1,816,851원−819,400원)으로 잔존가치와 약간의 차이가 발생한다. 따라서 5차 연도 기말 장부가를 먼저 1,000,000원으로 정한 뒤 기초 장부가에서 얼마를 차감하면 1,000,000원이 되는지를 역산하여 이를 5차 연도 감가상각비(=816,851원)로 한다.

K-IFRS를 적용하는 기업은 유형자산의 실제 사용형태를 고려하여 감가상각 방법을 선택하고, 내용연수와 잔존가치도 실제 사용기간과 사용 후 가치를 반영해야 한다. 〈예시 6.2〉는 (주)하이트진로의 유형자산에 대한 주석 공시 중 감가상각 방법과 내용연수에 관한 사항으로 감가상각 방법으로 정액법을 사용하고 있음을 알 수 있다.

〈예시 6.2〉 (주)하이트진로의 2024년 연결재무제표 주석 공시 – 중요한 회계정책: 유형자산

2-14. 유형자산

유형자산은 연결기업은 건설중인자산을 취득원가에서 손상차손누계액을 차감한 잔액으로, 유형자산을 감가상각누계액과 손상차손누계액을 직접 차감한 취득원가로 표시하고 있으며, ... 모든 수선 및 유지비용은 발생시점에 모두 당기손익에 반영하고 있습니다.

연결기업은 유형자산을 아래의 내용연수에 따라 정액법으로 감가상각하고 있습니다.

구 분	추정 내용연수
건 물	10~60년
구축물	8~50년
기계장치	5~50년
용 기	4~10년
기타의 유형자산	2~40년

유형자산은 처분하는 때(즉, 취득자가 해당 자산을 통제하게 되는 날) 또는 사용이나 처분을 통하여 미래 경제적 효익이 기대되지 않을 경우 제거하고 있으며, 이로 인하여 발생하는 순매각금액과 장부금액의 차이는 제거 시점의 당기손익에 반영하고 있습니다. 연결기업은 유형자산의 잔존가치, 내용연수 및 감가상각방법에 대하여 적어도 매회계연도말에 재검토하며 변경 시 변경효과는 전진적으로 인식합니다.

3) 유형자산의 제거

기업은 보유한 유형자산을 더 이상 사용하지 않을 때 해당 자산을 처분(매각 또는 폐기)할 수 있다. 처분시점에 해당 유형자산은 장부에서 제거되고, 처분시점 해당 유형자산의 장부금액(=취득금액−감가상각누계액)과 순매각금액(=매각금액−매각부대비용)을 비교하여 유형자산처분손익이 결정된다.

앞서 예를 든 2,000만원에 구입한 트럭(내용연수 5년, 잔존가치가 5%)을 정액법으로 감가상각한 후 2년이 지난 시점에 1,000만원에 매각한다고 가정하자. 연도별 감가상각비는 380만원이고, 매각시점인 2년 후의 감가상각누계액은 760만원이며 트럭의 장부금액은 1,240원(=2,000만원−760만원)이다. 트럭의 매각으로 수령한 금액이 1,000만원이므로 240만원(=1,240만원−1,000만원)의 처분손실이 발생한다. 따라서 트럭의 처분시점에 필요한 분개는 다음과 같다.

차 변		대 변	
현 금	10,000,000	차량운반구	20,000,000
차량운반구감가상각누계액	7,600,000		
유형자산처분손실	2,400,000		

만약, 트럭을 1,300만원을 받고 매각한다면 매각금액 1,300만원이 장부금액 1,240만원을 60만원 초과하므로 유형자산처분이익 60만원이 발생하고 처분시점의 분개는 아래와 같다.

차 변		대 변	
현 금	13,000,000	차량운반구	20,000,000
차량운반구감가상각누계액	7,600,000	유형자산처분이익	600,000

6.2 무형자산

무형자산(intangible asset)은 재화의 생산이나 용역의 제공, 영업활동 및 관리활동을 위해 기업이 보유하고 있는 물리적 실체는 없지만 식별가능한 비화폐성자산이다. 무형자산의 대표적인 예는 법적 권리를 획득한 **산업재산권**이다. 산업재산권은 〈표 6.3〉과 같이 특허권, 실용신안권, 디자인권, 상표권 등이 있다.

특허권(patent)은 특허법을 근거로 한 발명을 대상으로 하고, **실용신안권**은 실용신안법을 근거로 한 고안을 대상으로 한다. 발명은 물품 및 물질, 그리고 방법에 대한 창작을 포함하지만, 고안은 물품에 대한 창작에 한정된다. 발명이 고안보다 높은 수준에 해당하며 특허권은 존속기간이 20년이고, 실용신안권은 10년이다.

디자인권(design right)은 물품의 형상 모양이나 색채 또는 이들을 결합한 디자인에 대한 디자인보호법상의 권리로서 존속기간은 20년이고, **상표권**(trademark)은 자기가 만든 제품을 타인 제품과 구별하기 위해 사용하는 이름(브랜드)과 마크(로고)에 대한 상표법상의 권리로서 존속기간이 10년이나 갱신등록하면 반영구적으로 독점권을 누릴 수 있다. 예를 들어, (주)삼성전자의 '갤럭시'는 상표권의 대상이며, 갤럭시 스마트폰의 디자인은 디자인권의 대상이 된다.

라이선스(license)는 유상으로 획득한 특정 사업 또는 제조기술, 특허, 상표 등의 사용에 대한 허가를 의미한다. (주)넷마블은 타인이 개발한 캐릭터 등을

표 6.3 **무형자산의 종류**

종 류		정 의	비 고
산업재산권	특허권	특허법에 의한 독점적 발명(대발명)	내용연수 20년
	실용신안권	실용신안법에 의한 독점적 발명(소발명)	내용연수 10년
	디자인권	디자인보호법에 의한 독점적 디자인	내용연수 20년
	상표권	상표법에 의한 독점적 이름과 마크	내용연수 10년(갱신)
라이선스		특정 사업 또는 제조기술, 특허, 상표 등의 사용에 대한 허가	
프랜차이즈		특정 사업체로부터 유상으로 취득한 일정 지역에서의 독점사업권	
저작권		창작물에 대한 배타적인 권리	
컴퓨터소프트웨어		유상으로 구입한 컴퓨터소프트웨어	
개발비		신제품의 개발단계에서 지출되었고 인식조건을 만족한 경우	연구단계 지출은 당기 비용처리(연구비)
회원권(시설이용권)		콘도, 골프장 등의 이용권	내용연수 비한정
주파수이용권		정부로부터 유상으로 특정 주파수를 할당받아 배타적으로 이용할 수 있는 권리	내용연수: 계약기간
전속계약권 (전속계약금)		특정 연예인이 계약기간 동안 소속회사를 통해서만 활동을 하도록 유상으로 획득한 권리	내용연수: 계약기간
영업권		인수합병(M&A) 시 피인수기업의 순자산 공정가치를 초과하는 이전대가	식별 불가능

자사가 개발한 게임에 사용하는 대가로 지불한 금액을 라이선스로 인식한다. **프랜차이즈**(franchise)는 특정 사업주체로부터 유상으로 취득한 일정 지역에서의 독점사업권을 말한다. (주)SCK컴퍼니는 국내 스타벅스의 운영사로, 2024년 말 프랜차이즈 무형자산 129억원을 보유하고 있다.

저작권(copyright)은 저작권법에 따른 창작물(도서, 영화 등)에 대한 배타적인 권리를 의미한다. (주)KT밀리의서재와 (주)수성웹툰은 2024년 말 저작권을 무형자산으로 보유하고 있다.

컴퓨터 소프트웨어(computer software)는 컴퓨터 소프트웨어 업체로부터 유상으로 취득한 소프트웨어의 사용권이고, **개발비**(development cost)는 신제품이나 신기술의 개발단계에서 발생한 지출액을 무형자산으로 인식한 것이고, **회원권**(또는 **시설이용권**)은 유상으로 취득한 콘도, 골프장 등을 이용할 수 있는 권리이다.

주파수이용권은 통신사업자가 정부로부터 경매를 통해 유상으로 특정 주파수를 할당받아 해당 주파수를 배타적으로 이용할 수 있는 권리이다. (주)SK텔레콤, (주)케이티, (주)LG유플러스는 주파수이용권을 무형자산으로 보유한다.

전속계약권은 연예기획사가 특정 연예인이 계약기간 동안 소속회사를 통해서만 활동을 하도록 대가를 지급하고 획득한 권리이다. (주)JYP Ent., (주)와이지엔터테인먼트, (주)에스엠엔터테인먼트가 전속계약권(전속계약금)을 무형자산으로 보유하고 있다.

기업이 내부적으로 무형자산을 창출하기 위해 시행한 연구와 개발(research & development, R&D) 활동은 다음과 같이 연구단계와 개발단계로 나눈다.

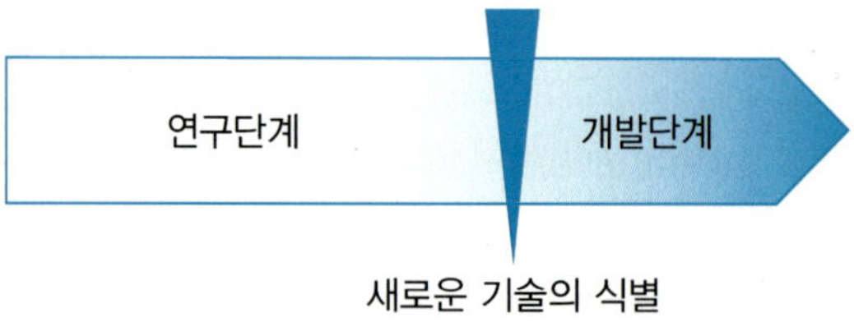

연구단계는 새로운 지식을 얻기 위한 활동 등으로 아직 미래 경제적 효익을 창출할 무형자산이 존재한다는 것을 제시할 수 없기 때문에, 연구단계의 지출은 발생시점에 모두 비용(연구비)으로 처리한다. 개발단계는 연구단계보다 훨씬 더 진전되어 새로운 기술 등 무형자산을 식별할 수 있거나 그 무형자산이 미

래 경제적 효익을 창출할 것임을 제시할 수 있는 단계로서, 개발단계의 지출은 일정 조건을 만족할 경우 무형자산인 개발비로 인식한다.[3)]

㈜삼성전자가 2024년 R&D에 지출한 금액은 약 35조원으로, 이는 매출액의 11.6%에 해당하고, 모두 당기 비용으로 처리되었다. 한편, 경쟁사인 Apple Inc.가 2024년 R&D에 지출한 금액은 약 43조원으로, 이는 매출액의 8%에 해당하고, 역시 전액 당기 비용으로 처리되었다.[4)]

무형자산도 유형자산의 감가상각과 유사하게 무형자산의 취득원가에서 잔존가치를 차감한 금액을 사용기간(내용연수) 동안 나누어 **무형자산상각비**(amortization expense)라는 계정으로 비용처리한다. K-IFRS에 따르면 내용연수가 명확히 정해지지 않은(비한정) 회원권과 같은 무형자산은 상각하지 않는다. 일반적으로 무형자산의 잔존가치는 없는 경우가 많고, 연도별 상각액은 주로 정액법으로 계산한다.

한편, 지금까지 언급한 무형자산과는 달리 개별적으로 식별할 수 없으나 **인수와 합병**(Mergers and Acquisitions, M&A) 등 사업결합에서 획득한 미래 경제적 효익을 창출하는 자산을 **영업권**(goodwill)이라고 한다. 영업권은 사업 인수의 대가로 제공한 이전대가가 사업 인수로 취득한 식별 가능한 자산의 공정가치에서 식별 가능한 부채의 공정가치를 차감한 금액, 즉 순자산 공정가치보다 클 때 그 초과금액으로 인식한다.

이전대가가 식별 가능한 순자산 공정가치보다 크다는 것은 무형자산의 정

3) K-IFRS 제1038호 무형자산 문단57이 제시하는 개발비 인식을 위한 조건은 ① 무형자산을 사용하거나 판매하기 위해 그 자산을 완성할 수 있는 기술적 실현가능성이 있고, ② 무형자산을 완성하여 사용하거나 판매하려는 의도와 ③ 능력이 있으며, ④ 무형자산의 개발을 완료하고, 판매 및 사용하는데 필요한 기술적, 재정적 자원이 있고, ⑤ 무형자산이 미래 경제적 효익을 창출하는 방법을 제시할 수 있으며, ⑥ 개발단계에서 발생한 무형자산 관련 지출을 신뢰성 있게 측정할 수 있는 경우이다.

4) 미국의 회계기준은 일부 산업(소프트웨어, 영화)을 제외하면 발생한 R&D는 모두 비용으로 처리한다.

의에 미흡하여 개별적으로 인식할 수는 없으나 인수하는 사업이 미래 경제적 효익을 창출할 수 있는 능력이 있음을 의미하며, 이것을 영업권이라는 자산으로 인식하는 것이다.

(주)하이트진로의 2024년 연결재무제표 주석에 따르면 무형자산 107,277백만원 중 영업권이 21,581백만원을 차지하고 있다. 영업권은 인식한 후 특정 기간 동안 인위적으로 비용으로 처리하지 않고, 매년 손상검사를 통하여 영업권 손상이 발생한 경우만 손실로 처리한다.[5)]

Accounting Mini-Case

영업권 인식 사례 – (주)이마트의 야구단 인수[6)]

㈜이마트는 2021년 2월 SK텔레콤이 보유한 SK와이번즈 프로야구단 주식 100%를 1,000억원에 인수하였고, 야구팀이 사용 중인 야구연습장 등 토지와 건물은 별도로 352억 8천만원에 취득하였다.

인수 당시 SK와이번즈의 식별 가능한 자산과 부채의 공정가치는 각각 269억원과 210억원으로, 식별 가능한 순자산 공정가치는 59억원(= 269억원 – 210억원)이다. 따라서 이마트는 SK와이번즈(현 SSG랜더스)의 인수 시, 이전대가 1,000억원과 피인수기업의 식별 가능한 순자산 공정가치 59억원의 차액인 941억원을 영업권으로 인식하였다.

2024년 말까지 이마트는 야구단의 인수로 발생한 영업권에 대한 손상검사를 매년 실시했으나 손상징후가 발견되지 않아 손상차손은 인식하지 않았다.

---

5) 영업권 손상검사의 예를 들면, 위의 영업권 사례에 나온 (주)이마트는 회계기간 말 인수한 (주)SSG랜더스의 야구단 운영을 통한 장래 현금 회수가능액을 추정하고, 회수가능액의 현재가치가 (주)SSG랜더스의 순자산 장부가보다 작은 경우 영업권 손상이 발생한 것으로 판단하며, 그 차이를 우선적으로 **영업권 손상차손**으로 처리한다.

6) 이현승, "이마트, SK와이번스 야구단 1,000억에 인수 본계약 체결", 조선비즈, 2021.2.23.; (주)이마트 2021년 연결재무제표 주석 40 사업결합 참조.

6.3 투자자산

비유동자산 중 기업의 주된 영업 및 관리 활동을 위해 장기간 사용하는 유형자산과 무형자산과는 달리 장기적인 투자수익 또는 다른 기업을 지배할 목적으로 보유하는 자산을 일반기업회계기준에서는 **투자자산**으로 부른다. 투자자산에는 투자부동산, 유가증권, 장기대여금, 장기금융상품 등이 있다.[7)]

1) 투자부동산

투자부동산(investment property)은 임대 또는 투자차익을 목적으로 구입한 부동산을 의미한다. 보유한 부동산의 일부분만 임대수익을 얻는 경우는 부분별로 매각할 수 있으면 분리하여 회계처리하고, 그렇지 않으면 생산 · 관리 목적으로 사용하는 부분이 경미한 경우에만 투자부동산으로 분류한다. (주)하이트진로는 〈예시 6.3〉과 같이 토지, 건물, 구축물의 일부를 유형자산이 아닌 투자부동산으로 분류하고 있다.

〈예시 6.3〉 **(주)하이트진로의 2024년 연결재무제표 주석 공시 – 투자부동산** (단위: 백만원)

구 분	토 지	건 물	구축물
기 초	30,075	29,659	1,000
취 득	0	0	0
처분/폐기	0	0	0
감가상각비	0	(3,750)	0
대 체*	875	(76)	0
순외환차이	153	47	0
기 말	31,103	25,880	1,000

* 유형자산과 투자부동산의 대체 금액 및 투자부동산과 사용권자산의 대체 금액이 포함되어 있습니다.

7) 투자자산 중 1년 이내에 현금화되는 부분은 유동자산으로 분류한다.

2) 유가증권

유가증권은 〈표 6.4〉와 같이 **지분증권**(equity securities)과 **채무증권**(debt securities)으로 구분된다. 지분증권은 기업이 발행한 주식을 뜻하고, 채무증권은 국가, 지방자치단체, 기업이 자금을 조달하기 위해 만기까지 이자와 원금을 지급할 것을 약속하고 발행하는 채권이다.[8)]

K-IFRS 제1109호는 〈표 6.4〉와 같이 기업이 보유한 지분증권을 **당기손익-공정가치금융자산**(fiancial assets measured at fair value through profit and loss), **기타포괄손익-공정가치금융자산**(financial assets measured at fair value through other comprehensive income), **관계기업투자**(investments in associates)로 분류하고,[9)] 기업

표 6.4 유가증권의 회계적 분류

종 류	회계상 분류	분류기준
지분증권 (주식)	당기손익-공정가치금융자산[(*1)]	지분율 20% 미만 & 단기매매목적으로 보유 또는 단기매매가 목적이 아니면서 취득 시 기타포괄손익-공정가치로 선택하지 않음
	기타포괄손익-공정가치금융자산	지분율 20% 미만 & 단기매매가 목적이 아니면서 취득 시 기타포괄손익-공정가치로 선택
	관계기업투자	지분율 20% 이상[(*2)]
채무증권 (회사채, 국공채)	상각후원가금융자산	원금과 이자의 수취가 보유목적
	기타포괄손익-공정가치금융자산	원금과 이자의 수취와 장래 매도 둘 다가 보유목적
	당기손익-공정가치금융자산[(*1)]	그 외

(*1) 특정 조건이 만족되면 당기손익-공정가치금융자산으로 지정할 수 있음.

(*2) 지분율이 20% 미만이더라도 피투자회사에 유의한 영향력을 행사할 수 있으면 관계기업투자로 분류.

---

8) 여기서 채권(債券)은 자금조달을 목적으로 만기에 액면금액과 이자의 지급을 약속하는 증서를 의미하고, 매출채권의 채권(債權)은 상대방으로부터 돈을 받을 권리를 의미한다.

9) K-IFRS의 '관계기업투자'를 일반기업회계기준에서는 '**지분법적용투자주식**'으로 부른다.

이 보유한 채무증권은 **상각후원가금융자산**(financial assets measured at amortized cost), 기타포괄손익-공정가치금융자산, 당기손익-공정가치금융자산으로 분류한다.[10)]

다른 기업이 발행한 주식을 보유하면서 그 기업에 중대한 영향력을 행사할 수 없고(주로 지분율 20% 미만) 가까운 시일 내에 더 높은 가격에 매도할 목적(단기매매목적)이면 당기손익-공정가치금융자산으로 분류한다. 당기손익-공정가치금융자산은 취득 이후 결산일의 공정가치를 반영하고, 공정가치의 변동으로 인한 평가손익을 당기순이익의 계산에 포함한다. 이와 같은 회계처리는 가까운 시일 내에 매도할 유가증권이므로 당기에 발생한 평가손익을 당기순이익에 포함하는 것이 더 유용한 정보를 제공한다고 보기 때문이다.

반면, 다른 기업이 발행한 주식을 보유하면서 그 기업에 중대한 영향력을 행사할 수 없고(주로 지분율 20% 미만) 단기매매목적이 아니면, 기타포괄손익-공정가치금융자산으로 분류하는 것을 선택할 수 있다. 기타포괄손익-공정가치금융자산은 취득 이후 결산일의 공정가치는 반영하지만, 당기에 발생한 평가손익을 당기순이익의 계산에 포함하지 않고, 기타포괄손익으로 분류한다. 이는 조만간 매도할 것이 아니기 때문에 당기에 발생한 평가손익은 곧 실현되지 않고, 추후 매도시점까지 평가손익의 변동이 있을 것이기 때문이다.

한편, 다른 기업이 발행한 주식을 보유하면서 그 기업에 중대한 영향력을 행사할 수 있다면(주로 지분율 20% 이상) 관계기업투자로 분류한다. 관계기업투자로 분류된 주식은 결산일의 공정가치를 반영하지 않고, **지분법회계**(equity method)라는 특수한 회계를 적용한다.[11)] 만약, 다른 기업의 주식을 50% 초과하

---

10) '상각후원가'라는 것은 금융자산의 취득원가에서 시간의 경과에 따른 변동액을 조정하고 손상차손누계액이 있는 경우는 손상차손누계액을 차감한 금액이라는 뜻이다.

11) 지분법회계의 주요 특징 중 하나는 피투자회사가 당기순이익(손실)을 내면 투자회사는 피투자회사 당기순이익(손실) 중 자신이 보유한 지분율만큼 **지분법이익**(손실)으로 인식한다는 점이다.

여 보유하면, 두 기업은 모회사(지배회사)와 자회사(종속회사)의 관계가 성립하고 모회사는 자회사의 자산, 부채, 자본, 수익, 비용 등을 포함하는 **연결재무제표**(consolidated financial statements)를 작성해야 한다.[12)]

채무증권은 보유목적이 만기까지 원금과 이자를 수취하는 것이라면 상각후원가금융자산으로 분류하고, 이자의 수취와 장래 매도, 둘 다가 보유목적이라면 기타포괄손익-공정가치금융자산으로 분류하며, 그 외에는 당기손익-공정가치금융자산으로 분류한다.

〈예시 6.4〉는 (주)하이트진로의 기타포괄손익-공정가치금융자산 세부내역에 대한 공시이다. (주)하이트진로의 기타포괄손익-공정가치금융자산은 지분상품(주식)과 채무상품(국공채)으로 구성되어 있다.

〈예시 6.4〉 (주)하이트진로의 2024년 연결재무제표 주석 공시 – 기타포괄손익–공정가치금융자산

(단위: 백만원)

		보유주식수	지분율	취득원가	공정가치	장부금액
지분상품	하이트진로홀딩스㈜	1,440,017주	0.0621	13,657	13,204	13,204
	기 타	–	–	392	223	223
	소 계			14,049	13,427	13,427
채무상품	국공채	–	–	1,519	2,078	2,078
합 계				15,568	15,505	15,505

〈예시 6.5〉는 (주)하이트진로의 관계기업투자에 대한 연결재무제표 주석 공시이다. (주)하이트진로는 2024년 말 현재 한 개의 관계기업을 두고 있다.[13)]

---

12) 지분율이 50% 미만에 해당하더라도 피투자회사에 지배력을 행사할 수 있으면 모회사와 자회사의 관계가 성립하고 연결재무제표를 작성한다.

13) 지분을 50%씩 갖고 있어 공동으로 지배하는 기업을 관계기업과 구분하여 **공동기업**이라고 한다.

〈예시 6.5〉 (주)하이트진로의 2024년 연결재무제표 주석 공시 – 관계기업투자 (단위: 백만원)

회사명	주요 영업활동	소재지	사용 재무제표일	당기 말	
				지분율	장부금액
티피-에스비피 뷰티 제1호 신기술사업투자조합*	투자업	한국	12월 31일	57.12%	15,000

* 연결기업은 2024년 중 티피-에스비피 뷰티 제1호 신기술사업투자조합에 LP(펀드투자자)로 출자하였으며, 연결기업의 지분율은 57.12%로 약정에 따라 티피-에스비피 뷰티 제1호 신기술사업투자조합에 대한 유의적인 영향력을 보유하고 있다고 판단하여 관계기업투자로 분류하였습니다.

유가증권의 분류에 대한 보다 상세한 내용은 본 장의 〈보론〉에서 기술한다.

한국의 기업과 경영인 ⑥

(주)삼성전자–한국은 몰라도 삼성은 안다

무역(삼성물산), 제당(제일제당), 모직산업(제일모직)에서 성공한 이병철은 1969년 신규사업으로 전자산업으로의 진출을 결심하고 삼성전자를 설립하였다. 일본의 산요전기와 라디오, TV 등 가전제품과 전자부품의 생산 합작사를, 일본 NEC와 브라운관 등의 생산 합작사를 설립하는 데 합의하였다. 그러나 금성사(현 LG전자)를 비롯한 기존 전자업계는 국내 기술 보호라는 이유로 삼성전자의 전자산업 진출에 반대하고, 정부는 제품 전량을 수출한다는 조건으로 삼성의 합작사 설립을 허가하였다.

설립 후 계속 적자를 보며 고전하던 삼성전자는 1973년 흑백 TV 52,000대의 수출과 국내 시판의 허용으로 1974년부터 흑자를 내기 시작하였고, 1975년 흑백 TV 10만대의 수출, 1978년 1억 달러 수출을 달성하였다. 컬러 TV의 생산을 위해 일본 업체와 기술제휴를 타진하였으나 거절당하고, 마쓰시다 전기의 컬러 TV 브라운관을 수입해 1주일만에 제품을 개발하여 비록 핵심부품은 수입이었으나 컬러 TV의 생산에 성공하였다. 국내 컬러 방송이 없는 상황에서도 파나마로의 첫 수출을 계기로 1977년 4만 3천대, 1978년 28만대의 수출을 달성하였다. 1980년 국내 컬러 방송 개시 이후 국내 판매량도 급증하였다.

삼성전자의 반도체 진출은 1974년 전자시계의 칩을 생산하던 한국반도체의 지분 50%를 인수하면서부터 시작하였다. 1976년 아들 이건희의 적극 지원으로 나머지 50% 지분도 인수한 후 사명을 삼성반도체로 변경하고, 전자기기용 트랜지스터와 IC(집적회로)의 개발에 성공하였다. 하지만 여전히 적자를 면하지 못한 상태에서 삼성전자와 합병되기도 하고, 삼성반도체통신으로 분리되는 과정을 거친 후 1983년 이병철은 본격적인 반도체사업으로의 진출을 공식적으로 선언한다. 미국에 있던 한인과학자들을 영입하고, 기존의 국내 반도체 개발인력과 힘을 합쳐 64KD램의 개발에 성공하여 10년 이상이던 미국과 일본과의 기술격차를 3~4년으로 좁히게 된다. 그러나 64KD램의 가격 폭락으로 1984년 이래 누적적자가 1,159억원에 이르렀고, 반도체사업을 적극 지원했던 이병철은 1987년 반도체사업이 흑자를 내기 전에 별세하였다.

한편, 국내 개발인력은 미국의 한인과학자 개발팀으로부터 256KD램 개발연수를 받은 후 불철주야 노력한 끝에 1메가D램, 4메가D램의 개발에 먼저 성공한다. 적자에도 과감한 투자를 계속한 삼성전자는 기존 업체들의 설비투자 감소로 64KD램, 256KD램, 1메가D램의 가격이 급등한 1988년에 1,649억원의 이익을 달성하였고, 1993년에는 드디어 메모리반도체 세계 1위에 등극하였다. 삼성전자는 1993년 이래 메모리반도체 세계 1위를 유지하고 있고, 2020년 D램 시장점유율 43.1%를 차지하고 있다.[*1]

삼성전자는 휴대폰 시장에서 2011년부터 현재까지 14년 연속 글로벌 출하량 1위를 달리고 있고, 스마트폰 패널은 2024년 세계시장 점유율이 41.3%이다. 글로벌 TV 판매에서도 2006년부터 SONY를 제치고 1위에 올라선 후 2024년까지 19년 연속으로 세계 1위를 달리고 있으며 2024년 글로벌 TV 판매 시장점유율은 28.3%에 이른다.[*2] 이병철의 뒤를 이어 1993년부터 '마누라와 자식 빼고 다 바꿔라'며 삼성의 혁신을 주도해온 이건희는 누구도 예상하지 못했던 메모리반도체, 휴대폰, TV 부문의 세계 1위를 달성하고, 한국은 몰라도 삼성은 알 정도로 삼성을 글로벌 브랜드로 만든 후 2020년 타계하였다.

참고문헌: 삼성전자 신화와 그 비결(강진구, 1996, 고려원)

(*1) 2024년 삼성전자 사업보고서 II. 사업의 내용 7. 기타 참고사항.

(*2) 위의 사업보고서.

제6장 보론 K-IFRS 제1109호에 따른 유가증권의 분류

1) 채무증권

채무증권은 특정일에 원금과 원금잔액에 대한 이자의 지급만으로 구성된 현금흐름이 발생하는 금융자산이다. 이러한 금융자산은 [그림 6.2]와 같이 보유목적이 계약상 현금흐름의 수취라면 **상각후원가금융자산**(**AC금융자산**)으로, 보유목적이 계약상 현금흐름의 수취와 장래 금융자산의 매도 둘 다라면 **기타포괄손익-공정가치금융자산**(**FVOCI금융자산**)으로, 그리고 나머지는 **당기손익-공정가치금융자산**(**FVPL금융자산**)으로 분류한다.[14] 단, AC금융자산 또는 FVOCI금융자산에 해당하더라도 기업이 FVPL금융자산으로 지정하는 선택권을 조건부로 행사할 수 있다.[15]

FVPL금융자산은 주로 단기매매를 목적으로 취득한 것이므로 결산일의 공정가치를 반영하고, 공정가치 변동으로 인한 평가손익은 손익계산서상의 기타수익 또는 기타비용에 포함되어 당기순이익(손실)을 증가 또는 감소시킨다.[16] 이러한 회계처리는 가까운 시일 내에 매도할 목적으로 보유하는 유가증권은 당기에 발생한 평가손익을 당기순이익(손실)에 포함하는 것이 투자자에게 더 유

---

14) AC는 Amortized Cost, FVOCI는 Fair Value through Other Comprehensive Income, FVPL은 Fair Value through Profit or Loss를 나타낸다.

15) 자산이나 부채가 서로 다른 기준에 따라 측정되거나 그에 따른 손익을 인식함으로 인해 측정이나 인식의 불일치(mismatch)가 발생할 수 있는데 이때 해당 자산을 당기손익-공정가치금융자산으로 지정하면 불일치를 제거하거나 유의적으로 줄이는 경우에는 최초 인식시점에 해당 자산을 당기손익-공정가치금융자산으로 지정할 수 있다(K-IFRS 제1109호 금융상품 문단 4.1.5).

16) 채무증권도 시장이자율의 변경, 신용등급의 변경 등으로 공정가치가 변동될 수 있다.

용한 정보를 제공한다고 보는 것이다.

반면, FVOCI금융자산은 결산일의 공정가치는 반영하되 공정가치 변동으로 인한 평가손익은 포괄손익계산서의 기타포괄이익(손실)에 포함한다. FVPL금융자산과는 달리 FVOCI금융자산은 가까운 시일 내로 매도하는 것이 아니고 길게는 몇 년 후에 매도할 수도 있기 때문에 공정가치는 반영하되 당기순이익(손실)에는 영향이 없도록 기타포괄이익(손실)으로 분류하는 것이다. 당기순이익(손실)이 재무상태표상 자본의 이익잉여금을 변동시키듯이 당기에 발생한 기타포괄이익(손실)은 재무상태표상 자본의 **기타포괄손익누계액**이라는 계정을 변동시킨다.

그림 6.2 채무증권의 분류[17)]

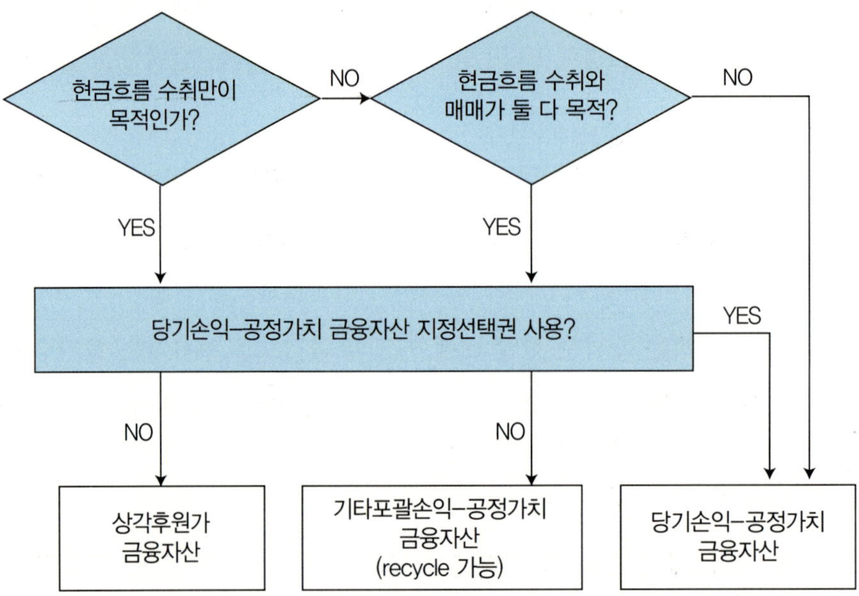

17) Ernst & Young Global Limited, 'Appling IFRS classification of financial instruments under IFRS 9' 2015 May.

2) 지분증권

지분증권(주식)은 [그림 6.3]과 같이 피투자회사에 중대한 영향력을 행사할 수 있으면(주로 20% 이상 50% 이하의 지분율) 종전과 같이 관계기업투자로 분류한다. 중대한 영향력을 행사할 수 없고 단기매매 목적으로 보유하면 FVPL금융자산으로 분류하고, 단기매매 목적이 아니라면 취득 시에 FVOCI금융자산으로 분류하는 것을 선택할 수 있다.

그림 6.3 지분증권의 분류

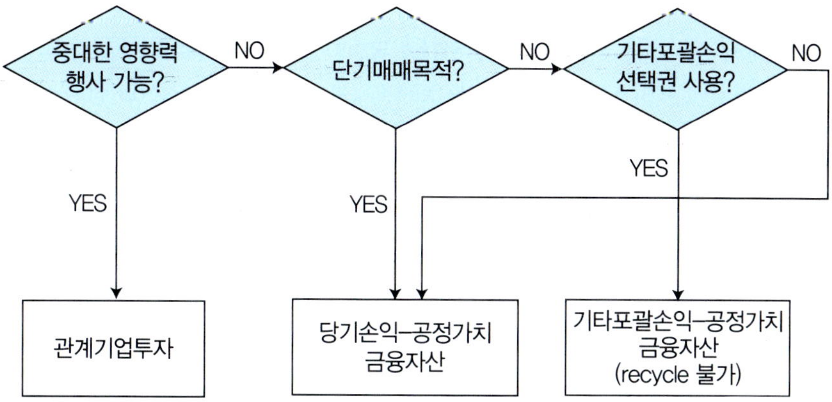

한편, 지분증권 중 FVOCI금융자산으로 분류하는 것을 선택했다면 선택 시점 이후 분류변경은 불가능하며, 처분 시 재무상태표상의 자본에 남아있는 기타포괄손익누계액을 제거하고 이를 자산처분손익으로 인식할 수 없다(이를 'recycle 불가'라 함). 다만, 기타포괄손익누계액에서 같은 자본 항목인 이익잉여금으로 이전은 허용된다.[18] 이에 반해 채무증권이 FVOCI금융자산으로 분류된 경우는 처분 시 남아있는 기타포괄손익누계액을 제거하고 자산처분손익으로 인식할 수 있다(recycle 가능).

---

18) K-IFRS 제1109호 금융상품 문단 B5.7.1.

요 약

1. 유형자산은 기업이 재화의 생산, 용역의 제공, 영업활동 또는 관리활동에 1년 넘게 사용할 목적으로 보유하는 물리적 형태가 있는 자산으로 토지, 건물, 구축물, 기계장치, 차량운반구, 공구와기구, 비품, 건설중인자산 등을 포함한다.

2. 감가상각의 방법 중 가장 많이 사용되는 방법은 정액법과 정률법이다. 정액법은 유형자산의 취득원가에서 잔존가치를 차감한 후 내용연수로 나누어 매년 일정액을 감가상각비로 인식하는 방법이고, 정률법은 기초 장부가에 미리 계산한 감가상각률을 곱하여 해당 연도 감가상각비를 구하는 방법으로 내용연수의 후반보다 전반에 감가상각비를 많이 인식하는 방법이다.

3. 보유한 유형자산을 처분하면, 처분시점에 유형자산과 처분시점까지의 해당 유형자산 감가상각누계액이 제거되고, 유형자산처분손익은 처분시점 유형자산의 장부금액과 순매각금액을 비교하여 결정된다.

4. 무형자산은 재화의 생산이나 용역의 제공, 영업활동 및 관리활동을 위해 기업이 보유하고 있는 물리적 실체는 없지만 식별 가능한 비화폐성자산으로, 산업재산권(특허권, 실용신안권, 디자인권, 상표권), 라이선스, 프랜차이즈, 저작권, 컴퓨터 소프트웨어, 개발비, 회원권, 주파수이용권, 전속계약권 등을 포함한다.

5. 무형자산을 창출하기 위한 연구와 개발 활동은 새로운 기술 등을 식별하기 전과 후를 기준으로 연구단계와 개발단계로 나뉜다. 연구단계의 지출은 발생시점에 모두 비용으로 처리하고, 개발단계의 지출은 일정 조건을 만족할 경우 무형자산인 개발비로 인식한다.

6. 무형자산도 유형자산의 감가상각과 유사하게 무형자산의 취득원가에서 잔존가치를 차감한 금액을 사용기간(내용연수) 동안 나누어 무형자산상각비라는 계정으로 비용처리한다. 다만, 내용연수에 제한이 없는 회원권과 같은 무형자산은 무형자산상각비를 인식하지 않는다.

7. 개별적으로 식별할 수 없으나 인수와 합병 등 사업결합에서 획득한 미래 경제적 효익을 창출하는 자산을 영업권이라고 한다. 영업권은 사업 인수의 대가로 제공한 이전대가가 사업 인수로 취득한 식별 가능한 자산의 공정가치에서 식별 가능한 부채의 공정

가치를 차감한 금액보다 클 때 그 초과금액으로 인식한다. K-IFRS에서 영업권은 인식한 후 특정 기간에 걸쳐 인위적으로 비용으로 처리하지 않고, 매년 손상검사를 통하여 영업권 손상이 발생한 경우만 손실로 처리한다.

8. 투자부동산은 임대 또는 투자차익을 목적으로 구입한 부동산이라는 점에서 제조, 영업, 관리활동에서 사용되는 유형자산의 부동산과 구별된다.

9. 유가증권은 지분증권(주식)과 채무증권(채권)으로 구분된다. K-IFRS 제1109호는 지분증권을 당기손익-공정가치금융자산, 기타포괄손익-공정가치금융자산, 관계기업투자로 분류하고, 채무증권은 상각후원가금융자산, 당기손익-공정가치금융자산, 기타포괄손익-공정가치금융자산으로 분류한다.

10. 다른 기업의 주식을 발행주식수의 50%를 초과하여 보유하면 일반적으로 두 기업은 모회사(지배회사)와 자회사(종속회사)의 관계가 성립하고, 모회사는 자회사의 자산, 부채, 자본, 수익, 비용 등을 포함하는 연결재무제표를 작성한다.

O×퀴즈 아래 문장이 옳으면 ○, 틀리면 ×로 답하고 틀린 곳은 올바르게 고치시오.

1. 일반적으로 토지와 건설중인자산은 감가상각을 하지 않는다.

2. 감가상각 방법 중 정률법은 유형자산을 내용연수의 전반기보다는 후반기에 많이 사용하는 경우에 적합한 방법이다.

3. (주)LG전자의 드럼세탁기 브랜드 '트롬'은 상표권의 대상이고, 트롬 드럼세탁기의 디자인은 디자인권의 대상이다.

4. 영업권은 사업 인수로 취득한 식별가능한 순자산 공정가치가 사업 인수의 대가로 제공한 이전대가보다 클 때 그 초과금액으로 인식한다.

5. 모든 무형자산은 유형자산의 감가상각과 유사하게 무형자산의 취득원가에서 잔존가치를 차감한 금액을 사용기간(내용연수) 동안 나누어 무형자산상각비라는 계정으로 비용처리한다.

6. K-IFRS는 유가증권 중 채무증권을 상각후원가금융자산 또는 당기손익-공정가치금융자산 또는 기타포괄손익-공정가치금융자산으로 분류한다.

7. 기업이 다른 기업의 발행 주식을 보유하면서 그 기업에 중대한 영향력을 행사할 수 있다면(주로 지분율 20% 이상 50% 이하) 관계기업투자로 분류한다.

8. 다른 기업의 주식을 발행주식수의 50%를 초과하여 보유하면 일반적으로 두 기업은 모회사와 자회사의 관계가 성립하고 모회사는 자회사의 자산, 부채, 자본, 수익, 비용 등을 포함하는 연결재무제표를 작성한다.

9. 회사가 보유한 토지, 건물 등 모든 부동산은 유형자산으로 분류한다.

10. 유형자산의 취득원가는 유형자산을 원래의 의도로 사용하기까지 소요되는 모든 비용을 포함한다.

11. 신제품이나 신기술의 연구단계와 개발단계에서 발생한 지출은 개발비라는 무형자산으로 기록한다.

12. 감가상각 방법 중 정액법은 내용연수 기간 동안 매년 일정한 금액을 감가상각비로 인식하는 방법이다.

13. 구축물은 토지 위에 설치된 토목설비나 공작물로서 토지와 같이 감가상각을 하지 않는 유형자산이다.

14. 유형자산처분손익은 처분시점 유형자산의 취득원가와 순매각금액을 비교하여 결정되는데 순매각금액이 취득원가보다 크면 유형자산처분이익을 인식한다.

15. K IFRS를 적용하는 경우 영업권은 인식 후 매년 손상검사를 통해 손상이 발생한 경우에만 손실로 처리한다.

16. 〈보론〉 채무증권의 보유목적이 계약상 현금흐름의 수취만이 목적이고 당기손익-공정가치금융자산으로 지정하지 않았다면 상각후원가금융자산으로 분류한다.

17. 〈보론〉 보유한 지분증권을 기타포괄손익-공정가치금융자산으로 분류하였다면 추후 지분증권을 매각할 때 기타포괄손익누계액을 제거하고 자산처분손익을 인식할 수 있다.

제6장 객관식 문제

1. 다음 비유동자산 중 감가상각 대상이 아닌 것으로 짝지어진 것은? 〈FAT 1급, 2024〉

가. 토 지	나. 건 물	다. 구축물
라. 건설중인자산	마. 기계장치	

① 가, 라　② 나, 다　③ 다, 마　④ 라, 마

2. 다음은 (주)서울의 특허권 취득 관련 자료이다. 이를 토대로 20×1년도 무형자산상각비를 계산하면 얼마인가? 〈FAT 1급, 2024〉

· 특허권 취득일: 20×1. 1. 1.
· 특허권 등록비: 2,000,000원
· 상각방법: 정액법(내용연수: 5년)
· 특허권 취득부대비용: 100,000원

① 200,000원　② 220,000원　③ 400,000원　④ 420,000원

3. 다음은 (주)서울의 기계장치 관련 자료이다. 20×3년 6월 30일에 기록될 유형자산처분손익은 얼마인가? 〈FAT 1급, 2024〉

· 20×1년 1월 1일: 취득원가 5,000,000원
· 20×2년 12월 31일: 감가상각누계액은 2,000,000원이다.
· 20×3년 6월 30일: 2,700,000원에 현금으로 처분하였음
· 정액법 상각 (내용연수 5년, 잔존가치 없음, 월할상각)

① 유형자산처분손실 200,000원　② 유형자산처분손실 300,000원
③ 유형자산처분이익 200,000원　④ 유형자산처분이익 300,000원

4. 다음은 (주)서울의 연구개발 관련 자료이다. 비용으로 처리할 금액은 얼마인가? 〈FAT 1급, 2024〉

· 연구단계에서 지출한 금액은 500,000원이다.
· 제품 개발단계에서 지출한 금액은 300,000원이다. 이 중 100,000원은 자산인식 요건을 충족시키지 못하였다.

① 100,000원 ② 200,000원 ③ 600,000원 ④ 800,000원

5. 다음 중 무형자산에 해당하는 것만을 고른 것은? 〈FAT 1급, 2024〉

가. 영업권	나. 매출채권	다. 임차보증금
라. 산업재산권	마 건설중인자산	바. 개발비

① 가, 나, 바 ② 가, 라, 바 ③ 나, 라, 마 ④ 라, 마, 바

6. 다음은 12월 말 결산법인인 ㈜서울의 기계장치와 관련된 자료이다. ㈜서울이 2024년 12월 31일에 계상할 감가상각비는 얼마인가? (단, 월할 상각할 것) 〈전산회계 1급, 2025〉

· 취득일: 2023년 7월 1일	· 상각률: 45%
· 상각방법: 정률법	· 취득원가: 20,000,000원
· 내용연수: 5년	· 잔존가치: 500,000원

① 3,487,500원 ② 4,500,000원 ③ 6,975,000원 ④ 9,000,000원

제6장 주관식 문제

1. (주)부산실업이 사업연도 초에 취득한 두 기계장치에 대한 정보는 아래와 같다. 다음 물음에 답하시오.

	취득원가	내용연수	잔존가치	정률법 상각률
기계장치1	10,000,000원	4년	취득원가의 5%	0.527
기계장치2	60,000,000원	5년	취득원가의 10%	0.369

1) 정액법에 따른 연도별 감가상각비를 각각 구하시오.
2) 정률법에 따른 연도별 감가상각비를 각각 구하시오(소수점 이하에서 반올림).
3) 기계장치1을 취득 3년 후 200만원에 매각하였다. 정액법으로 감가상각했을 경우 매각시점에 필요한 분개를 수행하시오.
4) 기계장치2를 취득 3년 후 1,600만원에 매각하였다. 정률법으로 감가상각했을 경우 처분손익은 얼마인가?

2. (주)슬기산업은 가구와 기계를 아래와 같이 취득하였다. 취득한 가구와 기계에 가장 적합한 감가상각 방법을 사용하여 취득연도부터 처분연도까지 연도별 감가상각비를 각각 계산하시오.

1) 20×1년 6월 1일 내용연수 5년의 가구(비품)를 9,000,000원에 취득하였고, 내용연수기간 동안 일정하게 사용할 계획이며 사용 후 폐기할 계획이다.
2) 20×1년 11월 1일 내용연수 5년의 기계(기계장치)를 20,000,000원에 취득하였고, 잔존가치는 취득금액의 10%로 추정되며 신기술을 이용한 기계의 빈번한 출현으로 내용연수 초반에 많이 사용할 것으로 판단하였다(정률법을 사용할 경우 상각률은 0.369).

3. (주)중앙산업은 (주)동해공업의 주식 100%를 14,640백만원에 매입하여 (주)동해공업을 자회사로 편입하였다. 매입 당시 (주)동해공업의 식별 가능한 자산과 부채의 공정가치는 다음과 같다. (주)중앙산업이 인식할 영업권은 얼마인가?

구 분	금액(백만원)
취득한 자산과 인수한 부채의 계상액	
현금 및 현금성자산	1,840
매출채권	3,490
재고자산	2,130
유무형자산	15,340
기타자산	2,350
자산총계	25,150
매입채무	2,840
차입금	9,240
기타부채	1,640
부채총계	13,720

4. (주)유성기업은 아래의 유가증권을 보유하고 있다. K-IFRS에서 각 유가증권을 어떻게 분류하는지 답하시오.

번 호	종 류	지분율	비 고
1	주 식	1%	단기매매 목적
2	주 식	30%	중대한 영향력 행사 가능
3	주 식	3%	단기매매목적이 아님. 기타포괄손익-공정가치 선택권 행사함
4	주 식	2%	단기매매목적이 아님. 기타포괄손익-공정가치 선택권 행사하지 않음
5	공 채	-	현금흐름 수취만을 목적
6	회사채	-	매매를 목적
7	회사채	-	현금흐름 수취와 매매 둘 다를 목적

5. 다음은 20×1년 12월 말 (주)우신의 총계정원장에 있는 비유동자산의 계정과목과 잔액을 나타낸 것이다. 아래 물음에 답하시오.

(단위: 천원)

계정과목	잔 액	계정과목	잔 액
토지(공장부지)	2,000,000	구축물	420,000
건물(임대용)	5,000,000	컴퓨터소프트웨어	60,000
차량운반구	80,000	건물(본사)	10,000,000
장기대여금	5,000	특허권	20,000
건설중인자산	2,500,000	토지(비업무용)	1,000,000
관계기업투자	600,000	장기금융상품	240,000
영업권	1,600,000	개발비	270,000
상표권	230,000	비 품	280,000

1) 재무상태표상에 유형자산으로 표기될 금액은 얼마인가?
2) 재무상태표상에 무형자산으로 표기될 금액은 얼마인가?
3) 재무상태표상에 투자부동산으로 표기될 금액은 얼마인가?
4) 다른 기업의 주식을 취득한 것에 해당하는 자산은 얼마인가?
5) 유형자산 중 감가상각을 하지 않은 계정과목을 모두 고르시오.
6) 다른 기업 또는 사업부의 인수와 합병 등을 통해서만 인식할 수 있는 자산은 무엇인가?
7) 신제품이나 신기술의 개발단계에서 발생한 지출에 해당하는 자산은 무엇인가?

6. (주)정안정밀은 아래와 같이 공장부지를 위한 토지, 제조용 기계, 특허권을 취득하는데 다음과 같은 현금지출이 발생하였다. (주)정안정밀이 취득한 토지, 기계장치, 특허권의 최초 취득원가는 각각 얼마인가?

종 류	내 역	금 액
토 지	매입가액	200,000,000
	소유권 이전을 위한 취득세, 지방교육세 등	6,800,000
	인지세	150,000
	법무사수수료	350,000
	부동산중개료	1,800,000

종 류	내 역	금 액
기계장치	매입가액	15,000,000
	운송비	1,000,000
	운송기간 보험료	300,000
	설치비	200,000
	설치 후 작동기간 보험료	400,000
특허권	특허 개발을 위한 연구비	25,000,000
	특허청 출원료, 심사청구료, 등록료	250,000
	변리사 수수료	1,200,000

7. 다음은 (주)미래산업의 무형자산 내역이다. 20×4년도의 계정별 상각비와 20×4년 말의 계정별 장부가를 구하시오(단, 잔존가치는 없고, 1개월 미만의 사용일수는 1개월로 간주).

계 정	금 액	취득시기	내용연수
특허권	5,000,000	20×2년 1월 2일	20년
콘도회원권	12,000,000	20×1년 7월 1일	비한정
소프트웨어	8,400,000	20×4년 12월 10일	5년
개발비	20,000,000	20×3년 10월 1일	5년

8. (주)신라산업은 20×1년 12월 말에 (주)가야산업을 합병하면서 (주)가야산업의 주주에게 합병대가로 50억원을 지불하였다. (주)신라산업이 실사를 통해 파악한 (주)가야산업의 식별가능한 자산과 부채의 장부금액과 공정가치는 다음과 같다. (주)신라산업이 합병으로 인식할 영업권은 얼마인가?

계정과목	장부금액	공정가치
현금 및 현금성자산	120,000,000	120,000,000
매출채권	623,000,000	604,000,000
재고자산	83,600,000	81,400,000
토 지	1,100,000,000	2,023,000,000
건 물	948,000,000	1,554,000,000

계정과목	장부금액	공정가치
차량운반구	286,700,000	274,300,000
기계장치	429,400,000	418,300,000
상표권	4,200,000	235,000,000
매입채무	127,900,000	127,900,000
차입금	423,500,000	423,500,000

9. 아래 표의 각 거래를 분개할 때 사용되는 가장 적합한 비유동자산의 계정과목을 답하시오.

번호	거 래
①	㈜LG전자는 임직원 복리후생을 목적으로 콘도, 골프장 등의 이용권을 유상으로 취득하였다.
②	㈜삼성디스플레이는 당기 말 현재 본사 사옥 신축공사가 진행 중이며, 해당 공사를 위해 당기에 상당한 금액을 지출하였다.
③	㈜대한항공은 ㈜아시아나항공 인수 시 지불한 이전대가가 ㈜아시아나항공의 식별 가능한 순자산 공정가치를 초과하였다.
④	㈜스무디킹코리아는 미국의 스무디킹 본사로부터 한국에서의 독점사업권을 유상으로 취득하였다.
⑤	㈜와이지엔터테인먼트는 블랙핑크와 그룹활동을 소속사를 통해서만 수행하기는 계약을 체결하며, 이에 대한 계약금을 지불하였다.
⑥	㈜롯데쇼핑은 영업 목적으로 보유한 토지 위에 고객을 위한 주차장, 포장도로, 보도를 설치하였다.
⑦	㈜수성웹툰은 자사에서 발행하는 창작물에 대한 배타적 권리를 확보하기 위해, 관련 기관에 등록 비용을 지불하였다.
⑧	㈜넷마블은 자사가 출시한 게임에 타사가 개발한 캐릭터를 등장시키기 위해, 해당 캐릭터의 사용 권리를 유상으로 취득하였다.
⑨	㈜현대백화점은 임대수익을 목적으로 건물을 취득하였다.

실제 기업 사례 문제

1. 다음은 비상장 유통기업인 (주)아성다이소의 재무상태표 중 비유동자산에 관한 부분이다. 아래 물음에 답하시오.

주식회사 아성다이소 (단위: 백만원)

과 목	2024.12.31.		2023.12.31.	
Ⅱ. 비유동자산		764,141		639,033
(1) 투자자산		2,503		4,728
1. 장기대여금	232		289	
2. 퇴직연금운용자산	2,271		4,440	
(2) 유형자산		483,612		379,295
1. 토 지	140,667		87,854	
2. 건 물	209,054		206,227	
감가상각누계액	(52,533)		(45,489)	
3. 기계장치	124,905		112,237	
감가상각누계액	(101,584)		(93,603)	
정부보조금	(273)		(368)	
4. 차량운반구	679		712	
감가상각누계액	(519)		(499)	
5. 비 품	489,464		456,768	
감가상각누계액	(435,821)		(409,793)	
정부보조금	(0)		(0)	
6. 건설중인자산	109,572		55,251	
(3) 무형자산		12,433		8,366
1. 영업권	4,235		5,317	
2. 임차권리금	108		156	
3. 산업재산권	66		90	

과 목	2024.12.31.		2023.12.31.	
4. 소프트웨어	8,024		2,802	
(4) 기타비유동자산		265,593		246,644
1. 임차보증금	259,654		236,724	
대손충당금	(2,597)		(2,367)	
2. 보증금	1,789		1,729	
3. 장기선급금	2,080		6,297	
대손충당금	(70)		(83)	
4. 장기선급비용	1,322		1,570	
5. 이연법인세자산	3,414		2,774	
자산총계		1,734,591		1,521,315

1) 유형자산의 감가상각 방법과 내용연수, 무형자산의 상각 방법과 내용연수를 각각 전자공시시스템의 재무제표 주석에서 찾아 답하시오.
2) 유형자산 중 당기 감가상각비가 가장 큰 항목이 무엇인지 재무제표 주석5를 보고 답하시오.
3) 무형자산의 임차권리금과 기타비유동자산의 임차보증금의 차이는 무엇인가?
4) (주)아성다이소가 자산으로 임차권리금과 임차보증금을 보유하고 있는 이유가 무엇인지 생각하고 답해보시오.
5) 2024년 비유동자산이 증가한 가장 큰 이유는 무엇인지 재무제표 주석5를 참조하여 답하시오.

2. 다음은 상장기업인 (주)대한화섬의 재무상태표 중 비유동자산에 관한 부분이다. 아래 물음에 전자공시시스템의 재무제표 주석을 참조하여 답하시오.

대한화섬주식회사 (단위: 백만원)

과 목	2024.12.31.	2023.12.31.
Ⅱ. 비유동자산	716,865	749,183
장기금융상품	2	2
관계기업투자주식	278,581	296,282
기타포괄손익-공정가치 금융자산	330,322	345,528

과 목	2024.12.31.	2023.12.31.
투자부동산	86,481	85,904
유형자산	11,715	11,857
무형자산	2,611	2,611
장기기타채권	7,017	6,802
순확정급여자산	135	197

1) 관계기업투자주식에는 어떤 기업의 주식이 포함되고, 지분율은 얼마인지 재무제표 주석11을 참조하여 답하시오.
2) 투자부동산은 무엇으로 구성되고 당기에 투자부동산과 관련하여 발생한 수익과 비용은 얼마인지 재무제표 주석12를 참조하여 답하시오.
3) 유형자산은 구체적으로 무엇으로 구성되어 있고, 감가상각 방법과 내용연수가 얼마인지 재무제표 주석2와 주석13을 참조하여 답하시오.
4) 무형자산은 구체적으로 무엇으로 구성되어 있고, 상각 방법과 내용연수가 얼마인지 재무제표 주석2와 주석14를 참조하여 답하시오.
5) 장기기타채권은 구체적으로 무엇인지 재무제표 주석8을 참조하여 답하시오.

3. (주)삼성전자와 (주)SK하이닉스의 2024년 사업보고서 Ⅱ. 사업의 내용 6. 주요계약 및 연구개발활동과 연결재무제표 주석을 참조하여 2024년의 연구개발에 지출한 금액과 그중 무형자산인 개발비로 인식한 금액, 그리고 개발비의 내용연수가 얼마인지를 찾아 답하시오.

4. 2023년 11월, ㈜제주항공은 ㈜AK홀딩스와 ㈜애경자산관리로부터 ㈜AK아이에스의 보통주를 양도받는 대가로, 자사 보통주 3,647,274주를 발행하여 ㈜AK아이에스 지분 100%를 취득하였다. 이때 ㈜제주항공가 발행한 보통주의 총가치는 40,375백만원이다. 만약, ㈜AK아이에스의 식별 가능한 자산과 부채의 공정가치가 다음과 같다면, ㈜제주항공이 인식해야 할 영업권 금액은 얼마인가?

구 분	금액 (백만원)
현금 및 현금성자산	9,883
매출채권 및 기타수취채권	6,670

구 분	금액 (백만원)
기타유동자산	1,638
유형자산	1,427
사용권자산	5,583
순확정급여자산	2,787
이연법인세자산	1,961
기타비유동자산	3,078
자산총계	33,027
매입채무 및 기타채무	3,483
기타유동부채	3,065
기타비유동부채	263
부채총계	6,811

5. 다음은 (주)신세계의 2024년 연결재무제표 주석16의 무형자산에 관한 공시이다. 아래 물음에 답하시오.

(단위: 백만원)

	산업재산권	영업권	기타의 무형자산	합 계
기초금액	6,728	360,572	192,239	559,539
취득액	160	0	21,584	21,744
처분	0	0	(541)	(541)
무형자산상각비	(1,145)	0	(53,635)	(54,780)
대체	491	0	25,486	25,977
손상차손	0	(28,778)	(1,134)	(29,912)
손상차손환입	0	0	0	0
사업결합을 통한 취득	0	42,073	12,866	54,939
기타대체(환율변동 등)	0	(2,964)	53	(2,911)
기말 무형자산 및 영업권	6,234	370,903	196,919	574,056

1) (주)신세계의 영업권은 2024년에 사업결합을 통해 42,073백만원이 증가하였다. 연결재무제표 주석45를 참조하여 어떤 회사를 인수하였고, 인수대가와 식별 가

능한 순자산의 공정가치가 얼마인지 답하시오.

2) (주)신세계의 영업권 손상차손은 2024년에 28,778백만원 발생하였다. (주)신세계의 어떤 부문에서 발행한 것인지 연결재무제표 주석16을 참조하여 답하시오.

제 7 장

부채의 주요 계정

7.1 매입채무

7.2 기타금융부채

7.3 기타부채

7.4 미지급법인세

7.5 차입금

7.6 사 채

7.7 순확정급여부채

7.8 충당부채

<보론> 이연법인세부채(자산)

재무상태표에서 부채는 자산과 유사하게 **유동부채**(current liabilities)와 **비유동부채**(non-current liabilities)로 구분된다. 유동부채는 재무상태표 작성일로부터 1년 또는 정상영업주기 이내에 현금으로 지급하거나 재화를 공급 또는 용역을 제공해야 하는 의무를 말하며 매입채무, 단기차입금, 미지급금, 선수금, 미지급법인세 등이 포함된다. 비유동부채는 유동부채에 해당하지 않는 부채로 장기차입금, 사채, 충당부채, 순확정급여부채 등이 포함된다. 아래에서는 〈표 7.1〉 (주)

표 7.1 (주)하이트진로의 연결재무상태표 – 부채 부분

제 73 기 2024년 12월 31일 현재
제 72 기 2023년 12월 31일 현재

하이트진로주식회사와 그 종속기업 (단위: 백만원)

	제73기	제72기
부 채		
유동부채	1,653,252	1,637,599
차입금(유동)	649,335	609,661
매입채무및기타채무	353,675	329,934
당기법인세부채	40,186	10,604
리스부채(유동)	20,642	20,125
충당부채	1,008	766
기타금융부채(유동)	196,292	194,923
기타유동부채	392,114	471,586
비유동부채	638,791	604,872
차입금(비유동)	337,684	339,233
리스부채(비유동)	84,427	96,987
기타금융부채(비유동)	69,540	46,303
순확정급여부채	126,470	94,810
이연법인세부채	19,527	27,133
기타비유동부채	1,143	406
부채총계	2,292,043	2,242,471

하이트진로의 연결재무상태표를 토대로 부채의 주요 계정을 설명한다.

7.1 매입채무

매출채권과 마찬가지로 **매입채무**(trade payable)도 약속어음을 발행한 외상 거래에 해당하는 **지급어음**(notes payable)과 약속어음의 발행 없이 순수한 외상 거래에서 발생한 **외상매입금**(accounts payable)으로 나뉜다. 약속어음의 발행을 위해서 기업은 은행에 당좌예금을 개설하고 어음용지를 수령해야 한다. 현재는 자산 5억원 이상인 주식회사는 약속어음을 전자어음의 형태로만 발행해야 하는데 전자어음은 어음의 분실, 위조를 방지하고, 발행과 관리가 편리하며 어음 보관, 관리비용을 줄일 수 있다는 장점이 있다.

기업이 실제로 재화나 용역을 외상으로 구입하고 발행한 약속어음은 **진성어음**이라 불리고, 지급어음 계정에 기록한다. 반면, 기업이 오직 자금조달을 목적으로 주로 금융기관에게 발행한 약속어음은 **융통어음**이라 불리고, 대부분 만기가 1년 이내이므로 단기차입금 계정에 기록한다.

기업은 자금이 필요한 경우 은행에서 차입하거나, 회사채, 주식 등을 발행하는 방법으로 자금을 조달한다. 은행 차입은 은행의 대출심사를 받아야 하고, 원하는 만큼의 자금을 조달한다는 보장이 없다. 회사채의 발행은 대규모 자금조달이 가능하나 절차가 복잡하고, 발행비용이 적지 않다.

그리고 주식 발행을 통한 자금조달(유상증자)은 일반적으로 기업이 마지막 수단으로 선택하는 방법으로 주주들이 그다지 원하지 않는 자금조달 방법이다. 왜냐하면, 주주는 추가적인 출자로 위험을 더 부담하기를 원하지 않기에 가능하다면 회사가 채권자로부터 자금을 조달하기를 원하며, 그럼에도 유상증자를 한다는 것은 회사가 채권자로부터 자금을 조달하는 것이 어려움을 의미하여 주가가 하락하기 때문이다. 또한 주주가 추가로 발행되는 주식을 인수하지 않을 경우 그 주주의 지분율이 하락하는 결과를 감수해야 한다.

이에 반해 약속어음을 발행하는 것은 이사회 결의 없이 대표이사의 권한으로 바로 진행할 수 있어 신속하고 발행비용이 상대적으로 적다는 점에서, 규모가 작고 신용등급이 낮은 기업이 선호하는 자금조달 방법이다. 약속어음을 통한 자금조달은 주로 증권사가 어음을 발행기업으로부터 인수하여 자금을 제공하고, 증권사는 인수한 어음을 소규모로 쪼개어 투자자들에게 기업어음이라는 금융상품으로 판매한다. 그러나 2013년 동양그룹의 기업어음 부도에서 알 수 있듯이 높은 이자율을 제시하는 기업어음은 그만큼 기업의 신용상태가 양호하지 않을 가능성이 크기 때문에 투자에 주의해야 한다.

Accounting in practice

전자어음이란?

전자어음은 약속어음의 실물 없이 인터넷뱅킹을 통해서 발행, 수취, 배서, 지급이 이루어지는 어음으로 총자산 5억 이상인 주식회사 등 법인기업은 약속어음을 전자어음의 형태로만 발행해야 한다. 전자어음은 어음의 분실, 위조를 방지하고, 발행과 관리가 편리하기 때문에 어음 보관 및 관리비용을 줄일 수 있는 장점이 있다. 전자어음을 이용하기 위해서는 은행에 당좌예금 계좌가 있고 인터넷뱅킹과 공동인증서를 사용해야 한다.

전자어음의 만기는 발행일로부터 1년을 초과할 수 없고, 배서횟수는 20회로 제한된다. 여기서, **배서**(背書)란 어음의 만기일 전에 보유한 어음을 타인에게 양도하는 것을 말한다. 원래는 어음의 뒷면에 특정인에게 양도한다는 취지와 자기 이름을 쓰고 서명한 것에서 유래한 말이다. 한편, 어음의 **추심**(推尋)이란 은행이 어음 소지인의 의뢰를 받아 어음 지급인(발행인)에게 제시하여 대금을 받아주는 것을 말하는데 은행은 추심수수료를 제외한 금액을 어음 소지인에게 입금한다.

7.2 기타금융부채: 미지급금, 미지급비용, 예수보증금

금융부채(financial liabilities)는 일반적으로 거래 상대방에게 현금을 지급할 계약상의 의무를 말하는 것으로 매입채무, 차입금, 사채, 미지급금, 미지급비용, 예수보증금 등이 금융부채에 해당한다. 금융부채를 재무상태표상에 표시하는 방법은 기업에 따라 다양한데 주로 매입채무, 차입금, 사채, 기타금융부채 등으로 나타낸다.

(주)하이트진로는 〈표 7.1〉의 재무상태표에서 보듯이 부채를 차입금(사채 포함), 매입채무 및 기타채무, 기타금융부채, 기타부채 등으로 표기한다. 매입채무 및 기타채무에서 기타채무는 미지급금을 포함하고, 기타금융부채는 〈예시 7.1〉과 같이 미지급비용, 예수보증금, 임대보증금을 포함한다.

〈예시 7.1〉 **(주)하이트진로의 2024년 연결재무제표 주석 공시 – 기타금융부채** (단위: 백만원)

	기타유동금융부채	기타비유동금융부채
미지급비용	98,510	55,921
예수보증금	96,097	7,451
임대보증금	1,685	6,168
합 계	196,292	69,540

미지급금(non-trade payables)은 미수금의 반대 개념으로 장래에 현금을 지급할 의무라는 측면에서 매입채무와 유사하다. 그러나 매입채무가 기업의 주된 영업활동에서 향후 매출과 직접 관련이 있는 원재료나 상품의 외상매입인 반면, 미지급금은 기업이 사용할 기계나 비품의 구입처럼 주된 영업 이외의 활동에서 기업의 향후 매출수익과는 직접적으로 관련이 없는 외상거래라는 점에서 차이가 있다. **미지급비용**(accrued expense)은 미수수익의 반대 개념으로 회계기간 말

표 7.2 유사한 부채 계정과목의 비교

계정과목		회계상 분류	특 징
매입채무	외상매입금	금융부채	주된 영업활동 과정에서 원재료, 상품, 용역 등의 외상매입으로 장래 현금을 지급할 의무 - 어음을 발행하지 않음
	지급어음		주된 영업활동 과정에서 원재료, 상품, 용역 등의 외상매입으로 장래 현금을 지급할 의무 - 어음을 발행함
미지급금			주된 영업활동 이외에서 향후 매출수익과 직접적으로 관련이 없는 자산 등의 외상매입으로 장래 현금을 지급할 의무
미지급비용			결산수정분개를 통해 기록되며 당기에 기간 경과로 비용은 발생하였으나 현금을 지급하지 않은 것(미지급이자, 미지급임차료 등)
예수보증금			타인과 체결한 계약의 이행, 보증의 목적으로 미리 받은 돈으로 계약이행 및 만료 후 반환할 의무(임대보증금 등)
선수금		비금융부채	고객이 재화의 구입 등을 위해 미리 지급한 돈 - 추후 재화를 제공할 의무
선수수익			고객이 용역(서비스)을 제공받기 위해 미리 지급한 돈 - 추후 시간의 경과에 따라 결산수정분개로 소멸(선수이자 등)
예수금			회사가 고객 또는 종업원으로부터 미리 징수하여 추후 관계기관에 지급할 의무(부가세예수금, 소득세예수금, 국민연금예수금 등)

결산수정분개를 통해 인식하는 부채로 기간의 경과로 비용은 발생했으나 현금을 지급하지 않은 경우에 발생한다. 대표적인 미지급비용으로 미지급이자와 미지급임차료가 있다.

예수보증금(deposits received)은 다른 사람 및 기업과 체결한 계약에 따라 보증, 계약이행을 목적으로 일정액을 미리 받은 것으로, 계약이행 또는 계약만료 후 반환할 계약상 의무가 있기 때문에 금융부채에 해당한다. **임대보증금**은 예수보증금의 일종으로 건물 등을 임대할 때 임차인으로부터 받는 보증금으로 임대차계약 만료 시에 반환해야 하는 부채이다. 〈표 7.2〉는 부채에 속하는 비슷한 계정의 특징을 요약하여 비교한다.

7.3 기타부채: 선수금, 선수수익, 예수금

(주)하이트진로는 금융부채에 해당되지 않지만, 성격이 유사한 비금융부채를 기타부채로 분류하고 있다. 〈예시 7.2〉와 같이 (주)하이트진로는 선수금, 선수수익, 예수금 등을 기타부채에 포함한다.

〈예시 7.2〉 (주)하이트진로의 2024년 연결재무제표 주석 공시 – 기타부채 (단위: 백만원)

		공시금액
유 동	선수금	3,772
	선수수익	463
	미지급주세	325,061
	예수금	7,825
	부가가치세예수금	51,568
	환불부채	3,425
	합 계	392,114
비유동	선수수익	1,143

선수금(customer advances)은 고객이 재화를 구입하거나 공사 등의 용역을 제공받기 위해 미리 지급한 돈을 뜻한다. 기업이 현금은 받았으나 재화나 용역은 아직 공급하지 않았으므로 부채의 일부가 되는 것이다. 특히, 조선소는 배 한 척을 건조하는데 1년 이상이 걸리므로 배를 건조하는데 필요한 현금의 일부를 발주자가 미리 조선소에 지급하게 된다. 조선소는 이와 같이 미리 받은 현금을 선수금으로 처리한다. 선수금은 현금을 조기에 수취한 것으로 나쁠 것은 없으나 선수금도 부채이기에 부채비율은 증가한다.

선수수익(unearned revenues)은 선급비용의 반대 개념으로 다른 기업으로부터 일정 기간 동안의 특정 서비스에 대한 대가를 현금으로 미리 받았으나 아직 그 기간이 경과하지 않고 남아 있는 경우 인식하는 부채이다. 추후 시간이 경과함에 따라 회계기간 말 결산수정분개를 통해 부채를 줄이고 수익을 인식한다. 선수수익의 예로는 선수이자, 선수임대료, 선수지급수수료 등이 있다.

예수금(withholding taxes payable)은 법과 규정에 따라 고객 또는 종업원으로부터 징수한 부가가치세, 소득세, 건강보험료, 국민연금 등을 회계기간 말 현재 관련 기관에게 아직 지급하지 않은 부채를 의미한다.

기업은 재화의 판매나 용역의 제공 시 일반적으로 판매가격의 10%를 부가가치세로 징수하고, 이를 정기적으로 세무서에 신고하고 납부한다. 예를 들어 판매가격이 100만원이면 10만원의 부가가치세를 합하여 110만원을 고객으로부터 받게 되는데 이때 100만원만 매출로 인식하고 10만원은 **부가세예수금**이라는 유동부채로 인식한다.

반대로 기업은 일반적으로 원재료, 상품 등을 구입할 때 10%의 부가가치세를 지급하게 되는데 이를 **부가세대급금**이라고 하며 유동자산에 해당한다. 기업은 정기적인 부가가치세 신고 시 징수한 부가세예수금에서 다른 기업에게 지급한 부가세대급금을 차감한 금액을 세무서에 최종적으로 납부하게 된다.[1] 예수금의 다른 예로는 소득세예수금, 국민연금예수금, 건강보험예수금, 고용보험예수금 등이 있다.

〈표 7.3〉은 자산의 계정과목과 이와 의미가 반대인 부채의 계정과목을 대응시켜 보여준다.

---

1) 기업이 징수한 부가세예수금을 '매출세액', 기업이 타 기업에 지급한 부가세대급금을 '매입세액'이라고 하며 (매출세액−매입세액)이 세무서에 최종적으로 지급할 부가가치세액이다. 부가세대급금은 매입과정에서 세금계산서 등의 적격한 증빙으로 입증되어야 한다.

표 7.3 자산의 계정과목과 의미가 반대인 부채의 계정과목 비교

자 산	부 채
매출채권-외상매출금	매입채무-외상매입금
매출채권-받을어음	매입채무-지급어음
미수금	미지급금
미수수익	미지급비용
선급금	선수금
선급비용	선수수익
부가세대급금	부가세예수금
보증금 임차보증금	예수보증금 임대보증금

Accounting in practice

원천징수와 연말정산

근로자는 근로의 대가로 받은 소득에 대해 소득세를 납부할 의무가 있다. 그러나 세무당국이 모든 근로소득자에게 직접 세금을 징수하는 것은 행정적으로 비효율적이며, 개별 소득의 발생 여부를 일일이 파악하기도 어렵다. 그래서 근로소득을 지급하는 자(예: 법인, 개인사업자 등)가 근로소득을 지급할 때 소득세를 사전에 공제하여 세무당국에 납부하는 제도가 운영되며, 이를 **원천징수**라고 한다.

원천징수는 근로소득뿐만 아니라 이자소득, 배당소득, 기타소득 등에서도 적용된다. 은행으로부터 받는 이자는 이미 이자소득에서 15.4%의 이자소득세가 원천징수된 후의 금액이다. 기업이 근로소득, 이자소득, 배당소득 등을 원천징수 했으나 기간 말 현재 아직 세무당국에 납부하지 않았다면 '소득세예수금'이라는 부채로 인식한다.

한편, 근로소득에 대한 세금은 1년간의 근로소득을 토대로 하되, 근로소득자의 부양가족수, 신용카드 사용액, 의료비, 교육비, 보험료, 기부금 등에 따라 달라진다. 예를 들어, 연봉이 같은 근로소득자라도 자녀가 많고, 신용카드 사용액, 기부금 등이 많은 근로자는 근로소득에 대한 세금이 적다.

기업은 매년 1월, 종업원들로부터 직전 연도 신용카드 사용액, 의료비, 교육비 등 필요한 자료를 제출받아 소득세를 확정하고, 직전 연도에 원천징수한 소득세와 비교하여 차액을 정산한다. 이 절차를 **연말정산**이라고 하며, 그 결과에 따라 소득세를 추가로 납부하거나 환급받을 수 있다.

연말정산 기간이 되면, 국세청 홈택스 사이트에 연말정산 간편서비스가 제공되어 인증을 통한 신분 확인 후 연말정산에 필요한 신용카드 사용액, 의료비, 교육비 등의 정보를 PDF파일로 다운로드 받을 수 있고, 이를 기업에 제출하거나 회사의 연말정산 프로그램에 업로드함으로써 간편하게 연말정산을 종료할 수 있다.

7.4 미지급법인세(당기법인세부채)

미지급법인세(또는 **당기법인세부채**, income tax payable)는 회계기간 말 현재 납부해야 할 법인세액이 있어 이를 부채로 인식한 것이다. 법인세법은 법인세를 사업연도가 6개월 지난 후 1차로 중간예납하고, 사업연도 종료 후 당기법인세액을 확정하여 아직 납부하지 않은 법인세를 3개월 이내에 납부하도록 규정하고 있다.[2)]

따라서 기업은 회계기간 말 결산시점에 당기법인세액을 확정하고, 미리 지급한 중간예납액 등을 차감한 금액을 재무상태표상에 미지급법인세로 표기한다.[3)] 경우에 따라서는 미리 납부한 중간예납액 등이 당기법인세액보다 큰 경우도 발생한다. 이때는 그 차이만큼을 추후 환급받게 되며, 이를 재무상태표상에는 **당기법인세자산**(또는 **미수법인세환급액**, income tax receivable)으로 표기한다.

---

2) 중간예납은 직전년도 법인세의 절반을 납부하거나, 상반기 실적을 기준으로 중간결산하여 납부할 수 있다.

3) 기업이 납부한 중간예납액 말고도 기업의 이자수익과 배당금수익에 대한 원천징수액도 미리 납부한 세액에 해당한다.

7.5 차입금

〈예시 7.3〉은 (주)하이트진로의 2024년 차입금에 관한 주석 공시로 차입금은 단기차입금, 유동성장기차입금, 유동성사채, 장기차입금, 사채를 포함하고 있다.

〈예시 7.3〉 **(주)하이트진로의 2024년 연결재무제표 주석 공시 – 차입금** (단위: 백만원)

		공시금액
차입금(사채 포함)		987,020
유 동	단기차입금	473,148
	유동성장기차입금	65,225
	유동성사채	110,962
	합 계	649,335
비유동	장기차입금	52,240
	사 채	285,445
	합 계	337,685

단기차입금(short-term debt)은 만기 1년 이내로 금융기관 등으로부터 빌린 돈이고, **장기차입금**(long-term debt)은 만기가 1년이 넘는 빌린 돈이다. 원래 만기가 1년을 초과하는 장기차입금을 보유하던 기업이 회계기간 말 현재 만기가 1년 이내가 되었다면 장기차입금을 **유동성장기차입금**(current portions of long-term debt)으로 대체한다. (주)하이트진로는 〈예시 7.3〉과 같이 2024년 말 현재 유동성장기차입금과 유동성사채의 잔액이 각각 65,225백만원과 110,962백만원으로 만기가 1년 이내로 도래한 장기차입금과 사채가 있음을 알 수 있다.

단기차입금에는 만기 1년 이내의 차입금 말고도 당좌차월액, 발행된 융통어음, 상환청구권 있는 매출채권 양도액 등을 포함한다. 기업은 현금 지급과 관련된 위험과 번거로움을 피하기 위해 은행에 당좌예금을 개설하고 은행으로부터 당좌수표용지를 받아 필요시 당좌수표를 발행하기도 한다. 이때 은행과 미리 약정하여 일정 금액만큼은 당좌예금의 잔액보다 더 많은 금액의 당좌수표를 발행하기도 하는데 이를 **당좌차월**(bank overdraft)이라고 한다.

예를 들어, 당좌예금 잔액이 500만원인데 1,000만원의 당좌수표를 발행했다면 500만원이 당좌차월액이 되고, 이는 재무상태표상에 단기차입금에 포함된다. 〈예시 7.4〉는 (주)현대자동차의 2024년 단기차입금에 대한 연결재무제표 공시로서 당좌차월 322,899백만원이 포함되어 있음을 볼 수 있다.

〈예시 7.4〉 (주)현대자동차의 2024년 연결재무제표 주석 공시 – 단기차입금 (단위: 백만원)

구 분	차입처	이자율	금 액
당좌차월	씨디은행 외	0.0045~0.0573	322,899
일반대출	산업은행 외	0.008~0.106	3,654,230
매출채권담보차입	신한은행 외	0.0291~0.0486	501,960
Banker's Usance	하나은행외	0.0072~0.0544	380,575
기업어음	신한은행 외	0.0342~0.0472	4,467,475
총 계			9,327,139

* 표의 형식을 본 교재의 크기에 맞게 수정함(저자 주).

또한 기업이 보유한 매출채권을 만기 전에 금융기관에 양도하더라도, 금융기관이 상환청구권을 보유하면 이를 매각으로 처리하지 않고, 매출채권을 담보로 한 차입으로 회계 처리한다.[4] 이때 양도한 매출채권은 장부에서 제거하지 않고, 매출채권의 액면금액만큼을 별도의 단기차입금에 포함한다. 이후 금융기관이 만기에 현금을 회수하면, 매출채권 양도인은 단기차입금과 매출채권을 제거

---

4) 상환청구권에 대해서는 190쪽을 참조.

한다.

〈예시 7.4〉에서 ㈜현대자동차는 매출채권담보차입 501,960백만원을 단기차입금에 포함하고 있다. 이는 ㈜현대자동차가 보유한 매출채권을 금융기관에게 상환청구권이 있는 조건으로 양도하면서 발생한 것이다.

7.6 사 채

사채(社債, bonds payable)는 회사채(會社債)를 줄인 말로, 기업이 대규모의 자금조달을 위해 투자자를 상대로 만기까지 미리 정한 이자를 지급하고 만기에 원금을 상환할 것을 약속한 증권이다.[5] 사채의 겉면에는 만기(상환일), 만기에 지급할 금액(**액면금액**), 이자율(**액면이자율**)이 표기된다. 대부분의 사채는 만기가 1년이 넘는 중장기 채권이다. 일반적으로 사채발행기업의 신용등급이 높을수록 사채가 만기에 상환되지 않을 위험이 낮기 때문에 사채발행자가 부담하는 실질적인 이자율은 하락한다.

(주)하이트진로가 2024년 연결재무제표 주석에서 공시한 사채의 내역은 〈예시 7.5〉와 같다.

다수의 투자자를 대상으로 공모사채를 발행하는 기업은 발행절차를 총괄할 증권회사를 주관사로 선정한다. 주관사는 기업실사, 수요예측과정을 거쳐 발행될 사채에 대한 투자자의 **기대수익률(시장이자율)**을 결정하고, 기대수익률을 사채의 액면이자율로 확정한다. 이러한 공모사채는 투자자로부터 사채의 액면금액만큼 받고 발행되지만, 사채발행기업은 발행주관사 등에 사채발행수수료를

---

5) 社債와는 달리 私債는 제1금융권인 은행, 제2금융권인 증권사, 저축은행, 제3금융권인 대부업체로부터도 더 이상 자금을 조달하지 못하는 신용등급이 낮은 기업 또는 개인이 높은 이자지급을 약속하고 고리대금업자로부터 빌리는 돈을 말한다.

〈예시 7.5〉 **(주)하이트진로의 2024년 연결재무제표 주석공시 – 사채** (단위: 백만원)

	발행일	만 기	이자율	금 액
제128-2회 무보증 공모사채	2020-06-09	2025-06-09	0.0286	48,000
제129-2회 무보증 공모사채	2021-03-03	2026-03-03	0.021	74,000
제130-1회 무보증 공모사채	2022-03-11	2025-03-11	0.0325	63,000
제130-2회 무보증 공모사채	2022-03-11	2027-03-11	0.0377	21,000
제131회 무보증 사모사채	2023-09-25	2026-09-25	0.0478	50,000
제132-1회 무보증 공모사채	2024-03-04	2026-03-04	0.0401	30,000
제132-2회 무보증 공모사채	2024-03-04	2027-03-04	0.0405	71,000
제133회 무보증 사모사채	2024-11-15	2027-11-15	0.0376	40,000
사채 액면금액 합계				397,000
사채할인발행차금				(593)
사채 장부금액				396,407
유동성사채 장부금액				(110,962)
비유동 사채 장부금액				285,445

* 표의 형식과 내용을 본 교재의 크기에 맞게 수정함(저자 주).

지급해야 하므로 사채의 발행으로 실질적으로 획득한 금액은 사채의 액면금액보다 작게 된다.[6] 따라서 그 차이를 사채발행기업은 **사채할인발행차금**(discount on bonds payable)으로 기록한다. 〈예시 7.5〉의 (주)하이트진로 주석 공시에서도 사채할인발행차금을 발견할 수 있다.

한편, 회계기간 말 현재 발행한 사채의 만기가 1년 이내로 도래하면 비유동부채이던 사채를 줄이고, 유동부채인 **유동성사채**(current portions of bonds payable)를 새롭게 인식한다. 〈예시 7.5〉에서 (주)하이트진로는 당기 말까지 발행된 사채

6) 사채는 대부분 액면금액을 받고 발행하는데 이를 '액면발행'이라고 한다. 드물게 액면금액 이하로 발행되는 '할인발행', 또는 액면금액 이상으로 발행되는 '할증발행'이 발생하기도 한다. 이에 대한 자세한 설명은 중급회계에서 논의된다.

의 장부금액 총 396,407백만원 중 만기가 1년 내로 도래한 110,962백만원을 유동성사채로 대체하고, 유동성사채는 〈예시 7.3〉에서 보듯이 유동부채로 분류하고, 나머지 사채 285,445백만원(=396,407백만원−110,962백만원)은 비유동부채로 분류한다.

7.7 순확정급여부채

근로자퇴직급여보장법에 따르면 기업은 계속근로기간이 1년 이상인 근로자에게 안정적인 노후생활 보장을 위해 퇴직급여제도를 도입해야 한다.[7] K-IFRS는 종업원이 당기 말까지 일한 대가로 미래 퇴직시점 또는 퇴직 이후에 기업이 지급할 퇴직일시금 또는 퇴직연금 등의 지급액을 추정한 것을 **확정급여채무**(defined benefit obligation)라 한다. 그리고 확정급여채무에서 이를 지급하기 위해 사외에 적립한 자산(**확정급여자산**, defined benefit assets)을 차감하여 재무상태표상에는 **순확정급여부채**(net defined benefit liability)로 표기한다.[8]

〈표 7.1〉의 ㈜하이트진로 연결재무상태표는 비유동부채에 순확정급여부채 126,470백만원을 포함하고 있다. 경우에 따라 확정급여자산이 확정급여채무를

---

7) 퇴직급여제도로 대표적인 것은 확정급여형과 확정기여형이다. **확정급여형**은 근로자가 퇴직으로 받을 금액이 계속근로기간 1년마다 30일분 이상의 평균임금으로 결정되어 퇴직 시 연금 또는 일시금으로 수령하는 제도이고, **확정기여형**은 기업이 근로자 연간 임금의 12분의 1 이상을 매년 납입하면 근로자는 자기 책임하에 적립금을 운용하여 퇴직 시 연금 또는 일시금으로 수령하는 제도이다.

8) 현실적으로 기업이 확정급여채무를 추정하는 것은 어려우므로 기업에게 퇴직연금사업을 제공하는 보험사, 은행, 증권사 등이 해당 기업을 위해 종업원들의 퇴직률, 임금상승률, 예상수익률 등 여러 가정을 수립하여 확정급여채무를 추정해주는 서비스를 제공하고 있다(주간동아 765호 2010년 12월 6일 52~59쪽; 남기현, '퇴직연금시장 IFRS 훈풍', 매일경제신문, 2010년 11월 11일).

초과할 수 있으며, 이때 초과하는 금액은 재무상태표의 비유동자산으로 분류되어 **순확정급여자산**으로 표기된다.

일반기업회계기준을 사용하는 비상장기업은 회계기간 말 현재 모든 종업원이 일시에 퇴직한다고 가정할 때 지급해야 할 퇴직금을 계산하여 **퇴직급여충당부채**로 인식한다. 재무상태표상에는 퇴직급여충당부채를 비유동부채로 분류하고, 퇴직금 지급을 위해 사외에 적립한 자산을 차감하는 형식으로 표기한다. 이론적으로는 K-IFRS의 확정급여채무 산출방법이 더 우수하다. 그러나 현실적으로 기업이 스스로 확정급여채무를 추정하기는 사실상 어렵다는 단점이 있다.

7.8 충당부채

충당부채(provisions)는 부채의 정의, 즉 과거 사건의 결과로 기업이 경제적 자원을 이전해야 하는 현재 의무에 해당하나 금액과 시기가 결정되지 않은 것을 말한다. 예를 들면, 가전제품, 자동차의 판매 시에 제조사가 일정 기간까지 제품에 결함이 있으면 무상으로 수리해 주는 경우가 많은데 이러한 제품보증이 충당부채에 해당한다.

충당부채는 다음 두 가지 조건이 충족될 경우 부채로 인식한다. 첫째, 미래 자원이 유출될 가능성이 높고(일반적으로 50% 초과, more likely than not), 둘째, 금액을 신뢰성 있게 추정할 수 있다. 따라서 앞서 예를 든 제품보증은 판매 후 약속한 기간 내에 자원이 유출될 가능성이 높고, 과거 경험 등을 통해 그 금액을 타당하게 추정할 수 있으므로 제품보증충당부채로 인식한다. 충당부채의 예로는 제품보증충당부채, 경품충당부채, 복구충당부채, 하자보수충당부채, 손해배상충당부채 등이 있다.

〈예시 7.6〉은 (주)삼보컴퓨터가 재무제표 주석에 공시한 충당부채의 내역이다.

〈예시 7.6〉 (주)삼보컴퓨터의 2024년 재무제표 주석 공시 – 충당부채

15. 충당부채

당기와 전기 중 충당부채의 증감내용은 다음과 같습니다.

(단위: 천원)

구 분	당 기			
	기초	증가	감소	기말
판매보증충당부채(*1)	269,929	953,693	(666,379)	557,243
복구충당부채(*2)	40,967	–	–	40,967

(*1) 당사는 무상품질 보증수리와 관련하여 장래에 지출될 것이 예상되는 금액을 보증기간 및 과거 경험률 등을 기초로 추정하여 판매보증충당부채로 계상하고 있습니다.

(*2) 당사는 임차시설의 사용이 종료된 후에 원상회복을 위하여 복원하는데 소요될 것으로 추정되는 비용을 합리적으로 추정하여 충당부채로 계상하고 있습니다.

한편, 예상되는 법률소송과 같이 기업의 손해배상에 대한 현재 의무의 존재 유무가 미래의 사건에 의해서만 확인되는 잠재적 의무 또는 현재의무에 해당하지만 자원의 유출 가능성이 높지 않거나 금액을 신뢰성 있게 추정할 수 없는 경우를 **우발부채**(contingent liabilities)라고 한다.

충당부채를 부채로 인식할 것인지 아니면 우발부채로 주석에 공시할 것인지에 대한 판단은 [그림 7.1]과 같다. 현재 의무이고, 자원의 유출 가능성이 높으며 금액을 신뢰성 있게 추정할 수 있으면 충당부채를 부채로 인식하고, ① 잠재적 의무이거나, ② 현재 의무이지만 자원의 유출 가능성이 높지 않거나, ③ 드문 경우이지만 금액을 신뢰성 있게 추정할 수 없다면 재무제표 주석에 유형별로 우발부채의 성격을 공시해야 한다. 만약, 우발부채로서 자원유출 가능성이 희박하다면 공시하지 않아도 된다.

만약, 기업을 상대로 손해배상 소송이 이미 제기되었다면 회계기간 말 현

그림 7.1 충당부채를 부채로 인식 또는 우발부채로 주석 공시의 판단

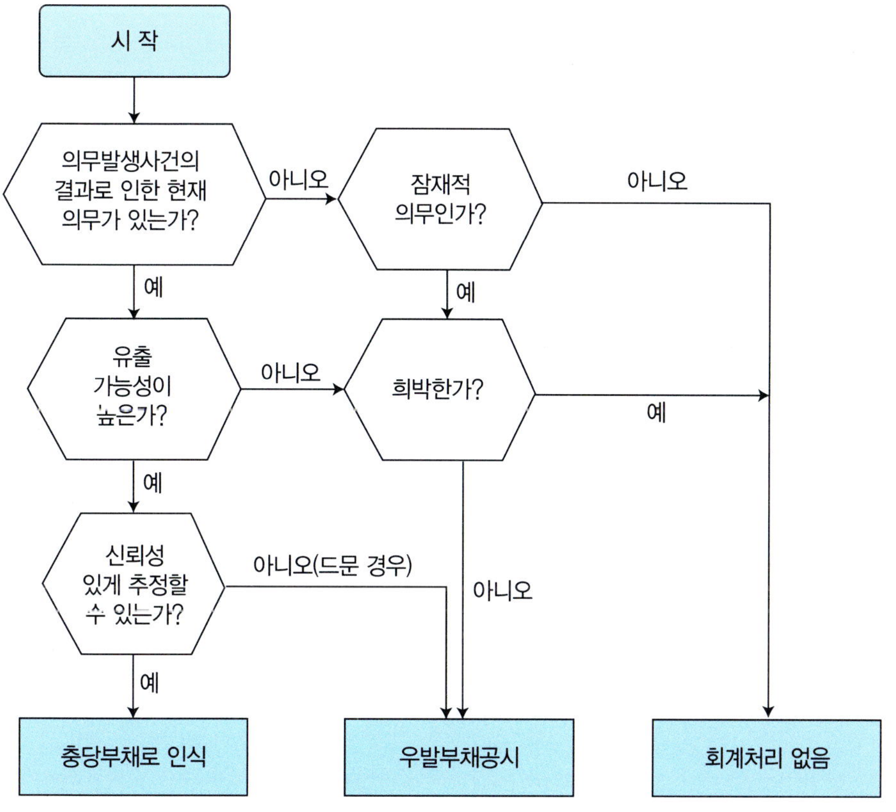

출처: K-IFRS 제1037호 충당부채, 우발부채, 우발자산.

재 기업이 배상할 현재 의무가 있는지 여부가 분명하지 않을 수 있다. 이때는 변호사 등 관련 전문가의 의견과 증거를 취합하여 패소의 가능성이 높으면 배상금액을 추정하여 손해배상충당부채를 인식한다.

〈예시 7.7〉은 (주)케이티의 2024년 재무제표 주석에 공시된 우발부채이다. 2024년 말 현재 손해배상 소송사건 151건 141,941백만원 중 배상할 가능성이 높다고 판단한 21,690백만원은 충당부채로 계상하고 있음을 볼 수 있다.

〈예시 7.7〉 **(주)케이티 2024년 재무제표 주석 공시 – 우발부채**

법적소송우발부채에 대한 공시

	법적소송우발부채
소송 건수	151
소송 금액	141,941백만원
충당부채	21,960백만원
의무의 성격에 대한 기술, 우발부채	당기말 현재 연결회사가 피소되어 계류중인 소송사건 등은 151건이고 소송가액은 141,941백만원(2023년: 167,834백만원)입니다. 연결회사는 이와 관련하여 충당부채 21,690백만원을 계상하고 있으며, 이에 대한 최종결과는 보고기간말 현재로서는 알 수 없습니다.

마지막으로 이연법인세부채(자산)에 대한 설명은 본 장의 〈보론〉에서 기술한다.

한국의 기업과 경영인 ⑦

구인회와 LG그룹 – 남이 미처 안 하는 것을 선택하라

1907년 경남 진주의 유교 집안 장남으로 태어난 구인회는 고향에서 협동조합을 운영한 경험을 바탕으로 1931년 진주에서 동생 구철회와 동업으로 '구인회 포목상점'을 시작하였다. 첫해 큰 손실이 나고 땅을 담보로 돈을 빌리는 어려움을 겪기도 했으나 사업은 점차 순조롭게 진행되었다. 그러나 1936년 남강의 대홍수로 다시 큰 피해를 보았으나 홍수가 난 뒤에 풍년이 오고 옷감에 대한 수요가 급증한다는 경험을 바탕으로 옷감을 외상으로 구입하여 그해 가을에 크게 성공하였다.

해방 후 부산으로 옮긴 구인회는 화장품 판매사업이 성공하자 1947년 '락희화학공업사(현 LG화학)'를 설립하여 '럭키크림'을 자체적으로 제조하여 선풍적인 인기를 끌었다. 동생 구태회는 럭키크림의 깨지지 않는 뚜껑을 개발하는 과정에서 일본의 전문서적을 통해 플라스틱 제조법을 습득하였다. 구인회는 1952년 '동양전기화학공업사'를 설립하였고 사출성형기를 도입하여 국내 최초로 플라스틱 빗, 비눗갑, 칫솔 등 다양한 플라스틱 제품을 생산하였다. 다음으로는 치약의 제조에 도전, 동생 구평회가 미국의 향료회사로부터 제조정보를 입수하여 1955년 국내 최초로 럭키치약을 출시하였고, 3년 만에 외제 치약을 물리치고 국내시장 1위에 올라서게 되었다.

1957년 하이파이 전축의 음향에 매료된 구인회는 전자제품의 국내 제조를 결심하고 임원들의 반대에도 불구하고 1958년 '금성사(현 LG전자)'를 설립하였다. 1959년에 국산 라디오를 개발하였지만 외제 상품에 막혀 판매에 어려움을 겪었으나 1961년 농어촌 라디오 보내기 운동에 라디오 5,000대를 기증한 것을 계기로 판매량이 급증하였다. 금성사는 1961년 자동전화기, 1965년 냉장고, 1966년 흑백 텔레비전, 1968년 에어컨, 1969년 세탁기를 모두 국내 최초로 개발 · 생산하였다. 한편, 락희화학은 1966년 국내 최초로 합성세제 '하이타이'를 개발하였고, 입소문을 타고 인기상품이 되어 합성세제의 대명사가 되었다.

1965년 구인회는 새로운 사업으로 플라스틱의 원재료인 석유화학제품에 관심을 두고 궁극적으로는 석유를 여러 성분으로 분리하는 정유사업을 구상하였다. 그러나 당시 국가가 운영하던 정유회사가 있던 관계로 정부는 민간 정유사업을 허가하지 않았다. 이후 정부가 제2정유공장을 공모하게 되었고, 1967년 미국의 '칼텍스'와 합작으로 '호남정유'(현 GS칼텍스)를 설립하고 정유사업권을 획득하였다.

인화단결(人和團結, 사람들이 화합하여 마음과 힘을 한데 뭉침)을 경영이념으로 삼고, 근검절약하는 생활로 평생을 사업에 투신한 구인회는 1969년 63세의 일기로 별세하였다.

참고문헌: 비전을 이루려면 I - 연암 구인회(김영태, 2012, (주)LG), 구인회처럼: 불모의 땅에서 개척자 정신으로(이경윤, 2013, FKI미디어)

제7장 보론 이연법인세부채(자산)

손익계산서상에 법인세비용을 얼마로 표기할 것인가? 가장 쉽게 산출하는 방법 중의 하나는 법인세법에 따라 실제로 납부해야 하는 당기법인세를 산출한 후 동일한 금액을 그대로 법인세비용으로 표시하는 것이다. 그러나 이 방법은 몇 가지 문제점이 있다.

예를 들어 〈표 7.4〉와 같이 1차 연도에 현금을 수령하지 않은 이자수익(미수이자) 10만원만이 손익계산서에 포함되고 2차 연도에는 손익계산서에 포함되는 손익이 없는 기업을 가정해 보자. 미수이자는 법인세법상 수익(익금)에 해당하지 않기 때문에 1차 연도 당기납부세액은 0이고 현금이자가 들이오는 2차 연도에 법인세율(20%라고 가정)이 적용되어 법인세 2만원을 납부해야 한다. 만약, 납부세액을 그대로 법인세비용으로 표시한다면 1차 연도와 2차 연도의 법인세비용은 각각 0원과 2만원이 된다.

표 7.4 법인세비용을 당기 납부세액으로 반영한 예 – 미수이자

	1차 연도	2차 연도
법인세차감전이익	100,000	0
법인세비용	0	20,000
당기순이익(손실)	100,000	(20,000)

〈표 7.4〉와 같은 회계처리는 이자수익은 1차 연도에 발생했는데 이에 대한 법인세효과는 2차 연도에 반영되어 이자수익과 이에 따른 법인세비용이 서로 다른 기간에 기록되므로 1차 연도는 당기순이익이 과대 계상되고, 2차 연도는 과소 계상된다. 또한 1차 연도 말에는 2차 연도에 납부할 법인세가 2만원이

있음을 회사는 알고 있음에도 재무상태표상에는 반영되지 않아 2만원의 부채가 과소 계상된다.

이러한 문제를 해결하고자 회계기준은 법인세비용을 당기법인세액이 아닌 회계이익을 기준으로 추후에 지급할 법인세효과를 당기에 인식하는 방법을 사용한다. 1차 연도에 납부할 법인세는 없지만 이자수익 10만원을 인식하였으므로 차기에 납부할 법인세 2만원을 당기에 법인세비용으로 인식하고 동시에 이를 **이연법인세부채**(deferred income tax liabilities)로 다음과 같이 분개한다.

차 변		대 변	
법인세비용	20,000	이연법인세부채	20,000

위 분개의 결과, 손익계산서는 〈표 7.5〉와 같이 표시되어 이자수익과 이에 대한 법인세비용이 동일한 기간에 대응되고, 재무상태표상에는 추후 납부할 법인세가 이연법인세부채 2만원으로 반영된다.

표 7.5 **법인세비용을 당기 회계이익 기준으로 반영한 예 – 미수이자**

	1차 연도	2차 연도
법인세차감전이익	100,000	0
법인세비용	20,000	0
당기순이익	80,000	0

다음은 위와 반대되는 사례로서 미래에 차감할 법인세가 있는 경우를 살펴보도록 한다. 1차 연도 중에 단기매매 목적으로 A사의 주식을 취득하여 당기손익인식-공정가치금융자산(FVPL금융자산)으로 분류하였다가 1차 연도 말에 A사 주가의 하락으로 평가손실 10만원이 발생하였고, 2차 연도 초에 1차 연도 말과 동일한 주가에 A사 주식을 매각하였으며 그 외의 다른 거래는 없다고 가정해보자.[9)]

만약, 법인세비용을 당기법인세액으로 표시한다면 〈표 7.6〉과 같이 법인세법은 FVPL금융자산평가손실을 손금으로 인정하지 않기 때문에 1차 연도 법인세액은 0이고 실제로 주식을 매각하여 10만원의 손실이 실현되는 2차 연도는 법인세율 20%를 가정할 경우 법인세수익 2만원이 발생한다. FVPL금융자산평가손실 10만원은 1차 연도에, 그로 인한 법인세 절감효과 2만원은 2차 연도에 반영되어 수익과 비용이 다른 기간에 반영되는 문제가 있고, 1차 연도 말에 법인세 절감효과 2만원이 있음을 회사는 알고 있음에도 재무상태표상에는 표시되지 않아 2만원의 자산이 과소 계상된다.

표 7.6 법인세비용을 당기 납부세액으로 반영한 예 – FVPL금융자산평가손실

	1차 연도	2차 연도
법인세비용차감전이익(손실)	(100,000)	0
법인세비용(수익)	0	(20,000)
당기순이익(손실)	(100,000)	20,000

현행 회계기준에 따라 법인세비용을 회계처리할 경우 미래 법인세 절감효과를 볼 수 있을 만큼 충분한 과세소득이 발생할 가능성이 높다면, 법인세 절감효과 2만원은 다음과 같이 1차 연도 말에 대변 법인세비용(즉, 법인세수익) 2만원으로, 차변 **이연법인세자산**(deferred income tax asset) 2만원으로 분개한다.

차 변		대 변	
이연법인세자산	20,000	법인세비용	20,000

위 분개의 결과, 손익계산서는 〈표 7.7〉처럼 표시되어 FVPL금융자산평가

9) 법인세법은 이자수익과는 달리 이자비용은 손익계산서상에 비용으로 인식한 경우 손금으로 인정해 주기 때문에 회계기준과 법인세법과의 차이가 발생하지 않는다. 따라서 FVPL금융자산의 사례를 사용한다.

표 7.7 법인세비용을 당기 회계이익 기준으로 반영한 예 – FVPL금융자산평가손실

	1차 연도	2차 연도
법인세비용차감전이익(손실)	(100,000)	0
법인세비용(수익)	(20,000)	0
당기순이익(손실)	(80,000)	0

손실과 이에 대한 법인세 절감효과가 동일한 기간에 대응되고, 차기의 법인세 절감효과가 재무상태표상에 이연법인세자산 2만원으로 반영된다.

요약하면, 이연법인세부채와 이연법인세자산은 회계기준과 법인세법 간의 차이로 인하여 당기에 발생한 회계손익에 대한 법인세효과를 당기에 인식하는 과정에서 각각 미래에 납부할 법인세와 미래 법인세 절감효과를 표시하는 계정이다.

요 약

1. 매입채무는 순수한 외상거래에서 발생한 외상매입금과 약속어음이 발행된 외상거래에 해당하는 지급어음으로 구성된다. 약속어음 중 진성어음은 기업이 실제로 재화나 용역을 외상으로 구입하고 발행한 것으로서 지급어음으로 기록하고, 융통어음은 오직 자금조달을 목적으로 기업이 주로 금융기관에게 발행한 것으로서 대부분 만기가 1년 이내이므로 단기차입금에 기록한다.

2. 미지급금은 사용할 유형자산의 외상매입과 같이 주된 영업 이외의 활동에서 발생하며 장래에 현금을 지급할 의무이다. 미지급비용은 회계기간 말 결산수정분개를 통하여 인식하는 부채로 기간의 경과로 비용은 발생했으나 현금을 지급하지 못한 경우에 발생한다. 예수보증금은 다른 기업과 체결한 계약에 따라 보증, 계약이행을 목적으로 일정액을 미리 받은 것으로 계약이행 또는 계약만료 후 현금을 반환할 의무가 있기 때문에 금융부채에 해당한다.

3. 선수금은 고객이 재화를 구입하거나 공사 등의 용역을 제공받기 위해 미리 지급한 돈으로 기업이 현금은 받았으나 재화나 용역은 아직 공급하지 않았으므로 부채에 해당한다. 선수수익은 다른 기업으로부터 일정 기간 동안의 서비스에 대한 대가를 현금으로 미리 받았으나 아직 그 기간이 경과하지 않고 남아 있는 경우 인식하는 부채이다.

4. 예수금은 법과 규정에 따라 고객 또는 종업원으로부터 징수한 부가가치세, 소득세, 건강보험료, 국민연금 등을 회계기간 말 현재 관련 기관에게 아직 지급하지 않은 부채를 의미한다. 미지급법인세(또는 당기법인세부채)는 회계기간 말 현재 아직 납부하지 않은 법인세를 뜻한다.

5. 단기차입금은 자금조달을 목적으로 만기 1년 이내로 빌린 돈을 말한다. 당좌차월이 있는 경우 단기차입금에 포함되고, 매출채권을 양도하였으나 양수한 금융기관이 상환청구권을 보유한 경우도 매출채권은 그대로 보유하되 수령한 현금만큼은 단기차입금에 포함한다.

6. 장기차입금은 1년을 초과하는 기간을 만기로 하여 빌린 돈이다. 사채(社債)는 회사채(會社債)를 줄인 말로 기업이 대규모의 자금조달을 위해 증권사를 주관사로 하여 투자자를 상대로 만기에 액면금액과 만기까지 미리 정한 이자의 지급을 약속한 증권이다.

7. 원래 만기가 1년을 초과하는 장기차입금(사채)이 회계기간 말 현재 만기가 1년 이내가 되었다면 장기차입금을 유동성장기차입금(유동성사채)으로 대체한다.

8. K-IFRS를 적용하는 기업은 종업원이 당기 말까지 일한 대가로 장래 퇴직시점 또는 퇴직 이후에 기업이 지급할 퇴직일시금 또는 퇴직연금 등의 지급액을 추정한 후 지급을 위해 사외에 적립한 자산을 차감하여 재무상태표에 순확정급여부채로 표기한다. 일반기업회계기준을 사용하는 비상장기업은 회계기간 말 현재 모든 종업원이 일시에 퇴직한다고 가정할 때 지급해야 할 퇴직금을 계산하여 재무상태표에 퇴직급여충당부채로 표기하고, 퇴직금 지급을 위해 사외에 적립한 자산을 부채차감항목으로 표기한다.

9. 충당부채는 시기나 금액이 불확실한 부채이다. 충당부채 중에서 현금 등 자원의 유출 가능성이 높으며(50% 초과) 금액을 신뢰성 있게 추정할 수 있는 경우는 부채로 인식한다. 반면, 현재 의무의 존재 유무가 미래 사건에 의해서만 확인되거나 현재 의무가 있으되 자원의 유출 가능성이 높지 않거나 금액을 신뢰성 있게 추정할 수 없는 경우 이를 우발부채라고 한다. 우발부채는 자원의 유출 가능성이 희박하지 않다면 재무제표 주석에 그 내역을 공시한다.

10. 〈보론〉 현행 회계기준은 법인세비용을 당기법인세액이 아닌 회계이익을 기준으로 인식하기 때문에 당기에 법인세를 납부하지 않더라도 추후에 지급할 법인세를 이연법인세부채로 인식한다. 당기에 미래 차감할 법인세효과가 발생했고 그 법인세 절감효과를 볼 수 있는 충분한 과세소득의 발생이 예상되면 법인세 절감액을 이연법인세자산으로 인식한다.

O×퀴즈 아래 문장이 옳으면 ㅇ, 틀리면 ×로 답하고 틀린 곳은 올바르게 고치시오.

1. 오직 자금조달을 목적으로 기업이 주로 금융기관에게 발행한 약속어음을 융통어음이라 부르고, 만기가 1년 이내가 대부분이므로 재무상태표상에는 단기차입금에 포함한다.

2. 미수금은 장래에 현금을 지급할 의무로서 유형자산의 외상매입과 같이 주된 영업활동이 아닌 거래에서 발생하고, 미수비용은 회계기간 말 결산수정분개를 통하여 인식하는 부채로 기간의 경과로 비용은 발생했으나 현금을 지급하지 못한 경우에 발생한다.

3. 선급금은 고객이 재화를 구입하기 위해 미리 지급한 금액을 뜻하는 것으로 기업이 현금은 받았으나 재화는 아직 공급하지 않았으므로 부채의 일부가 되는 것이다.

4. 선수수익은 다른 기업으로부터 일정 기간 동안의 특정 서비스에 대한 대가를 현금으로 미리 받았으나 아직 그 기간이 경과되지 않고 남아 있는 경우 인식하는 부채이다.

5. 예수금은 법과 규정에 따라 고객 또는 종업원으로부터 징수한 부가가치세, 소득세, 건강보험료, 국민연금 등을 회계기간 말 현재 관련 기관에게 아직 지급하지 않은 부채를 뜻한다.

6. 다른 기업이 발행한 약속어음을 만기까지 보유하지 않고 금융기관에서 할인할 경우 금융기관이 어음양도자에게 상환청구권을 갖지 않는다면 어음양도자는 어음은 그대로 보유하되 회수한 현금만큼은 단기차입금에 포함해야 한다.

7. 원래 만기가 1년을 초과하는 장기차입금이 회계기간 말 현재 만기가 1년 이내가 되었다면 장기차입금을 유동성장기차입금(또는 유동성장기부채)으로 대체하며, 그

결과 부채총계는 변함이 없다.

8. K-IFRS는 종업원이 당기 말까지 일한 대가로 장래 퇴직시점 또는 퇴직 이후 회사가 지급할 퇴직일시금 또는 퇴직연금 등의 지급액을 추정하여 확정급여채무로 인식하고, 퇴직금의 지급을 위해 사외에 적립한 자산을 차감하여 재무상태표상에는 순확정급여부채로 표기한다.

9. 일반기업회계기준은 회계기간 말 모든 종업원이 일시에 퇴직한다고 가정할 때 지급해야 할 퇴직금을 계산하여 퇴직급여충당부채로 인식한다.

10. 과거 사건으로 인하여 현재의 의무는 존재하나 자원의 유출 가능성이 높지 않거나 금액을 신뢰성 있게 추정할 수 없는 경우는 모두 재무제표 주석에 유형별로 우발부채로서 그 성격을 공시해야 한다.

11. 공모사채의 발행기업이 사채발행으로 주관사로부터 수취하는 금액은 사채발행수수료를 차감하기 때문에 대부분의 경우 사채의 액면금액보다 작게 되는데 그 차이를 사채발행기업은 사채할인발행차금으로 기록한다.

12. 당좌차월이 있는 경우 재무상태표상의 현금은 음수(-)로 표기될 수 있다.

13. 예수보증금은 다른 사람 및 기업과 체결한 계약에 따라 보증, 계약이행을 목적으로 일정액을 미리 받은 것으로 계약이행 또는 계약만료 후 반환할 계약상 의무가 있기 때문에 금융부채이다.

14. 회사채의 액면금액은 회사채의 만기일에 상환해야 하는 금액을 뜻한다.

15. 〈보론〉 당기에 법인세를 납부하지는 않더라도 추후에 지급할 법인세가 있으면 이연법인세부채로, 당기에 법인세를 납부하여 추후 법인세 절감효과가 있고, 미래 법인세 절감효과를 실현할 충분한 과세소득의 발생 가능성이 높으면 이연법인세자산으로 인식한다.

제7장 객관식 문제

1. 다음 중 비유동부채에 해당하지 않는 계정과목은? 〈전산회계 2급, 2025년〉
① 장기차입금 ② 퇴직급여충당부채
③ 미지급비용 ④ 장기외상매입금

2. 다음의 계정 중 재무상태표에 계상될 수 없는 부채는? 〈전산회계 2급, 2025 수정〉
① 선수수익 ② 미지급법인세 ③ 선급비용 ④ 예수금

3. (주)서울의 20×2년 포괄손익계산서상 이자비용은 500,000원이다. (주)서울의 20×1년 말과 20×2년 말 재무상태표 관련 계정이 다음과 같을 때 20×2년 현금으로 지급한 이자비용은? 〈전산회계 1급, 2024〉

계정과목	20×1년 말	20×2년 말
미지급이자	150,000원	130,000원

① 130,000원 ② 150,000원 ③ 520,000원 ④ 650,000원

4. 다음 거래의 결과로 발생하는 비유동부채의 증감액을 계산하면 얼마인가?

· 장기차입금 70,000원 중 40,000원이 1년 이내에 만기가 도래하였다.
· 기말에 액면금액 100,000원의 사채를 100,000원에 액면발행(만기: 3년, 액면이자율: 5%, 이자지급 : 매년 말일)하였다.

① 30,000원 감소 ② 40,000원 증가 ③ 50,000원 감소 ④ 60,000원 증가

5. 다음 중 충당부채의 인식요건에 관한 설명으로 옳지 않은 것은? 〈회계관리 1급, 2023〉
① 기업이 과거 사건이나 거래를 전적으로 통제할 수 없다.
② 당해 의무의 이행에 소요되는 금액을 신뢰성 있게 추정할 수 있다.

③ 당해 의무를 이행하기 위하여 자원이 유출될 가능성이 매우 높다.

④ 과거 사건이나 거래의 결과로 현재의무가 존재한다.

6. ㈜서울은 20×1년 초부터 판매한 제품에서 발생하는 결함을 2년간 무상으로 수리해 주기로 하였다. 보증비용이 매출액의 10% 로 추정되는 경우, 20×1년 말 재무상태표에 제품보증충당부채로 계상되어야 할 금액을 계산하면 얼마인가? 〈회계관리 1급, 2023〉

> ㄱ. 20×1년 매출액: 200 억원
> ㄴ. 20×1년 중 당기 매출분에 대해 13억원의 제품보증비가 발생함

① 6억원 ② 7억원 ③ 10억원 ④ 13억원

제7장 주관식 문제

1. 다음은 자산의 계정과목에 대응하는 의미가 반대인 부채의 계정과목을 나열한 표이다. 예를 들어 매출채권–외상매출금에 대응되는 부채는 매입채무–외상매입금이다. 빈 칸에 들어 갈 나머지 부채의 계정과목을 적으시오.

자 산	부 채
매출채권 외상매출금	매입채무-외상매입금
매출채권-받을어음	
미수금	
미수수익	
선급금	
선급비용	
부가세대급금	
보증금	

2. 12월 중 발생한 아래 사항을 고려할 때 (주)대구산업이 12월 말 재무상태표상에 단기차입금으로 표기할 금액은 얼마인가?

- 은행으로부터 만기 6개월로 10,000,000원을 대출함.
- 만기 2개월 남은 받을어음 4,000,000원을 은행에 상환청구권이 있는 조건으로 할인함.
- 만기 1개월 남은 외상매출금 8,000,000원을 대부업체에 상환청구권이 없는 조건으로 양도함.
- 당좌차월 잔액 1,000,000원
- 증권사에게 자금조달을 위해 융통어음 2,000,000원을 발행함.

3. 다음은 (주)광주전자의 최근 5년간 자금조달 현황이다. 20×5년 말 재무상태표상에 아래의 자금조달은 각각 어떤 계정과목으로 표기되는가?

- 20×5년 10월 1일 K은행으로부터 만기 1년으로 10억원을 차입함.
- 20×4년 7월 1일 만기 3년의 회사채를 100억원에 발행함.
- 20×3년 9월 15일 W은행으로부터 만기 3년으로 20억원을 차입함.
- 20×1년 12월 1일 만기 5년의 회사채를 150억원에 발행함.

4. (주)인천기계는 20×1년 12월 31일 J증권을 통하여 만기 5년, 액면금액이 100억원인 회사채를 다수의 투자자에게 100억원에 발행하고, 수수료를 제외한 99억원을 수령하였다. 아래 물음에 답하시오.

1) (주)인천기계가 발행한 회사채는 20×1년 말 재무상태표상에 어떻게 표기되는가?
2) 발행한 사채의 액면이자율이 6%이고, 만기일까지 매년 말에 이자가 지급된다면, 매년 말에 인천기계가 지급할 이자금액은 얼마인가?
3) 발행한 사채의 만기일은 언제이고, 만기일에 (주)인천기계가 사채보유자에게 지급할 총액은 얼마인가? (이자는 매년 말에 지급)

5. 다음은 20×1년 12월 말 (주)우신의 총계정원장에 있는 부채의 계정과목과 잔액을 나타낸 것이다. 아래 물음에 답하시오.

(단위: 천원)

계정과목	잔 액	계정과목	잔 액
매입채무	2,643,000	순확정급여부채	420,000
사 채	1,200,000	제품보증충당부채	160,000
유동성장기차입금	170,000	선수금	293,000
당기법인세부채	264,000	미지급비용	43,000
미지급금	58,000	장기차입금	2,560,000
예수보증금	290,000	부가세예수금	342,000
단기차입금	3,610,000	선수수익	84,000

1) 주된 영업활동이 아닌 외상거래에서 발생한 것으로 장래에 현금을 지급할 의무에 해당하는 것은 무엇인가?
2) 고객이 일정 기간 동안의 서비스에 대가는 미리 지불하였으나 회계기간 말 현재 아직 그 기간이 경과하지 않아 부채로 인식한 것에 해당하는 것은 무엇인가?
3) 다른 기업과 체결한 계약에 따라 계약이행을 목적으로 일정액을 미리 받은 것으로 계약이행 또는 계약만료 후 반환할 계약상 의무에 해당하는 것은?
4) 고객으로부터 징수한 부가가치세를 회계기간 말 현재 국세청에 아직 납부하지 않은 부채에 해당하는 것은?
5) 회계기간 말 현재 아직 납부하지 않은 법인세를 나타내는 것은?
6) 기간의 경과로 비용은 발생했으나 현금을 미처 지급하지 못했기에 인식한 부채는?
7) 고객이 재화를 구입하기 위해 미리 현금을 지급하였으나 아직 재화를 공급하지 않았기 때문에 부채로 인식하는 것은?
8) 제품을 판매하면서 판매 후 일정 기간 동안 무상수리를 약속하였기 때문에 예상되는 향후 비용을 부채로 인식한 것은?
9) 원래 만기가 1년을 초과하는 조건으로 대출하였으나 회계기간 말 현재 만기가 1년 이내로 도래한 것에 해당하는 것은?
10) 장래 종업원들이 퇴직할 때 지급해야 할 것으로 예상되는 퇴직금 또는 퇴직연금을 추정한 후 이것의 지급을 위해 사외에 적립한 자산을 차감하여 인식한 부채는?

6. 20×1년에 발생한 다음의 사건은 해당 기업의 20×1년 재무제표에 어떻게 반영되어야 하는지 답하시오. 단, 모든 경우에 예상되는 유출금액을 신뢰성 있게 추정할 수 있다고 가정한다.

1) (주)수성전자는 제품을 판매하는 시점에 구매자에게 제품보증을 약속하고, 판매일로부터 1년 이내에 제조상 결함이 명백한 경우에 판매 계약 조건에 따라 수선이나 교체를 해준다. 과거 경험에 비추어 보면 제품보증에 따라 일부가 청구될 가능성이 청구되지 않을 가능성보다 더 높다.
2) (주)금성웨딩은 20×1년 결혼식에 참석한 하객 1명이 사망하였는데, (주)금성웨딩이 제공한 음식 때문에 식중독이 생겼을 가능성이 있다. (주)금성웨딩에 손해배상을 요구하는 소송이 시작되었으나, (주)금성웨딩은 그 책임에 대해 이의를

제기하였다. (주)금성웨딩의 자문변호사는 앞으로 있을 재판에서 (주)금성웨딩에 책임이 없다고 판결할 가능성이 책임이 있다고 판결할 가능성보다 더 높다고 조언하였다.

3) (주)혜성식품은 식중독에 걸린 소비자가 (주)혜성식품이 판매한 아이스크림을 먹은 것이 원인이라며 손해배상을 청구하는 소송을 제기하였다. (주)혜성식품의 자문변호사는 앞으로 있을 재판에서 (주)혜성식품에 책임이 있다고 판결할 가능성이 책임이 없다고 판결할 가능성보다 더 높다고 조언하였다.

7. 다음은 건설업체인 (주)동성산업에서 발생한 거래이다. 각 거래에 대해 (주)동성산업은 어떤 계정과목을 사용하여 기록해야 하는지 아래에서 골라 답하시오.

매입채무-외상매입금, 매입채무-지급어음, 미지급금, 미지급비용, 선수금, 선수수익, 부가세예수금, 소득세예수금, 예수보증금, 부가세대급금

1) 거래처와 자사 소유 건물의 사무실에 대한 2년 임대계약을 체결하고, 임대보증금으로 현금 1억원을 수령하였다.
2) 종업원에게 급여를 지급하면서 총급여금액 중 종업원의 소득세에 해당하는 1,000,000원을 제외한 10,000,000원을 지급하였다. (주)동성산업은 다음 달에 직원 소득세 1,000,000원을 세무서에 납부할 예정이다.
3) 중고차 매매상으로부터 제품의 운송에 사용할 트럭을 1,000만원에 구입하면서, 대금은 2개월 후에 지급하기로 하였다.
4) 거래처와 총 10억원의 건설계약을 체결하면서, 1억원의 계약금을 수령하였다. 건설공사는 다음 달에 시작할 예정이다.
5) 1)번의 임대계약 체결 후 임차인으로부터 2개월 임대료 5,000,000원을 미리 수령하였다.
6) 회계기간 말 현재 종업원 급여 3,000,000원이 발생하였으나 지급하지 않았다.
7) 건설 원자재를 2개월 후 지급하는 조건으로 구입하면서 전자어음 4,000,000원을 발행하였다.
8) 판매가격 10만원인 제품을 판매하면서 부가가치세 1만원을 고객으로부터 수령

하였다.

8. 아래 표는 어음과 관련된 용어를 설명한 것이다. ①~⑤에 들어갈 용어를 채우시오.

용어	설 명
배서	타인이 발행한 약속어음을 수취한 후 만기 전에 약속어음의 뒷면에 이름과 서명을 기재함으로써 약속어음을 타인에게 양도하는 것
①	약속어음의 실물 없이 인터넷뱅킹을 통해서 발행, 수취, 배서, 지급 등이 이루어지는 어음
②	은행이 어음 소지인의 의뢰를 받아 어음 지급인(발행인)에게 제시하여 대금을 받아주는 것
③	기업이 실제로 재화나 용역을 외상으로 매입하고 발행하는 약속어음
④	기업이 오로지 자금을 조달할 목적으로 주로 금융기관에게 발행하는 약속어음
⑤	어음의 만기일 전에 금융기관에게 양도하고 수수료를 차감한 금액을 현금으로 수령하는 것

실제 기업 사례 문제

1. 다음은 비상장 유통기업인 (주)아성다이소의 재무상태표 부채 부분이다. 아래 물음에 답하시오.

주식회사 아성다이소 (단위: 백만원)

과 목	2024.12.31.		2023.12.31.	
부 채				
Ⅰ. 유동부채		617,684		698,458
1. 매입채무	366,515		452,309	
2. 미지급금	56,149		74,185	
3. 선수금	2,593		354	
4. 선수수익	36		35	
5. 예수금	2,294		2,199	
6. 예수보증금	25,150		25,190	
7. 미지급비용	84,972		83,699	
8. 당기법인세부채	61,749		43,080	
9. 유동성충당부채	15,769		14,722	
10. 유동성임대보증금	2,457		2,686	
Ⅱ. 비유동부채		19,882		16,225
1. 임대보증금	2,900		2,612	
2. 퇴직급여충당부채	165,531		145,494	
퇴직연금운용자산	(165,531)		(145,494)	
3. 비유동성충당부채	16,982		13,613	
부채총계		637,566		714,683

1) 부채 중에서 금융부채에 해당하는 것을 모두 고르시오.

2) 퇴직급여충당부채와 퇴직연금운용자산의 잔액이 일치하고, 비유동자산에는 퇴직연금운영자산이 별도로 존재한다. 이것이 무엇을 의미하는지 재무제표 주석7을 참조하여 답하시오.

3) 충당부채는 무엇으로 구성되어 있고, 전기보다 증가한 이유가 무엇인지 재무제표 주석8을 참조하여 답하시오.

4) 2024년 부채총계는 6,376억원으로 전기보다 약 771억원 감소하였다. 부채 감소를 유발한 주요 계정과목은 무엇인지 답해보시오(전자공시시스템에서 2024년 감사보고서에 있는 재무상태표를 찾은 후 재무상태표의 부채 부분을 복사하여 EXCEL에 붙인 후 계정과목별 변동을 계산).

2. 나음은 상징기업인 ㈜대한화섬의 2024년 재무상태표 중 부채 부분이다. 아래 물음에 답하시오.

대한화섬주식회사 (단위: 백만원)

	2024.12.31.	2023.12.31.
부 채		
유동부채	54,337	17,925
매입채무	6,071	7,689
기타채무	46,321	6,276
단기차입금	0	2,917
유동 리스부채	708	737
기타 유동부채	1,239	305
비유동부채	75,496	125,831
장기기타채무	10,535	49,471
이연법인세부채	63,871	72,149
비유동 리스부채	314	948
기타 비유동 부채	776	3,264
부채총계	129,833	143,756

1) 유동부채의 기타채무와 비유동부채의 장기기타채무는 무엇으로 구성되는지 재무제표 주석16을 참조하여 답하시오.

2) 2023년 단기차입금은 구체적으로 무엇으로 구성되는지 재무제표 주석17을 참조하여 답하시오.
3) 기타유동부채와 기타비유동부채는 무엇으로 구성되는지 재무제표 주석18을 참조하여 답하시오.
4) 확정급여부채를 구성하는 확정급여채무와 확정급여자산은 각각 얼마인지 재무제표 주석19를 참조하여 답하시오.
5) 부채총계가 전기보다 139억원 감소하였다. 부채의 감소를 유발한 주요 계정이 무엇인지 답해보시오.

3. 다음은 상장기업인 (주)한화오션의 연결재무상태표 중 부채에 관한 부분이다. 아래 물음에 전자공시시스템의 연결재무제표 주석을 참조하여 답하시오.

주식회사 한화오션과 그 종속기업 (단위: 백만원)

	2024.12.31.	2023.12.31.
부 채		
유동부채	10,346,614	7,459,444
사채 및 차입금	3,237,744	526,450
매입채무및기타채무	1,671,990	1,176,411
유동성리스부채	30,464	23,280
유동성확정계약부채	0	662
유동성통화선도부채	347,617	227,840
계약부채	4,315,344	4,366,250
유동성충당부채	364,184	715,251
당기법인세부채	3,008	837
기타유동부채	376,264	422,465
비유동부채	2,633,845	2,173,171
장기차입금 및 사채	2,028,126	1,664,742
장기매입채무및기타채무	15,320	5,234
순확정급여부채 및 기타장기종업원급여부채	228,231	113,616
충당부채	187,902	229,960

	2024.12.31.	2023.12.31.
리스부채	98,270	51,346
통화선도부채	53,182	88,421
이연법인세부채	22,815	19,852
부채총계	12,980,459	9,632,616

1) 유동부채 중 차입금은 구체적으로 무엇으로 구성되는지 연결재무제표 주석19를 보고 답하시오.
2) 유동부채 중 계약부채는 구체적으로 무엇인지 연결재무제표 주석10을 보고 답하시오.
3) 매입채무의 지급기간은 얼마나 되는지 연결재무제표 주석18을 보고 답하시오.
4) 매입채무및기타채무에서 기타채무에 해당하는 것으로는 무엇이 있는지 연결재무제표 주석18을 보고 답하시오.
5) 기타유동부채는 무엇으로 구성되는지 연결재무제표 주석20을 보고 답하시오.
6) 사채의 발행금액과 2024년 말 사채할인발행차금은 얼마인지 연결재무제표 주석19를 보고 답하시오.
7) 비유동부채 중 순확정급여부채 및 기타장기종업원급여부채는 구체적으로 어떻게 구성되는지 연결재무제표 주석21을 보고 답하시오.
8) 충당부채는 무엇으로 구성되는지 연결재무제표 주석22를 보고 답하시오.
9) 리스부채는 유동과 비유동으로 분류되어 있다. 2024년 말 현재 리스계약의 남은 만기는 얼마나 되는지 연결재무제표 주석15를 보고 답하시오.

제 8 장

자본의 주요 계정

일반기업회계기준은 자본을 자본금, 자본잉여금, 자본조정, 기타포괄손익누계액, 이익잉여금으로 분류하도록 규정한다.[1)] 그러나 K-IFRS를 적용하는 기업은 자본을 주로 납입자본, 이익잉여금, 기타자본구성요소로 표시하는데 기업마다 재무상태표상에 자본을 나타내는 방법은 다양하다. 아래에서는 〈표 8.1〉에 제시된 사무가구 상장제조기업인 (주)퍼시스의 연결재무상태표를 기반으로 자본의 주요 계정을 설명한다.

표 8.1 (주)퍼시스의 연결재무상태표 – 자본 부분

제 42 기 2024년 12월 31일 현재
제 41 기 2023년 12월 31일 현재

퍼시스주식회사와 그 종속기업 (단위: 백만원)

	제42기	제41기
자 본		
자본금	14,300	14,300
자본잉여금	36,301	36,301
기타자본	(81,642)	(81,642)
기타포괄손익누계액	(239)	(1,486)
이익잉여금	605,290	563,119
자본총계	574,010	530,592

1) 일반기업회계기준 제2장 재무제표의 작성과 표시I 문단 2.18.

8.1 자본금

주식회사를 설립할 때 주주가 5,000만원을 출자하였다면 몇 주를 회사로부터 받아야 할까? 주식의 1주당 액면금액을 5,000원으로 정하면 10,000주를, 1주당 액면금액을 1,000원으로 정하면 50,000주를 받을 것이다. 주식의 액면금액은 원래 신주 발행 시 발행가액의 최저 금액을 정하기 위해 정관에 표시해 놓은 금액으로, 원칙적으로 액면가 이상으로 발행해야 한다.[2)]

상법은 발행주식수에 주당 액면금액을 곱한 금액, 즉 액면총액을 **자본금**(capital stock)으로 규정하고, 채권자 보호를 위해 자본금을 주주의 배당재원에서 제외한다. 주식에는 **보통주**(common stock)와 **우선주**(preferred stock)가 있다. 우선주는 보통주와 달리 주주총회에서 의결권이 없는 대신 배당에 있어서는 보통주보다 우선권이 있다.[3)]

한편, **자본잠식**이라고 하면 자본총계가 자본금보다 작은 경우를 말한다. 예를 들어, 자본금이 1,000만원으로 설립된 회사가 사업 첫 해 당기순손실 200만원이 발생했다면 자본총계는 800만원(=1,000만원−200만원)이 되고 주주가 기업에 제공한 사업자금을 200만원 까먹은 셈이 되므로 자본잠식이 되는 것이다. 당기순손실의 누적으로 자본총계가 음수(−)가 되는 경우도 발생하는데 이를 완전자본잠식(또는 자본전액잠식)이라고 표현한다.

---

2) 회사영업의 부진으로 주식의 시가가 액면가보다 낮은 경우에는 액면가 이상의 신주발행이 어려우므로 예외적으로 주식회사 설립 후 2년이 경과한 회사는 주주총회 특별결의와 법원의 인가를 얻어서 주식을 액면미달의 가액으로 발행할 수 있다(상법 제417조). 그러나 여전히 절차적 번거로움이 있기 때문에 신속한 자금조달을 위해 액면금액이 없는 무액면주식의 발행도 허용한다(상법 제329조). 무액면주식의 경우는 이사회가 주식 발행가액의 2분의 1 이상의 금액으로 자본금으로 계상할 금액을 정한다(상법 제451조).

3) 우선주의 배당금은 보통주보다 액면금액의 1%를 더 많이 지급하는 경우가 많다.

기업이 완전자본잠식인 경우이면 회사가 바로 부도상태라고 생각하기 쉬우나 회사가 차입으로 자금을 계속 조달하여 부채를 상환할 수 있다면 아직 부도가 난 것은 아니다. 상장기업은 회계연도 말 자본금이 어느 정도 잠식되었는지를 **자본잠식률**($=\frac{\text{자본금}-\text{자본총계}}{\text{자본금}}$)로 계산하여 50% 이상이면 관리기업으로 지정되고, 100% 이상(즉, 완전자본잠식)이면 상장폐지가 된다.

주식회사가 설립된 후 대규모의 자금조달을 위해서 주식을 추가로 발행하기도 하는데 이를 **유상증자**(seasoned equity offering)라고 한다. 유상증자에 대한 주식시장의 반응은 대체로 부정적이다. 유상증자가 기업이 더 이상 차입을 통해

Accounting Mini-Case

유상증자의 사례 – (주)삼성SDI[4]

㈜삼성SDI는 14일 2조원 규모의 유상증자 계획을 발표하였다. 이는 전날 시가총액의 15.16%에 달하는 수준이다. 이번 유상증자는 주주배정 후 실권주 일반공모 방식으로 진행되고, 조달 자금은 국내 전고체 배터리 양산라인에 4,541억원을 투자하고, 미국 제너럴모터스(GM) 합작법인과 헝가리 BMW 46파이 증설에 1조 5,460억원을 투입할 예정이다.

유상증자로 자금을 조달할 경우 기존 주주들의 지분가치가 희석돼 주가엔 악재로 작용하곤 한다. 유상증자로 주식 수가 늘어나면서 주당순이익(EPS)이 감소해 투자 매력이 떨어지기 때문이다. 삼성SDI의 주가는 유상증자 발표 전일 4.23%, 발표일 6.18% 각각 하락하였다.

그러나 유상증자가 발표된 다음 거래일인 17일 개인들은 삼성SDI 주식을 129억원어치 순매수하였고, 19일까지 매수하여 이달 들어서만 3,335억원어치를 사들였다. 삼성SDI는 이달 개인 순메수 1위에 오른 상태다. 20일의 주가는 5.52%나 상승하였다.

삼성SDI 주가가 장기간 내림세를 이어간 가운데 유상증자까지 발표되자 나올만한 악재는 모두 반영됐다고 판단한 것으로 풀이된다. 현재 주가를 오히려 저가

4) 고정삼, "'1년새 반토막' 삼성SDI 2조 유증 폭탄…개미 대응 전략은", 한경닷컴. 2025.3.21.

매수의 기회로 삼은 모습이다. 삼성SDI도 이번 유상증자가 다가올 배터리 호황기에 대비하기 위한 차원이라고 설명했다. 증권가에서도 삼성SDI의 중장기 성장 가능성에 초점을 맞추고 있다. 주가가 과도하게 하락한 지금이 매수에 나설 시점이란 판단이다.

Accounting Mini-Case

무상증자의 사례① – (주)롯데렌탈[5)]

4월 15일 (주)롯데렌탈은 이사회에서 1주당 1.5주의 무상증자를 결정했다. 오는 5월 (주)롯데렌탈은 보통주 17,653,800주를 신주로 발행해 구주주들에게 무상으로 배정한다. 기존 11,769,200주였던 주식 수는 무상증자 이후 29,423,000주로 늘어난다. 무상증자는 잉여금에 있는 돈을 자본금으로 옮겨 기존 주주들에게 무상으로 주식을 배당하는 형태를 의미한다. 무상증자는 액면분할과 함께 IPO를 앞둔 비상장사들이 다수 진행한다. 공모가를 거래하기 쉬운 저렴한 가격으로 낮추기 위해서다.

재원은 자본총계 계정 중 하나인 자본잉여금(주식발행초과금)을 사용한다. 2020년 말 기준 (주)롯데렌탈의 주식발행초과금은 3,739억 6,100만원이다. 이 중 882억 6,900만원을 무상증자 재원으로 활용한다고 회사 측은 밝혔다. (주)롯데렌탈은 연내 IPO 완료를 목표로 하고 있다. 지난해 상장 추진 당시 한 차례 일정을 연기했지만, 다시 IPO 준비를 시작하면서 올 2월 주관사 선정까지 마쳤다. (주)롯데렌탈 관계자는 "이번 무상증자는 유통 주식 확대를 위한 목적으로 추진됐다. 연내 상장이 목표"라고 밝혔다.

자금을 조달하기 어려운 재무적 곤경에 처해 있다는 신호로 해석되기 때문이다. 또한 유상증자로 발행되는 신주는 일반적으로 할인된 가격에 제공되기 때문에, 기존 주주의 주식 가치가 희석되어 주가에 부정적인 영향을 미칠 수 있다.

반면, 주주에게 무상으로 주식을 추가로 발행하는 것은 **무상증자**(bonus

---

5) 유혜림, "롯데렌탈 PO 속도 낸다 … 상장 전 무상증자 실시", 이투데이, 2021.4.19.

Accounting Mini-Case

무상증자의 사례② - (주)코리안리재보험[6)]

㈜코리안리재보험이 연내 무상증자를 단행한다. 올해 코리안리는 업계 내 상대적인 실적 부진과 환율 급등으로 인한 외국인 투자자의 이탈에 속앓이를 해왔다. 이에 무상증자를 계기로 적극적인 자본 정책을 펼쳐 반등 모멘텀을 만들 것으로 보인다.

코리안리는 내달 13일 현재 주주명부에 등재된 주주를 대상으로 소유주식 1주당 0.2주의 비율로 신주를 배정할 방침이다. 이번 무상증자에 활용되는 자본잉여금은 약 102억원으로, 발행주식수는 20,453,923주이다.

회계상 자본잉여금이나 이익잉여금이 자본금으로 반영되기 때문에 자본금이 늘어나지만, 계정상 수치의 변화일 뿐 자본의 질적 성장이 이루어졌다고 보기에는 한계가 있다. 다만, 잉여금을 활용해 주식수를 늘릴 수 있다는 점은 해당 기업의 재무 건전성에 대한 방증으로 해석되기도 한다. 자사주 매입과 비교하면 자본에 영향을 주지 않는 주주환원책이기 때문이다. 그 덕에 무상증자가 공시된 이후 권리락, 배정기준일, 상장일까지 약 한 달여간의 기간 단기적인 주가 상승이 나타나기도 한다.

실제로 코리안리의 최근 60일 평균 거래대금은 13억원 정도다. 이는 시가총액 대비 0.1%에 불과하다. 이번 무상증자로 유통 물량이 늘어나면 주가가 상승할 여지가 크다. 관련 업계에서 코리안리가 무상증자에 나선 배경으로 주가 부양을 꼽는 것도 이 때문이다.

issue)라고 한다. 무상증자는 1주당 가격이 너무 높거나 유통주식수가 적어 거래가 잘 이루어지지 않는 경우 또는 주식을 주주에게 무상으로 나누어준다는 주주 친화정책의 일환으로 실시된다. 이론적으로는 증가한 주식수만큼 1주당 주가는 하락하므로 주주에게 실익은 없다. 하지만 현실에서는 늘어난 주식수로 주주의 배당금이 증가하고, 주식거래량이 증가하는 효과로 인해 주식시장은 무상

6) 정지서, "'무상증자' 단행한 코리안리, 무엇을 노렸나". 연합인포맥스, 2022.11.29.

Accounting Mini-Case

유상감자의 사례 – (주)조선혜지와이홀딩스[7)]

의약품 도소매 업체인 ㈜지오영의 최대주주 ㈜조선혜지와이홀딩스(이하 조선혜지와이)가 사모펀드 MBK파트너스에 인수되자마자 유상감자로 약 2,700억 원을 주주들에게 지급한 것으로 나타났다. 유상감자는 자본의 일부를 주주들에게 현금으로 돌려주는 것이다. 자본이 감소하기 때문에 부채비율이 상승하는 등 재무구조가 부실해질 우려가 있지만, 일종의 주주환원이라는 점에서 당장 주주 입장에서는 긍정적으로 평가된다.

주목되는 점은 유상감자 시점이다. 유상감자로 인한 자본금 감소는 지난해 7월 초에 이뤄졌다. 지난해 7월 초면 MBK가 조선혜지와이 지분 71.6%를 취득하며 최대주주로 올라선 지 약 한 달이 지난 시점이다. MBK가 최대주주로 올라서고 MBK 인사들로 이사회 구성원이 바뀌자마자 유상감자로 약 2,000억원(2,746억 원의 71.6%)을 회수했다고 여겨지는 대목이다.

문제는 대규모 유상감자로 조선혜지와이 재무구조가 더욱더 부실해졌다는 점이다. 2023년 말 연결기준 506%였던 부채비율은 2024년 말 1,600%로 대폭 상승했다. 같은 기간 현금 및 현금성자산도 1,819억원에서 461억원으로 감소하였다. 유상감자가 회사 재무 사정과 무관하게 주주들의 이익만을 위해 이뤄졌다고 비판하는 목소리가 나오는 배경이다.

금융투자업계 관계자는 "대규모 자금을 투자한 사모펀드 입장에서 투자금 회수는 당연한 일일 수 있지만, 인수한 기업의 유동성이나 재무구조, 실적 등을 감안하지 않고 단행하는 배당과 유상감자는 비판받을 수밖에 없다."라고 지적하였다.

증자를 호재로 받아들인다. 무상증자는 1주당 액면금액은 변하지 않고 발행주식수만 증가하므로 자본금이 증가한다. 그러나 뒤에서 설명하는 주식발행초과금 또는 법정적립금(이익준비금)이 같은 금액만큼 감소하므로 자본총계는 변동이 없다.[8)]

---

7) 이경민, "의약품 업체 지오영, MBK 인수 직후 '2,700억 자금 유출' 논란", 전자신문, 2025.4.14.

8) 한편, **주식분할**(**액면분할**)은 1주당 액면금액을 줄이고, 그에 따라 발행주식수를 같은 비율로

Accounting Mini-Case

무상감자의 사례 – (주)현대상선[9]

(주)현대상선은 2016년 7월 15일 대주주의 7대 1 무상감자 안을 확정하였다. 이번 대주주 감자로 현대엘리베이터, 현대글로벌, 현정은 회장 등 대주주가 보유한 지분은 총 725만 1,264주에서 감자 후 총 103만 5,893주로 하락하게 된다. 출자전환까지 이뤄질 경우 대주주 지분율은 더욱 하락하게 된다.

(주)현대상선 관계자는 "현정은 회장 등은 대주주로서 (주)현대상선의 경영정상화를 위해 고통을 분담하고 책임지는 차원에서 대주주 감자를 수용하는 결단을 내렸다"며 "대주주 감자 안이 이번 주총에서 통과됨에 따라 출자전환이 예정대로 진행되면 (주)현대상선의 대주주는 25일부터 채권단으로 바뀌게 된다"고 말했다.

한편, **유상감자**(capital reduction)는 유상증자의 반대로 기업이 발행된 주식을 되사서 소각(영구히 소멸)시키는 것으로 자본금이 감소한다.[10] 유상감자는 다른 기업을 인수한 후 대주주가 인수자금을 조기에 회수하기 위한 방편으로 주로 실시한다.

마지막으로 **무상감자**(capital reduction without refund)는 주주에게 대가를 지급하지 않고 발행된 주식의 일부를 소각시키거나 발행주식수는 그대로 두고 주당 액면금액을 줄이는 것으로 회계상으로는 줄어든 자본금만큼 결손금(이익잉여금이 0보다 작은 경우)을 감소시켜 자본총계는 변동이 없다.

무상감자는 결손금을 없애기 위해, 또는 부분자본잠식 기업이 자본잠식률을 낮추기 위해, 또는 부실기업이 재무구조 개선을 위한 출자전환 또는 유상증자를 앞두고 주가를 액면금액 수준으로 높이기 위해 실시한다.[11]

늘리는 것으로, 발행주식수가 증가한다는 점에서 무상증자와 유사하지만, 자본금이 증가하는 무상증자와는 달리 자본금에는 변화가 없다.

9) 조아라, "현대상선, 대주주 7대 1 감자 확정…채권단이 대주주로", 한국경제신문, 2016.7.15.

10) 여기서 소각(消却)은 없앤다는 뜻으로 불에 태워 없애버린다는 의미의 소각(燒却)과는 다르다.

11) **출자전환**이란 차입금을 주식으로 전환하는 것을 말한다. 한편, **주식병합**(**액면병합**)은 1주당

Accounting Mini-Case

액면가 감액 무상감자 사례 – (주)KG모빌리티[12)]

KG모빌리티(이하 KGM)는 지난 10일 이사회를 통해 결손금 보전 목적으로 액면가 5,000원의 보통 주식 196,404,254주를 1,000원으로 감액하는 무상감자를 결정하였다. 감자 결정으로 KGM 자본금은 기존 9,820억원에서 감자 후 1,964억원으로 80% 감소하게 되며, 액면가만 감액하는 것으로 감자 전후 발행주식수와 자본총계는 변동되지 않는다.

이번 감자 결정은 결손금 보전 및 재무구조 개선을 위해서다. 무상감자로 발생한 감자차익(7,856억원)은 전액 결손금을 보전하는데 사용된다. 결손금이 장기적으로 재무에 악영향을 미치는 만큼 이번 무상감자를 통해 선제적으로 회계상 안정적인 재무구조를 만들 수 있게 됐다.

오는 3월 26일 주주총회에서 이를 의결하면 KGM은 4월 10일부터 5월 8일까지 주식거래 정지 기간을 갖게 된다. KGM 관계자는 "이번 감자 결정은 결손금 보전 및 재무구조 개선을 위한 것으로 향후 재무 건전성 확보를 통해 신용도 상승 효과와 투자 유치 등이 가능할 것으로 예상된다."라며 "이를 통해 앞으로 친환경차 라인업 확대에 속도를 내고 미래 모빌리티 기업으로 성장 발전해 나갈 것이다."라고 말했다.

8.2 자본잉여금

자본잉여금은 주로 주주와의 주식거래의 결과 발생한 잉여금을 말하며, 자본잉여금 중 가장 대표적인 것이 **주식발행초과금**(additional paid-in capital)이다.

액면금액을 늘리고, 그에 따라 발행주식수를 같은 비율로 줄이는 것으로, 발행주식수가 감소한다는 점에서 무상감자와 유사하지만, 자본금이 감소하는 무상감자와는 달리 자본금은 변동이 없다.

12) 노병우, "KG모빌리티, 결손금 보전 목적 '무상감자' 진행", 프라임경제, 2025.3.13.

주식회사는 설립될 때 주주로부터 1주당 액면금액만큼을 현금 등으로 받고, 주식을 발행한다. 그러나 주식회사가 설립된 이후 추가로 주식을 발행(유상증자)할 경우 1주당 액면금액을 초과하는 현금을 받고 주식을 발행하는 경우가 대부분이다. 왜냐하면 회사가 그동안 사업을 통해 이익을 냈다면 회사의 자본총계는 자본금을 초과하게 되고 따라서 주식 1주의 가치는 주식회사 설립 시의 가치인 액면금액을 초과할 것이기 때문이다. 주식발행초과금은 주식회사가 설립된 후 주식을 추가로 발행하는 경우 발행금액 중 액면금액을 초과하는 부분[= 신규 발행주식수×(발행가격−액면금액)]을 기록하는 계정이다.

드물게 회사의 재무상태가 좋지 않은 상태에서 주식을 액면금액 이하로 발행하는 경우가 발생하는데, 이때는 **주식할인발행차금**(discount on stock)이라는 자본차감계정을 사용한다. 1주당 액면금액이 5,000원인 회사가 주식을 6,000원에 1,000주 발행하는 경우와 4,000원에 1,000주를 발행하는 경우를 분개하면 다음과 같다.

발행종류	차 변		대 변	
액면초과발행	현 금	6,000,000	자본금	5,000,000
			주식발행초과금	1,000,000
액면미만발행	현 금	4,000,000	자본금	5,000,000
	주식할인발행차금	1,000,000		

8.3 이익잉여금

이익잉여금(retained earnings)은 수익이 비용을 초과한 금액, 즉 당기순이익 중 기업 외부로 배당하지 않고 회사 내부로 유보한 누적금액을 의미하는 것으로 **사내유보이익** 또는 **사내유보금**으로도 불린다.

가끔 언론에서 사내유보금, 즉 이익잉여금만큼 기업이 현금을 보유하고 있다고 간주하는 기사가 보도되는 경우가 있다. 이익잉여금은 사내에 유보된 이익의 액수를 뜻하는 것이므로 모두 현금으로 보유하고 있다는 의미는 아니다. 외상수익도 수익이므로 이익만큼 모두 현금이 회사로 유입된 것도 아니며, 현금으로 유입되었다고 해도 그 현금으로 기계, 설비자산 등을 구입하였다면 다른 자산의 형태로 존재할 수 있다. 또한 기업은 주주의 출자, 차입 등을 통해서도 현금이 증가할 수 있으므로 재무상태표상의 현금 잔액은 이익잉여금과 일치하지 않는다.

따라서 특정 기업의 이익잉여금이 많다고 해서 기업이 투자하지 않고 현금을 쌓아두고 있는 것으로 언급하는 것은 잘못된 해석이다. 가령, 이익잉여금의 대부분이 현금으로 존재하는 경우와 그 현금을 모두 기계장치 구입에 투자한 경우를 비교하면, 전자는 유보이익을 현금으로 보유하는 것이고, 후자는 유보이익을 기계장치에 투자하여 보유하는 것이지만, 재무상태표상에 표시되는 이익잉여금 금액은 두 경우 모두 동일하다.

일반기업회계기준에서는 이익잉여금을 세부적으로 [그림 8.1]과 같이 **법정적립금(이익준비금)**, **임의적립금**, **미처분이익잉여금**으로 구분한다. 특정 회계기간에 당기순이익이 발생하면, 이는 자본의 미처분이익잉여금을 증가시킨다. 미처분이익잉여금 중 주주에게 배당할 금액과 배당하지 않고 법정적립금 또는 임의

그림 8.1 **이익잉여금의 세부 분류**

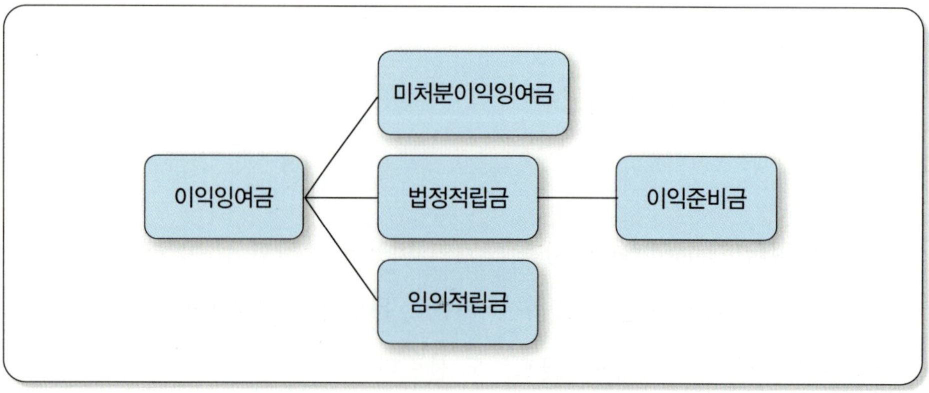

적립금으로 적립할 금액을 회계연도 종료 3개월 정도 후에 개최되는 주주총회에서 최종 승인한다. 주주총회 후 배당할 금액과 법정적립금 또는 임의적립금에 적립하고 남은 금액이 미처분이익잉여금에 남는다.

법정적립금은 상법에 의해 미처분이익잉여금 중 해당 기간 현금배당액의 10% 이상을 이익준비금이라는 계정으로 적립하도록 의무화한 것으로 이익준비금을 자본금의 50%까지 적립하면 더 이상 적립할 의무는 없다. **임의적립금**은 회사가 특정 목적을 위해 배당하지 않고 사내에 유보하기 위해 임의로 설정한 것으로 미처분이익잉여금의 일부를 임의적립금으로 적립하고, 목적 달성 후에는 이를 다시 미처분이익잉여금으로 환원한다.

예를 들어, 주주총회에서 1억원의 미처분이익잉여금 중에서 2,000만원을 주주에게 현금배당으로, 200만원을 법정적립금인 이익준비금으로, 4,000만원은 연구및인력개발준비금이라는 임의적립금으로 사내 유보하기로 결정했다면 다음과 같이 분개한다.

차 변		대 변	
미처분이익잉여금	62,000,000	미지급배당금	20,000,000
		이익준비금	2,000,000
		연구및인력개발준비금	40,000,000

주주총회에서 현금배당금을 결의하더라도 실제로 주주에게 배당금을 현금으로 지급하기까지 한 달 정도가 소요된다. 따라서 주주총회일에 바로 현금을 감소시키지 않고 미지급배당금이라는 부채계정에 기록해두고, 실제로 현금이 지급되는 날에 미지급배당금을 줄이고 현금을 감소시키는 분개를 한다.

〈예시 8.1〉은 (주)퍼시스가 주석에 공시한 이익잉여금 내역으로 이익잉여금은 이익준비금, 임의적립금, 미처분이익잉여금으로 구성된다. 이익준비금 7,150백만원은 자본금 14,300백만원의 50%에 해당하여 상법의 규정만큼 이미 적립했음을 확인할 수 있다.

〈예시 8.1〉 (주)퍼시스의 2024년 연결재무제표 주석 공시 – 이익잉여금

22. 이익잉여금

당기 이익잉여금의 구성내역

(단위: 백만원)

	공시금액
이익준비금(*)	7,150
임의적립금	500
미처분이익잉여금	597,641
합 계	605,291

(*) 상법의 규정에 따라 자본금의 50%에 달할 때까지 매 결산기의 금전에 의한 이익배당액의 10% 이상의 금액을 이익준비금으로 적립하고 있으며, 이익배당목적으로 사용될 수 없으며 자본전입 또는 결손보전에만 사용이 가능합니다.

8.4 기타포괄손익누계액

특정 회계기간 동안에 발생한 수익에서 비용을 차감한 것이 당기순이익이다. 그런데 엄밀히 말하면 수익 또는 비용에 해당하지만 당기순이익의 계산에는 포함하지 않는 계정이 있는데 이를 **기타포괄손익**(other comprehensive income)으로 분류한다. 그리고 당기순이익과 기타포괄손익을 합하여 **총포괄손익**(comprehensive income)이라고 하고, K-IFRS를 도입한 기업은 손익계산서를 **포괄손익계산서**라고 부르며 당기순이익과 함께 기타포괄손익과 총포괄손익을 표시해야 한다.[13)] 일반기업회계기준을 사용하는 비상장기업은 재무제표의 주석에

13) K-IFRS를 적용하는 기업은 당기순손익, 기타포괄손익, 포괄손익을 하나의 포괄손익계산서에 표시하는 방법과 당기순손익을 손익계산서에 표시하고, 별도로 당기순손익, 기타포괄손

총포괄손익을 공시한다.

기타포괄손익의 대표적인 예로 기타포괄손익-공정가치금융자산의 평가손익을 들 수 있다. 앞서 투자자산에서 기타포괄손익-공정가치금융자산으로 분류한 유가증권은 매 분기 유가증권을 공정가치(시가)로 평가하여 공정가치가 전기보다 상승하였으면 기타포괄이익으로, 하락하였으면 기타포괄손실로 인식한다. 기타포괄손익-공정가치금융자산은 보유하는 유가증권을 언젠가는 매도할 것이지만 1년 후일지, 3년 후일지, 10년 후일지 모르는 것이므로 일시적인 평가손익을 당기순이익에 포함하는 것은 오히려 해당 기간 경영성과를 나타내는 당기순이익을 왜곡할 수 있다. 따라서 기타포괄손익-공정가치금융자산의 평가손익을 당기순이익의 계산에서 제외되는 기타포괄손익으로 분류하고 있다.

한편, 당기순이익(손실)이 자본의 이익잉여금을 증가 또는 감소시켜 결국 자본총계를 변동시키는 것처럼 기타포괄손익은 자본의 기타포괄손익누계액을 증가 또는 감소시킴으로써 자본총계를 변동시킨다.

8.5 기타자본

기타자본은 자본금, 자본잉여금, 이익잉여금, 기타포괄손익누계액에 속하지 않는 자본의 계정이 포함되는 곳으로 대표적인 것이 **자기주식**(또는 자사주, treasury stock)이다. 자기주식은 회사가 발행한 주식을 되실 때 사용하는 계정으로 주식발행이 자본을 증가시키는 반면, 이미 발행된 주식을 발행회사가 되사오는 것은 자본을 감소시킨다. 따라서 자기주식은 자본차감계정이다.

익, 포괄손익을 포괄손익계산서에 표시하는 방법 중 하나를 선택할 수 있다.

Accounting Mini-Case

(주)NC소프트의 경영권 방어[14)]

㈜넥슨과 경영권 분쟁 중인 ㈜NC소프트는 자사주 195만주(지분 8.93%) 전량을 3,911억원에 ㈜넷마블에 처분하기로 결정했다. 이에 앞서 16일 NC소프트는 넷마블 주식 2만 9,214주(지분 9.8%)를 3,802억원에 인수한다고 공시했다. 투자 업계는 NC소프트의 행보에 대해 적대적 인수합병의 대상이 된 기업이 제3의 우호세력을 찾는 전형적인 경영권 방어 전략으로 보고 있다. 경영권 방어에 우호적인 주주를 백기사라고 부르는데, 넷마블이 백기사 역할을 하게 된 것이다.

넷마블이 NC소프트의 자사주를 사들여 백기사 역할을 하게 되면, 김택진 NC소프트 대표 측 우호 지분은 18.88%까지 늘어나(김택진 대표이사 지분 9.98%+넷마블에 매각한 자사주 지분 8.9%) 넥슨이 보유한 총 지분율 15.08%를 뛰어넘어 경영권 방어가 가능해진다.

자사주는 경영에 영향을 미치는 의결권이 없지만, 우호적인 제3자를 확보해 자사주를 매각하면 의결권이 살아난다. NC소프트의 넷마블 지분 매입, 넷마블의 NC소프트 자사주 매입은 각각 3,802억원, 3,911억원에 달하는 대형 거래이지만, 실제 오가는 현금은 거의 없다. NC소프트가 넷마블 지분 인수를 위해 치른 대금으로 넷마블이 NC소프트 자사주를 사는 거래이기 때문이다.

만약, 주당 액면금액이 5,000원인 주식을 발행기업이 6,000원에 한 주 매입한 경우를 분개하면 다음과 같이 자기주식은 자본의 감소에 해당하므로 차변에 분개한다.

차 변		대 변	
자기주식	6,000	현 금	6,000

자기주식을 재무상태표상에 나타낼 때 자기주식은 자본차감계정이므로 잔

14) 류현정, "엔씨소프트, 전광석화 같은 경영권 방어…결국 넷마블을 백기사로", 조선비즈, 2015.2.17.

액을 괄호 안에 표시한다. (주)퍼시스는 〈표 8.1〉에서 보듯이 연결재무상태표상의 자본에 기타자본으로 (81,642)백만원을 표기하고 있는데, 연결재무제표 주석에 따르면 그중 (70,333)백만원이 자기주식이다. 기업이 자기주식을 보유하면 그 기업의 발행주식수와 유통주식수는 자기주식수만큼 차이가 난다. 자기주식은 의결권이 없고, 배당도 지급되지 않으나 회사가 원할 경우 재발행이 가능하다.

주식회사가 발행된 주식을 되사는 이유는 다양하다. 주요 이유로 첫째, 경영진이 현재 주가가 너무 낮다고 판단할 경우, 주가 부양을 위해서 자기주식을 취득한다. 기업의 자기주식 취득은 그 자체만으로도 경영진이 향후 전망을 좋게 본다는 긍정적인 신호를 주식시장에 전달하는 것으로서 유통주식수가 줄어들어 추후 발생하는 이익이 더 적은 수의 주주에게 배분되기 때문에 주가가 상승하는 경우가 많다.

둘째, 경영권 다툼이 일어날 경우 자기주식 취득은 경영권 방어수단으로 요긴하게 사용할 수 있다. 누군가가 단기간에 주식을 많이 취득하여 지분율 경쟁을 벌이는 경우, 자기주식이 있다면 이를 우호세력에게 재발행함으로써 우호세력의 지분율을 높일 수 있다.

셋째, 기업이 임직원에게 스톡옵션(stock option, 주식선택권)을 제공한 경우,[15] 임직원이 스톡옵션을 행사하면 기업은 주식을 미리 정해진 행사가격을 받고 발행해야 하는데 신주를 발행하면 기존의 주주들이 지분율 하락 등으로 피해를 보게 되므로 스톡옵션 행사 시 신주 대신 자기주식을 제공하기 위해 자기주식을 취득할 수 있다.[16]

---

15) **스톡옵션**이란 기업이 임직원에게 부여한 보상의 일환으로 일정 기간 후 자기 회사 주식을 미리 정한 가격에 살 수 있는 권리이다. 스톡옵션을 보유한 임직원이 스톡옵션을 행사하면 기업은 신주 또는 자기주식으로 미리 정한 가격에 발행하고, 임직원은 획득한 주식을 매도하여 현금을 확보할 수 있다. 주가가 오르면 오를수록 더 많은 주식양도차익이 발생하므로 더 열심히 일할 유인이 발생한다.

16) 자기주식은 위의 세 가지 이유 외에도 1주 미만의 단수주가 발생하는 경우에도 인식할 수

8.6 자본총계와 시가총액

상장기업의 주가에 유통주식수를 곱한 금액을 **시가총액**(market capitalization)이라고 한다.[17] 시가총액은 해당 기업의 주주 몫에 대한 시장가치(시가)로 볼 수 있는데 이는 재무상태표상의 자본총계와는 일치하지 않는다. 그 이유는 첫째, 재무상태표상의 자산은 대부분 취득원가 또는 상각후원가(=취득원가-감가상각누계액)로 표기되는데 이는 시가와 차이가 있기 때문이다.

둘째, 기업이 영업과 광고를 통하여 축적한 브랜드 가치, 그리고 연구개발을 통해 창출한 기술력, 품질 등은 회계기준상 자산으로 인식될 수 없거나 일부만 인식되기 때문에 그만큼 자본총계가 과소 계상되기 때문이다. 셋째, 재무상태표상의 자본총계는 과거 사건으로부터 발생한 자산과 부채를 인식한 결과이므로 미래에 대한 전망이나 예측에 관한 정보는 포함되지 않기 때문에 이를 반영하고 있는 시가총액과 차이가 난다.

시가총액을 재무상태표상의 자본총계로 나눈 비율을 **PBR**(**주가순자산비율**, price-to-book ratio)이라고 한다. 시가총액이 재무상태표상의 자본총계보다 큰 경우가 다수이므로 PBR은 일반적으로 1보다 크다. 그러나 시가총액이 오히려 자본총계보다 작아 PBR이 1보다 작은 경우도 적지 않다. PBR이 1보다 작다면 해당 기업의 자산이 과대 계상되었거나 숨어 있는 부채가 존재하거나 계속 영업을 하더라도 정상적인 이익을 얻을 수 없다고 투자자들이 판단하는 것으로 볼 수 있다.

있다. 2022년 ㈜카이노스메드는 5주를 1주로 하는 주식병합을 실시하는 과정에서 발생한 단수주 32,403천원을 자기주식으로 취득하였다.

17) 유통주식수 대신 계산의 편의를 위해 발행주식수를 사용하기도 한다.

한국의 기업과 경영인 ⑧

박태준과 POSCO-우향우정신

1927년 경남의 작은 어촌에서 태어난 박태준은 7세에 아버지가 일하고 있던 일본으로 이주하였다. 일본에서 초, 중학교를 거쳐 1945년 와세다대학교 공대에 입학하였다. 해방 후 온 가족이 귀국하였지만 원하던 학업을 이어갈 수 없었던 박태준은 1948년 경비사관학교(현 육군사관학교) 6기로 입교하여 군인으로서 새로운 출발을 시작하였다. 한국전쟁 발발 당시 포천 1연대에서 근무하던 박태준 대위는 종전 때까지 최전방과 후방을 누비며 무공훈장을 세 번이나 받고 중령으로 진급하였다.

박태준은 박정희 대통령과 사관생도와 교관의 관계로 처음 만났고, 이후 부산군수기지사령관과 인사참모부장의 돈독한 관계로 이어졌다. 박태준은 군 내부의 비리 척결에 앞장섰고 청탁을 철저히 거부했다. 박정희 대통령의 요청으로 1964년 당시 최대 수출기업인 대한중석 사장으로 취임한 후, 청탁을 근절하고 종업원의 후생복지를 개선했으며 간부들의 현장 경영을 독려하여 취임 1년 만에 적자기업을 흑자기업으로 전환하였다.

종합제철소 건설을 추진하던 박정희 대통령은 1967년 박태준을 사업추진위원장으로 임명하였다. 박태준은 제철소 부지를 매입하고, 주민들을 어렵게 설득하여 이주시켰으나 건설자금을 대기로 했던 국제차관단은 한국의 제철소 건립은 경제적 타당성이 희박하다며 지원을 거절하였다. 박태준은 이에 절망하지 않고 당시 일본과의 국교협상에서 받기로 한 배상금 1억 달러를 제철소 건립에 투자하자는 의견을 제시하여 우여곡절 끝에 종합제철소 건설을 시작하였다. 박태준은 직원들에게 제철소 건설사업은 조상의 피의 대가로 추진된 것이므로 실패할 경우 우향우하여 동해바다에 몸을 던질 각오로 일하자고 역설하였다. 부정한 청탁을 거부하고, 부실시공은 과감히 부수고 재시공하였으며 공사기간 단축을 위해 현장에서 공사를 진두지휘하였다.

1973년 드디어 포항제철(현 포스코) 제1기 설비가 완공되었고, 가동 첫해 1,200만 달러의 흑자를 달성하는 기적을 연출하였다. 25년간 제철사업에 투신하여 포항제철 1~4기의 준공에 이어 광양 제2제철소 1~4기를 완성하였으며 1986년에는 포항공대를 설립하였다. 군 장교로서 조국을 위해 전장을 누볐고, 기업인으로 포스코의 건설과 성장에 전력을 다하였으며 평생을 청렴하게 살아온 박태준은 2011년 타계하였다.

참고문헌: 세계 최고의 철강인 박태준(이대환, 2007, 현암사), 박태준처럼(이경윤, 2013, FKI미디어)

요 약

1. 상법은 발행주식의 액면총액(=발행주식수×주당 액면금액)을 자본금으로 규정하고, 채권자 보호를 위해 자본금을 주주의 배당재원에서 제외한다. 주식에는 보통주와 우선주가 있으며 우선주는 보통주와 달리 의결권이 없는 대신 배당에 있어서 보통주보다 우선권이 있다. 자본잠식은 자본총계가 자본금보다 작은 경우를 말한다.

2. 유상증자는 주식회사가 설립된 후 대규모의 자금조달을 위해서 주식을 추가로 발행하는 것인 반면, 무상증자는 주주에게 대가를 받지 않고 무상으로 주식을 추가로 발행하는 것이다. 유상증자는 자금조달이 주목적이고, 무상증자는 주식수를 늘려 주가를 거래하기 쉬운 저렴한 가격으로 낮추려는 것이 주목적이다.

3. 유상감자는 기업이 발행된 주식을 되사서 소각시키는 것이고, 무상감자는 주주에게 대가를 지급하지 않고 발행된 주식을 회수하여 소각시키거나 발행주식수는 그대로 두고 주당 액면금액을 줄이는 것이다. 유상감자는 대주주가 자금을 회수하려는 것이 주목적이고, 무상감자는 결손금을 없애기 위해, 또는 부분자본잠식 기업이 자본잠식률을 낮추기 위해 실시하거나, 부실기업이 재무구소 개선을 위한 출자전환 또는 유싱증자를 앞두고 주가를 액면금액 수준으로 높이기 위해 시행한다.

4. 자본잉여금 중 대표적인 것이 주식발행초과금이다. 주식발행초과금은 주식회사가 설립 이후 주식을 추가로 발행하는 경우 발행금액 중 액면금액을 초과하는 금액[= 발행주식수×(발행가격-액면금액)]을 기록하는 계정이다.

5. 이익잉여금은 수익이 비용을 초과한 금액 중 기업 외부로 배당하지 않고 사내에 유보한 이익의 누적금액을 의미한다. 일반기업회계기준은 이익잉여금을 세부적으로 법정적립금, 임의적립금, 미처분이익잉여금으로 구분한다. 법정적립금은 상법에 의해 미처분이익잉여금 중 해당 기간 현금배당액의 10% 이상을 이익준비금이라는 계정으로 분류하도록 의무화한 것이고, 임의적립금은 회사가 특정 목적을 위해 배당하지 않고 사내에 유보하기 위해 임의로 설정한 것이다.

6. 엄밀히 말하면 수익 또는 비용에 해당하지만 당기 경영성과의 측정치인 당기순이익(손실)에 포함하기에는 적절하지 않아 당기순이익(손실) 산출에는 포함하지 않는 계정을 기타포괄손익으로 분류한다. 기타포괄손익은 자본의 기타포괄손익누계액을 증가 또는 감소시킴으로써 자본총계를 변동시킨다.

7. 기타자본은 자본금, 자본잉여금, 이익잉여금, 기타포괄손익누계액에 속하지 않는 자본의 계정이 포함되며 대표적인 것은 자기주식이다. 자기주식은 회사가 발행한 주식을 되살 때 사용하는 계정으로 주식발행이 자산(현금)의 증가와 자본의 증가인 반면, 자기주식의 취득은 자산(현금)의 감소와 자본의 감소에 해당한다.

8. 재무상태표상의 자본총계는 시가총액과 일치하지 않는다. 그 이유는 재무상태표상의 자산은 대부분 취득원가 또는 상각후원가로 표기되고, 기업이 창출한 브랜드 가치와 기술력, 품질 등이 대부분 자산으로 반영되지 않으며, 재무상태표는 미래에 대한 전망이나 예측에 관한 정보를 포함하지 않기 때문이다.

O×퀴즈 아래 문장이 옳으면 ○, 틀리면 ×로 답하고 틀린 곳은 올바르게 고치시오.

1. 자본금은 발행주식수에 주당 액면금액을 곱한 액면총액을 말하고, 채권자 보호를 위해 주주의 배당재원에서 제외된다.

2. 자본잠식이라고 하면 자본총계가 0보다 작은 경우를 말한다.

3. 주식발행초과금은 주식의 발행가격이 액면금액보다 큰 경우 액면금액을 초과하는 부분을 기록하는 자본계정이고, 주식할인발행차금은 주식의 발행가격이 액면금액보다 작은 경우 액면금액에 미달되는 부분을 기록하는 자본차감계정이다.

4. 자기주식의 취득은 현금의 감소와 투자주식의 증가로 자산총계와 자본총계에 미치는 영향은 없다.

5. 유상감자는 기업이 이미 발행한 주식을 되사서 소각시키는 것이고, 무상감자는 주주에게 대가를 지급하지 않고 발행된 주식을 회수하여 소각시키거나 발행주식수는 그대로 두고 주당 액면금액을 줄이는 것이다.

6. 당기순이익과 기타포괄이익은 모두 자본의 이익잉여금을 증가시킨다.

7. 기업이 보유하는 현금을 투자하여 토지, 건물, 기계장치 등을 취득하면 사내유보금 즉, 이익잉여금은 감소한다.

8. 시가총액은 재무상태표상의 자본총계보다 항상 크다.

9. 자기주식의 취득은 경영권 다툼이 있는 경우 우호세력에게 자기주식을 재발행할 수 있다는 점에서 효과적인 경영권 방어수단이 될 수 있다.

10. 이익잉여금은 법정적립금, 임의적립금, 미처분이익잉여금으로 구성된다. 법정적

립금의 증가는 단지 미처분이익잉여금의 일부가 법정적립금으로 이전된 것이므로 이익잉여금 총계는 변동이 없다.

11. 우선주는 보통주와 같이 의결권이 있고, 배당에 있어서는 보통주보다 우선권이 있다.

12. 유상증자는 자본금과 자본총계를 증가시키고, 유상감자는 자본금과 자본총계를 감소시킨다.

13. 기타포괄이익은 자본총계를 증가시키고, 기타포괄손실은 자본총계를 감소시킨다.

14. 재무상태표상의 이익잉여금이 100억원이라면 기업이 사내에 보유하는 현금이 100억원임을 의미한다.

15. 주가순자산비율(PBR)이 1보다 작은 기업은 자본잠식에 해당한다.

16. 자기주식의 취득은 유통주식수를 감소시킨다.

17. 이익준비금은 매 결산기 현금배당액의 5% 이상을 자본금의 50%에 달할 때까지 적립해야 하는 법정적립금이다.

제8장 객관식 문제

1. 다음의 거래가 재무상태표상 자본항목에 미치는 영향으로 가장 옳은 것은? 〈회계관리 2급, 2023년〉

> ㄱ. 액면금액 5,000원인 주식 100주를 1주당 10,000원에 발행하였다.
> ㄴ. 미처분이익잉여금 1,000,000원을 현금으로 배당하였다.

	자본금	자본잉여금	이익잉여금
①	증가	불변	감소
②	증가	증가	감소
③	불변	증가	감소
④	불변	불변	불변

2. 다음 중 자본에 영향을 미치는 거래에 해당하지 않는 것은? 〈전산회계 1급, 2024〉

① 사옥으로 사용하기 위해 건물을 구입하고 거래대금을 보통예금으로 지급했다.
② 보통주 10,000주를 주당 11,000원(액면가액 5,000원)에 증자했다.
③ 광고대행사로부터 광고대행용역을 제공받고 수수료로 10,000,000원을 지급했다.
④ 사업에 사용하던 차량을 10,000,000원(장부가액 15,000,000원)에 매각했다.

3. 다음 중 재무상태표의 자본에 영향을 미치지 않는 항목은 무엇인가? 〈전산회계 1급, 2024 수정〉

① 당기순이익　② 현금배당　③ 무상감자　④ 유상증자

4. 다음 중 이익잉여금에 대한 설명으로 옳지 않은 것은? 〈전산세무 1급, 2024〉

① 이익잉여금이란 기업의 영업활동 등에 의하여 창출된 이익으로써 사외에 유출되거나 자본에 전입하지 않고 사내에 유보된 금액을 말한다.
② 미처분이익잉여금이란 기업이 벌어들인 이익 중 배당금이나 다른 잉여금으로 처분되지 않고 남아 있는 이익잉여금을 말한다.

③ 이익준비금은 상법 규정에 따라 적립하는 법정적립금으로, 금전배당을 하는 경우 이익준비금이 자본총액의 1/2에 달할 때까지 금전배당액의 1/10 이상을 적립하여야 한다.

④ 임의적립금의 적립이 이익잉여금 총액에 미치는 영향은 없다.

5. 다음 자본에 대하여 옳지 않은 것은? 〈회계관리 2급, 2024 수정〉

① 자본금은 액면가액×발행주식수로 계산하여 대변에 자본금으로 처리한다.

② 자본잉여금은 주식발행초과금을 포함한다.

③ 자본잉여금은 자본금의 전입 외에는 사용이 불가하다.

④ 유상증자 발행시 주식발행비용 등에 대해서는 별도의 비용으로 차변에 회계처리한다.

6. 20×1년 1월 1일 설립한 ㈜한국의 자본 관련 거래는 다음과 같다.

일 자	거래 내역
1월 1일	보통주 1,000주를 주당 ₩120(액면금액 ₩100)에 발행하고, 주식발행과 관련된 직접비용 ₩700을 현금 지급하였다.
7월 1일	보통주 1,000주를 주당 ₩90(액면금액 ₩100)에 발행하고, 주식발행과 관련된 직접비용은 발생하지 않았다.

이와 관련된 설명으로 옳은 것은? 〈국가직 9급, 2022년〉

① 1월 1일 현금 ₩120,000이 증가한다.

② 1월 1일 주식발행과 관련된 직접비용 ₩700을 비용으로 계상한다.

③ 7월 1일 자본금 ₩90,000이 증가한다.

④ 12월 31일 재무상태표에 주식발행초과금으로 표시될 금액은 ₩9,300이다.

제8장 주관식 문제

1. 보통주의 주당 액면금액이 5,000원인 (주)화성은 20×0년과 20×1년에 유상증자와 자기주식 취득을 다음과 같이 실시하였다. 각 거래가 자본총계에 미치는 영향을 구체적인 계정과목과 금액을 들어 설명해 보시오.

연 도	거 래	발행/취득 주식수	주당 발행/취득 금액
20×0년	유상증자	300,000주	6,000원
20×1년	자기주식 취득	10,000주	7,000원

2. 다음은 (주)울산공업의 재무상태표 중 자본 부분이다. 아래 물음에 답하시오.

(단위: 원)

	20×1년 말	20×0년 말
자 본		
보통주자본금	1,500,000,000	1,000,000,000
자본잉여금		
주식발행초과금	1,300,000,000	800,000,000
기타자본		
자기주식	(20,200,000)	0
이익잉여금	396,352,000	355,387,000
자본총계	3,176,152,000	2,155,387,000

1) (주)울산공업의 보통주는 액면금액이 5,000원이다. 20×1년 말의 총발행주식수는 몇 주인가?
2) 20×1년 (주)울산공업은 유상증자를 실시하였다. 몇 주를 추가로 발행하였고, 주당 발행가액은 얼마인가? (발행비용은 없는 것으로 가정)
3) (주)울산공업은 20×1년 말까지 주식발행을 통하여 총 얼마의 자금을 조달하였

는가? (모든 주식은 현금 출자로 발행된 것으로 가정)

4) 20×1년 (주)울산공업이 취득한 자기주식은 2,000주이다. 자기주식의 주당 취득 금액은 얼마인가?

5) 20×1년 말 (주)울산공업의 유통주식수는 얼마인가?

6) 20×1년 말 (주)울산공업의 사내유보이익(사내유보금)은 얼마인가?

7) 20×1년 (주)울산공업이 현금배당으로 10,000,000원을 지급하였다면 (주)울산공업의 20×1년 당기순이익은 얼마인가?

3. 다음의 거래가 자본금, 자본총계, 발행주식수, 유통주식수에 미치는 영향을 증가, 감소, 불변 중에서 골라 빈 칸을 채우시오.

거 래	자본금	자본총계	발행주식수	유통주식수
유상증자				
자기주식 취득				
배당금 지급 승인				
유상감자				
자기주식 재발행				
무상증자				
무상감자(액면불변)				

4. 다음은 (주)수원실업의 20×1년 말 재무상태표의 자본에 포함되는 계정과목과 잔액의 자료이다. 아래 물음에 답하시오.

(단위: 천원)

계정과목	잔 액	계정과목	잔 액
보통주자본금	300,000	이익준비금	2,000
주식발행초과금	540,000	임의적립금	49,000
기타포괄손익누계액	(2,165)	미처분이익잉여금	182,432
자기주식	(5,230)	우선주자본금	30,000

1) 재무상태표상에 자본금은 얼마로 표기되는가?

2) 재무상태표상에 자본잉여금은 얼마로 표기되는가?

3) 재무상태표상에 이익잉여금은 총 얼마인가?
4) 20×1년도 포괄손익계산서상에 당기순이익은 67,540천원, 기타포괄손실은 1,543천원이 발생한 것으로 나타났다. 당기순이익과 기타포괄손실은 위의 자본 계정과목 중에서 어디에 포함되어 있는가?
5) 20×2년 3월 말 주주총회에서 현금배당금을 10,000천원 지급하고, 이익준비금으로 1,000천원을 적립할 것을 승인할 예정이다. 주주총회에서 그대로 승인된다면 위의 계정과목 중에서 변하는 것은 무엇인가? 그 결과 이익잉여금은 총 얼마가 증가 또는 감소하는가?

5. 다음은 (주)설악레저의 20×1년 말 재무상태표의 자본에 포함되는 계정과목과 잔액이다. 아래 물음에 답하시오.

계정과목	잔 액	계정과목	잔 액
자본금	70,000,000	이익준비금	1,500,000
주식발행초과금	20,000,000	미처분이익잉여금	16,290,000

1) (주)설악레저의 보통주 액면금액이 100원이라면 보통주의 발행주식수는 얼마인가?
2) 20×2년 1월 2일 (주)설악레저가 발행가격 200원에 보통주 300,000주를 추가로 발행하는 유상증자를 실시하였다. 1월 2일의 유상증자를 분개하시오.
3) 20×2년 3월 31일 (주)설악레저는 주주총회에서 5,000,000원의 현금배당과 500,000원을 이익준비금으로 적립할 것을 결의하였다. 그 결과 위의 계정과목 중 잔액이 변하는 것은 무엇이고, 이익잉여금은 총 얼마가 되는가?
4) 20×2년 7월 1일 주식발행초과금을 재원으로 발행주식수의 10% 무상증자를 실시하였다. 7월 1일 무상증자의 결과, 자본금과 발행주식수는 얼마인가?
5) 20×2년 12월 1일 (주)설악레저는 자기주식 10,000주를 주당 210원에 취득하였다. 12월 1일의 자기주식 취득을 분개하시오.

6. 다음은 (주)한라환경의 20×1년 말 재무상태표의 자본에 포함되는 계정과목과 잔액이다. 아래 물음에 답하시오.

계정과목	잔 액	계정과목	잔 액
자본금	70,000,000	결손금	(10,000,000)
주식발행초과금	1,000,000	기타포괄손익누계액	(500,000)

1) (주)한라환경의 발행주식수가 70,000주이라면 보통주의 액면금액은 얼마인가?
2) 20×1년 말 현재 (주)한라환경은 자본잠식에 해당하는지 답해보시오.
3) (주)한라환경의 20×1년 말 보통주의 종가는 800원이다. (주)한라환경의 주가순자산비율(PBR)은 얼마인가?
4) 20×2년 1월 5일 (주)한라환경은 결손금을 모두 자본금으로 보전하기 위한 무상감자를 실시하였다. 무상감자 이후 유통주식수, 자본금, 결손금, 자본총계는 각각 얼마인가?

7. 아래 표는 주식과 관련된 용어를 설명한 것이다. ①~⑧에 들어갈 용어를 채우시오.

용어	설 명
우선주	보통주와는 달리 의결권이 없으나 배당과 기업 청산으로 잔여재산 분배 시에 보통주보다 우선권이 있는 주식의 종류
①	1주당 가격이 너무 높거나 유통주식수가 적어 거래가 잘 이루어지지 않는 경우 주로 실시하는 것으로, 주식수와 자본금이 증가하지만 자본총계는 변동이 없다.
②	자본총계가 자본금보다 작은 상태
③	발행된 주식을 유상으로 되사서 소각시키는 것으로 자본금과 자본총계가 모두 감소한다.
④	기업이 과거에 발행한 주식을 되사서 보유하고 있는 것으로 의결권을 행사할 수 없고 배당을 받을 수 없다.
⑤	상장기업의 주가에 유통주식수를 곱한 금액
⑥	기업이 주주에게 대가를 지급하지 않고 발행된 주식의 일부를 소각시키는 것으로 결손 보전의 목적으로 실시할 경우, 자본금과 결손금이 모두 감소한다.
⑦	상장기업의 주가에 유통주식수를 곱한 금액을 자본총계로 나눈 비율
⑧	주식회사 설립 후 자금조달을 위해 주식을 추가로 발행하는 것으로 자본금과 자본총계가 모두 증가한다.

실제 기업 사례 문제

1. 상장기업인 (주)티웨이항공은 2022년 유상증자로 보통주 50,000,000주를 주당 2,420원에 발행하였다. (주)티웨이항공의 보통주 액면금액은 500원이다.

1) 주식발행 비용이 없다면, 유상증자로 자본금과 주식발행초과금은 얼마나 증가하는가?

2) 상장수수료, 증권회사 인수수수료 등 주식발행비로 1,402,214,000원이 발생하여 유상증자를 통해 실질적으로 조달한 자금은 그만큼 줄어들었다면 자본금과 주식발행초과금은 어떻게 달라지는가?

2. 다음은 비상장 유통기업인 (주)아성다이소의 재무상태표 자본 부분이다. 아래 물음에 답하시오.

주식회사 아성다이소 (단위: 백만원)

과 목	2024.12.31.		2023.12.31.	
자 본				
I. 자본금		3,219		3,219
1. 보통주자본금	3,219		3,219	
II. 자본잉여금		41,286		41,286
1. 주식발행초과금	41,286		41,286	
III. 자본조정		(1,219)		(1,219)
1. 자본조정	(1,219)		(1,219)	
IV. 기타포괄손익누계액				(985)
1. 단기금융상품평가손실			(985)	
V. 이익잉여금		1,053,740		764,332
1. 이익준비금	1,609		1,609	
2. 미처분이익잉여금	1,052,131		762,722	
자본총계		1,097,025		806,632

1) (주)아성다이소의 보통주는 액면금액이 5,000원이다. 현재까지 발행한 보통주 주식수는 얼마인가?
2) (주)아성다이소은 2024년 말까지 주식발행을 통하여 총 얼마의 금액을 조달하였는가? (모든 주식은 현금 출자로 발행된 것으로 가정) 그리고 평균 발행가격은 얼마인가?
3) 2024년 이익잉여금은 1,053,740백만원으로 전기의 764,332백만원보다 289,408백만원 증가하였다. 증가의 원인이 무엇인지 전자공시시스템에서 자본변동표를 찾아보고 답하시오.
4) 이익잉여금 중 이익준비금의 2024년 잔액이 2023년과 동일한 이유는 무엇인가? 재무제표 주석을 참조하여 답하시오.
5) 2024년 말의 미처분이익잉여금 1,052,131백만원을 어떻게 처분할 예정인지 재무제표 주석12를 참조하여 답하시오.

3. 다음은 상장기업인 (주)대한화섬의 재무상태표 자본 부분이다. 전자공시시스템에서 재무제표 주석을 참조하여 아래 물음에 답하시오.

주식회사 대한화섬 (단위: 백만원)

	2024.12.31.	2023.12.31.
자 본		
Ⅰ. 자본금	6,640	6,640
Ⅱ. 자본잉여금	1,894	1,894
Ⅲ. 자본조정	(16,054)	(11,091)
Ⅳ. 기타자본	193,955	211,945
Ⅴ. 이익잉여금	504,316	507,729
자본총계	690,752	717,117

1) (주)대한화섬의 보통주는 액면금액이 5,000원이다. 현재까지 발행한 보통주 주식수는 얼마인가?
2) 자본조정은 구체적으로 무엇으로 구성되는가?
3) (주)대한화섬은 2024년 말까지 주식발행을 통해 총 얼마의 금액을 조달하였는가? (모든 주식은 현금 출자로 발행된 것으로 가정) 그리고 주당 평균 발행가격은 얼

마인가?

4) 2024년 말 (주)대한화섬의 사내유보이익은 얼마인가? 2024년 말의 재무상태표상에 나타난 현금 및 현금성자산의 잔액을 찾은 후 그 잔액이 사내유보이익(사내유보금)과 일치하지 않는 이유를 설명해 보시오.

5) 이익잉여금은 구체적으로 무엇으로 구성되어 있는가? 2024년에 현금배당으로 지급한 금액은 얼마인가?

6) 2024년 이익잉여금은 504,316백만원으로 전기의 507,729백만원보다 감소하였다. 감소의 원인이 무엇인지 자본변동표를 보고 답하시오.

4. (주)삼성전자는 2024년 주주가치 제고를 목적으로 보통주와 우선주 자기주식을 취득하였다. (주)심싱진자는 자기주식을 몇 주 취득하었고, 총 취득금액은 얼마이며 연결재무상태표상에 어떻게 표기하는지를 연결재무상태표 주석에서 찾아 답하시오.

5. 상장기업인 (주)웅진씽크빅은 2020년 2월 발행주식수의 12.5%인 16,771,656주(액면금액 500원)를 주당 2,975원에 매수하여 소각하였다. 아래 물음에 답하시오.

1) 2020년 유상감자 직후 (주)웅진씽크빅의 발행주식수와 자본금은 각각 얼마인가?

2) 연결재무제표 주석21에 따르면 (주)웅진씽크빅은 유상감자를 실시하면서 감자차손 43,040백만원이 발생하였다. 감자차손은 어떻게 산출되는 것인지 인터넷 검색을 통해 답해 보시오.

3) 2020년 12월 (주)웅진씽크빅은 자기주식 1,895,607주를 이익소각하였다. 이익소각이 유상감자와 다른 점은 무엇인지 연결재무제표 주석23을 참조하여 답하시오.

6. ㈜한울앤제주(구 제주맥주)는 2024년 결손금 보전 및 재무구조개선을 위해 보통주 5주를 같은 액먼주식 1주로 병합하는 무싱감자를 실시하었다. 무상감자 전 ㈜한울앤제주의 액면가 500원 보통주의 발행주식수가 59,433,025주이라면 무상감자 후 보통주자본금과 결손금 보전에 사용된 금액은 얼마인가?

제 9 장

현금흐름표

앞서 제2장에서 제4장까지 서비스기업, 상품매매기업, 제조기업의 재무제표를 설명할 때 현금흐름표를 소개하였다. 본 장에서는 제3장에 나온 (주)안전유통의 현금흐름표 〈표 9.1〉을 토대로 영업활동 현금흐름을 간접법으로 작성하는 방법에 대해 논의한다.

9.1 직접법과 간접법

직접법(direct method)은 〈표 9.1〉과 같이 영업활동에서의 현금유입액은 원

표 9.1 (주)안전유통의 4월 현금흐름표 – 직접법

현금흐름표 20×1년 4월 1일부터 4월 30일까지 (주)안전유통		(단위: 원)
Ⅰ. 영업활동 현금흐름		(5,080,000)
고객으로부터 유입된 현금	0	
종업원에 대한 현금지출	(3,500,000)	
기타 현금지출(임차료, 보험료, 전력비)	(1,580,000)	
Ⅱ. 투자활동 현금흐름*		(20,000,000)
임차보증금의 지급	(20,000,000)	
Ⅲ. 재무활동 현금흐름		40,000,000
주주의 출자	30,000,000	
단기차입금의 증가	10,000,000	
Ⅳ. 현금의 증가		14,920,000
Ⅴ. 기초의 현금		0
Ⅵ. 기말의 현금		14,920,000

* 현금유출이 없는 중요한 투자활동으로 비품의 외상취득 600만원이 있다.

천별로, 현금유출액은 용도별로 구분하여 보여주기 때문에 투자자들이 현금흐름을 한눈에 쉽게 파악할 수 있다는 장점이 있다. 그러나 직접법의 사용을 위해서는 회계기간 동안 현금 계정에 표시된 현금의 유입과 유출을 일일이 분석해야 하는 어려움이 있다. 따라서 실무에서는 직접법 대신 아래에서 설명하는 **간접법**(indirect method)을 사용하여 영업활동 현금흐름을 산출한다.

〈표 9.2〉는 (주)안전유통의 현금흐름표를 간접법으로 작성한 것이다. 직접

표 9.2 (주)안전유통의 4월 현금흐름표 – 간접법

현금흐름표 20×1년 4월 1일부터 4월 30일까지 (주)안전유통		(단위: 원)
Ⅰ. 영업활동 현금흐름		(5,080,000)
당기순이익(손실)	(290,000)	
현금유출이 없는 비용 등의 가산		
감가상각비	100,000	
영업활동으로 인한 자산·부채의 변동		
매출채권 증가	(13,500,000)	
상품 증가	(1,000,000)	
선급보험료 증가	(440,000)	
매입채무 증가	10,000,000	
미지급이자 증가	50,000	
Ⅱ. 투자활동 현금흐름*		(20,000,000)
임차보증금의 지급	(20,000,000)	
Ⅲ. 재무활동 현금흐름		40,000,000
주주의 출자	30,000,000	
단기차입금의 증가	10,000,000	
Ⅳ. 현금의 증가		14,920,000
Ⅴ. 기초의 현금		0
Ⅵ. 기말의 현금		14,920,000

* 현금유출이 없는 중요한 투자활동으로 비품의 외상취득 600만원이 있다.

법과 간접법은 영업활동 현금흐름의 산출방법에서만 차이가 있고, 투자활동과 재무활동 현금흐름의 작성방법에는 차이가 없다. 간접법은 손익계산서에서 수익과 비용을 기준으로 산출한 당기순이익(손실)으로부터 출발하여 현금흐름이 동반되지 않는 항목과 영업활동과 관련이 없는 현금흐름에 대한 조정을 거쳐 영업활동 현금흐름을 산출한다.

9.2 간접법에 의한 영업활동 현금흐름 산출

간접법의 핵심은 〈표 9.3〉에서 요약한 것처럼 당기순이익(손실)에서 출발하여 현금 유출이 없는 비용 등을 가산하고, 현금 유입이 없는 수익 등을 차감하는 조정을 하는 것이다.

먼저, 현금 유출이 없는 감가상각비, 무형자산상각비, 퇴직급여[1] 등과 같은 비용을 당기순이익에 가산한다. 이러한 항목은 당기순이익의 계산에는 포함되나 실제로 현금이 유출되지는 않았으므로 영업활동 현금흐름의 산출을 위해서 당기순이익에 가산하는 것이다.

두 번째로 당기순이익의 계산에 포함되나 영업활동이 아닌 투자활동 또는 재무활동과 관련된 손실을 가산한다. 이러한 항목의 예로는 자산처분손실, 채무상환손실 등을 들 수 있다.

다음으로는 현금 유입이 없는 지분법이익[2] 등과 같은 수익(또는 이익)을 당

1) 퇴직급여는 종업원에게 퇴직금을 지급할 때 비용으로 인식하는 것이 아니라 종업원이 재직하는 기간에 비용으로 인식하므로 현금 유출이 없는 비용이다.

2) 다른 기업의 주식을 보유하면서 그 기업에 중대한 영향력을 미치는 경우(주로 지분율 20% 이상) **지분법회계**를 적용한다. 지분법회계는 피투자회사의 당기순이익 중 지분율만큼을 **지분법이익**으로 인식하므로 실제 현금의 유입은 없다.

표 9.3 간접법에 의한 영업활동 현금흐름 산출과정 예시

항목	금액	합계
영업활동으로 인한 현금흐름		×××
1) 당기순이익(손실)	×××(×××)	
2) 현금의 유출이 없는 비용 등의 가산		
+ 현금유출이 없는 비용		
감가상각비	×××	
무형자산감가상각비	×××	
퇴직급여	×××	
⋮		
+ 투자 및 재무활동 관련 비용 및 손실		
유형 · 무형 · 투자자산 처분 손실	×××	
사채상환손실	×××	
⋮		
3) 현금의 유입이 없는 수익 등의 차감		
− 현금유입이 없는 수익		
지분법이익	(×××)	
⋮		
− 투자 및 재무활동 관련 수익 및 이익		
유형 · 무형 · 투자자산 처분 이익	(×××)	
사채상환이익	(×××)	
⋮		
4) 영업활동으로 인한 자산 및 부채의 변동		
−(+) 영업활동으로 인한 자산의 증가(감소)		
매출채권, 재고자산, 선급비용 등의 증가(감소)	(×××)×××	
+(−) 영업활동으로 인한 부채의 증가(감소)		
매입채무, 미지급비용, 선수수익 등의 증가(감소)	×××(×××)	

기순이익으로부터 차감한다. 이러한 항목은 당기순이익 계산에는 포함되나 실제로 현금의 유입이 없으므로 영업활동 현금흐름의 산출을 위해 당기순이익으로부터 차감하는 것이다.

또한 당기순이익의 계산에 포함되나 영업활동이 아닌 투자활동 또는 재무활동과 관련된 이익을 차감한다. 이러한 항목의 예로 자산처분이익, 채무상환이익 등을 들 수 있다.

마지막으로 영업활동으로 인한 자산과 부채의 변동을 조정한다. 결론부터 말하면 영업활동과 관련된 자산의 증가는 차감하고, 영업활동과 관련된 부채의 증가는 가산하며, 감소의 경우는 증가의 반대로 조정한다.[3] 영업과 관련된 자산의 증가에 대해 차감하는 조정을 하는 이유는 그 증가가 현금 유입이 없는 수익을 나타내기 때문이다.

예를 들어, 〈표 9.4〉와 같이 매출채권 계정은 외상매출이 발생할 때는 증가하고, 현금의 회수 시에는 감소한다. 다른 거래가 없다면 매출채권의 기말잔액은 차변 100,000원이 되고 기초잔액 0과 비교할 때 매출채권은 100,000원이 증가한다. 이 증가액 100,000원은 외상매출액 1,000,000원과 현금회수액 900,000원의 차이로 외상매출과 관련된 현금 유입이 없는 수익의 순액을 나타낸다. 따라서 영업활동 현금흐름을 구하기 위해 매출채권 증가액 100,000원을 차감하는 조정을 해주는 것이다.

표 9.4 매출채권 계정의 변동 사례

매출채권			
차 변		대 변	
기초잔액	0	현금회수	900,000
외상매출	1,000,000	증가분 10만원은 현금 유입 없는 수익의 순액	
기말잔액	100,000		

한편, 영업과 관련된 부채의 증가에 대해 가산하는 조정을 하는 이유는 그 증가가 현금 유출이 없는 비용을 나타내기 때문이다. 예를 들어, 〈표 9.5〉와 같

3) 영업 관련 자산과 부채는 주로 유동자산과 유동부채이다. 그러나 비유동자산인 장기성 매출채권 등과 비유동부채인 순확정급여부채, 충당부채, 장기기타부채 등의 변동도 조정이 필요하다.

이 미지급이자 계정은 결산수정분개의 결과 이자비용이 발생할 때 증가한다. 만약, 다른 거래가 없다면 미지급이자의 기말잔액은 대변 50,000원이 되고 기초잔액 0과 비교할 때 미지급이자는 50,000원이 증가한다. 이 증가액 50,000원은 현금 유출이 없는 이자비용의 순액을 나타낸다. 따라서 영업활동 현금흐름을 산출하기 위해 미지급이자 증가액 50,000원을 가산하는 조정을 한다.

표 9.5 미지급이자 계정의 변동내역

미지급이자		
차 변	대 변	
증가분 5만원은 현금 유출 없는 비용의 순액	기초잔액	0
	이자비용 발생	50,000
	기말잔액	50,000

다음으로 상품의 변동과 매입채무의 변동에 대한 조정을 살펴보자. 〈표 9.6〉의 상품 계정에서 상품은 매입 시에는 증가하고, 상품 판매 시에는 감소한다. 외상매입액이 500,000원이고, 상품 판매가 300,000원이라면 〈표 9.6〉처럼 기말잔액은 차변 200,000원으로 기초잔액 0원 대비 200,000원이 증가한다.

표 9.6 상품 계정의 변동내역 사례

상 품			
차 변		대 변	
기초잔액	0	매출원가	300,000
외상매입	500,000	20만원 증가	
기말잔액	200,000		

〈표 9.7〉의 매입채무 계정에서 매입채무는 상품의 외상매입 시에는 증가하고, 대금을 지급할 때는 감소한다. 상품의 외상매입액이 〈표 9.6〉과 동일하게 500,000원이고, 당기 현금지급액이 400,000원이라면 〈표 9.7〉과 같이 매입채

무의 기말잔액은 대변 100,000원이 되고 기초잔액 0원 대비 100,000원이 증가한다.

표 9.7 매입채무 계정의 변동내역 사례

매입채무			
차 변		대 변	
현금지급액	400,000	기초잔액	0
	10만원 증가	외상매입	500,000
		기말잔액	100,000

〈표 9.6〉과 〈표 9.7〉의 결과, 상품의 매출원가는 300,000원인 반면, 당기 현금지급액은 400,000원으로 현금지출액이 손익계산서에 비용으로 반영된 매출원가를 100,000원 초과한다. 따라서 당기순이익으로부터 영업활동 현금흐름을 산출하기 위해서는 100,000원을 추가로 차감하는 조정이 필요하다. 이를 위해 먼저 상품의 증가 200,000원을 차감하고, 다음으로 매입채무의 증가 100,000원을 가산하면 순액으로 100,000원 차감한 결과를 얻을 수 있다.[4)]

결국, 영업활동으로 인한 자산과 부채의 변동을 조정하는 것은 현금 유입이 없는 수익을 차감하고, 현금 유출이 없는 비용은 가산하기 위한 것으로서, 영업활동과 관련된 자산의 증가(감소)는 차감(가산)하고, 영업활동과 관련된 부채의 증가(감소)는 가산(차감)함으로써 조정이 완료된다.

---

4) 재고자산 변동(Δ재고자산)과 매입채무 변동(Δ매입채무)의 조정을 식으로 나타내면,
(재고자산 기말잔액=기초잔액+외상매입−매출원가)이므로,
매출원가=(−재고자산 기말잔액+기초잔액)+외상매입=(−Δ재고자산+외상매입)이나.
한편, (매입채무 기말잔액=기초잔액+외상매입−현금지급액)이므로,
현금지급액=(−매입채무 기말잔액+기초잔액)+외상매입=(−Δ매입채무+외상매입)이다.
따라서 (매출원가−현금지급액)=(−Δ재고자산+Δ매입채무)이 되고, 매출원가 중 현금지출이 없는 부분이 (−Δ재고자산+Δ매입채무)이다. 당기순이익에서 이를 제거하려면 당기순이익에 (−Δ재고자산+Δ매입채무)를 더해주면 된다. 즉, 재고자산의 증가를 차감하고, 매입채무의 증가는 가산하면 된다.

9.3 투자활동 및 재무활동 현금흐름

투자활동 현금흐름은 기업의 영업활동을 유지·성장시키기 위한 유형자산 및 무형자산의 취득과 처분, 그리고 여유자금을 이용하여 금융상품이나 다른 회사가 발행한 주식과 사채 등의 취득과 처분에 관련된 현금흐름을 포함한다.[5)]

현금흐름표상에 투자활동 현금흐름을 표시할 때는 자산의 취득을 위해 유출된 현금과 자산의 처분으로 유입된 현금을 서로 상계하지 않고 각각을 별도로 표기한다. 앞서 〈표 9.2〉에서 (주)안전유통은 건물을 임차하기 위해 건물소유주에게 지급한 임차보증금 2,000만원을 투자활동 현금지출액으로 표기하고 있다.

재무활동 현금흐름은 은행 차입과 상환, 회사채 발행과 상환, 주주의 출자와 배당금 지급, 자기주식의 취득과 재발행 등 사업자금의 조달과 상환에 관련된 현금흐름을 나타낸다. 현금 유입과 현금 유출로 나누어 해당 항목의 현금 유입액 또는 유출액을 표기한다. 〈표 9.2〉에서 (주)안전유통은 주주의 출자와 단기차입금에 의한 현금 유입을 재무활동 현금흐름으로 표시하고 있다.

끝으로, 현금흐름표상의 영업활동, 투자활동, 재무활동 현금흐름의 합은 〈표 9.2〉에서 'Ⅳ. 현금의 증가' 금액으로 표기된다. 여기에 기초 현금잔액('Ⅴ. 기초의 현금')을 더하면 기말현금 잔액('Ⅵ. 기말의 현금')이 산출된다.

〈표 9.2〉의 (주)안전유통의 현금흐름표를 통하여 (주)안전유통은 설립 첫 번째 달에 영업활동 현금흐름과 투자활동 현금흐름은 모두 음수(–) 즉, 현금 순유출을 보이고, 이에 필요한 자금은 재무활동에서 주주의 출자와 단기차입금을 통해 조달하고 있음을 알 수 있다.

---

5) 단, K-IFRS는 단기매매목적으로 보유하는 자산의 취득과 처분에 관계된 현금흐름은 영업활동 현금흐름으로 분류한다.

9.4 실제 기업 사례

〈표 9.8〉은 실제 기업의 사례로서 간접법으로 작성한 상장기업 (주)신일전자의 2024년 현금흐름표이다. 영업활동 현금흐름은 124억원으로, 당기순이익 14.3억원으로부터 수익·비용의 조정으로 4.7억원이 증가하고, 영업활동으로 인한 자산·부채 증감의 조정으로 115억원이 증가하였으며, 여기에 이자수취액을 가산하고, 이자지급액과 법인세납부액을 차감하여 산출되었다.

표 9.8 (주)신일전자의 2024년 현금흐름표

제 66 기 2024년 1월 1일부터 2024년 12월 31일까지
제 65 기 2023년 1월 1일부터 2023년 12월 31일까지

신일전자주식회사 (단위: 천원)

	제66기	제65기
영업활동 현금흐름 (주33)	12,425,980	19,958,214
당기순이익(손실)	1,434,795	1,056,841
수익비용의 조정	469,477	2,610,978
영업활동으로 인한 자산·부채의 증감	11,467,475	18,054,697
이자수취	672,493	672,755
이자지급	(1,598,090)	(2,012,906)
법인세납부	(20,169)	(424,151)
투자활동 현금흐름	(5,581,782)	(696,187)
단기금융상품의 처분	20,000,000	0
유형자산의 처분	49,091	0
임차보증금의 감소	0	10,000
단기금융상품의 취득	(25,000,000)	0
유형자산의 취득	(486,673)	(428,437)

무형자산의 취득	(23,800)	(15,000)
임차보증금의 증가	(120,400)	(262,750)
재무활동 현금흐름	(3,812,575)	(25,177,115)
단기차입금의 증가	1,400,698	9,500,000
단기차입금의 상환	0	(32,909,250)
유동성장기차입금의 상환	(1,750,000)	(700,000)
금융리스부채의 지급	(423,852)	(364,947)
자기주식의 취득으로 인한 현금의 유출	(1,985,045)	0
배당금지급	(1,054,377)	(702,918)
현금및현금성자산에 대한 환율변동 효과	(92)	7,137
현금및현금성자산의 순증가(감소)	3,031,530	(5,907,950)
기초 현금및현금성자산	15,432,869	21,340,820
기말 현금및현금성자산	18,464,399	15,432,869

〈표 9.9〉는 ㈜신일전자의 재무제표 주석 33에 제시된 간접법으로 영업활동 현금흐름을 산출하기 위한 세부 조정내역이다. 당기순이익에 현금 유출이 없는 비용으로 감가상각비, 기타의감가상각비, 무형자산상각비, 외화환산손실, 유형자산손상차손을 가산하고, 투자 및 재무활동과 관련된 비용 항목인 유형자산처분손실을 가산한다.

현금 유입이 없는 수익으로 대손충당금환입, 재고자산평가손실환입, 외화환산이익을 차감하고, 투자 및 재무활동과 관련된 수익 항목인 유형자산처분이익을 차감한다.[6)]

또한 〈표 9.9〉의 조정내역은 이자비용과 법인세비용을 가산하고, 이자수익은 차감하는 조정을 포함한다. 그 이유는 K-IFRS는 현금흐름표에 이자의 수취

6) 대손상각 관련 조정은 다음 세 가지 방법이 가능하다. 첫째, 대손상각비를 가산하고, 총매출채권의 증가(감소)를 차감(가산)하며 대손발생액을 차감하는 방법, 둘째, 총매출채권의 증가(감소)를 차감(가산)하고 대손충당금의 증가(감소)를 가산(차감)하는 방법, 셋째, 순매출채권(=총매출채권 - 대손충당금)의 증가(감소)를 차감(가산)하는 방법이다.

표 9.9 **(주)신일전자 재무제표 주석 33. 영업으로부터 창출된 현금** (단위: 천원)

구 분	당 기
당기순이익	1,434,795
조 정:	
감가상각비	1,506,681
기타의 감가상각비	1,981
무형자산상각비	40,280
외화환산손실	942,681
대손상각비(환입)	(699,640)
재고자산평가손실(환입)	(2,591,181)
유형자산처분손실	12,916
유형자산손상차손	99,446
이자비용	1,572,395
법인세비용	508,041
외화환산이익	(22,916)
유형자산처분이익	(3,636)
이자수익	(897,571)
소 계	469,477
순운전자본의 변동:	
매출채권의 감소	6,227,402
기타유동자산의 감소(증가)	(467,311)
재고자산의 감소	4,197,999
계약자산의 감소	280,679
매입채무의 증가	566,119
기타금융채무의 증가(감소)	1,020,426
기타부채의 감소	(117,598)
계약부채의 감소	(170,472)
충당부채의 증가(감소)	(69,769)
소 계	11,467,475
영업으로부터 창출된 현금	13,371,746

액과 지급액, 법인세납부액은 별도로 표기할 것을 요구하기 때문이다. 이를 위해 당기순손익으로부터 이자수익은 차감하고, 이자비용, 법인세비용은 가산함으로써 당기순손익에 포함된 이 항목들을 제거한 후, 실제 현금 수취액 또는 지급액을 현금흐름표상에 별도로 표기한다.[7] 앞서 〈표 9.8〉의 현금흐름표를 보면 영업활동 현금흐름의 마지막에, 이자수취액 6.72억원, 이자지급액 15.98억원, 법인세납부액 0.2억원을 별도로 표기하고 있음을 확인할 수 있다.[8]

영업활동으로 인한 자산의 변동으로 매출채권, 재고자산, 계약자산의 감소를 가산하였고, 기타유동자산의 증가를 차감하였다. 영업활동으로 인한 부채의 변동으로 매입채무, 기타금융채무의 증가를 가산하였고, 기타부채, 계약부채, 충당부채의 감소를 차감하였다.[9]

한편, 〈표 9.8〉은 2024년 ㈜신일전자의 투자활동 현금 유입으로 단기금융상품, 유형자산의 처분을 포함하고, 투자활동의 현금 유출로 단기금융상품, 유형자산, 무형자산의 취득과 임차보증금의 증가를 포함하고 있다. 그 결과 ㈜신일전자의 2024년 투자활동 현금 순유출액은 55.8억원이다.

〈표 9.8〉에 나타난 재무활동의 현금 유입은 단기차입금의 증가가 유일하고, 현금 유출로는 유동성장기차입금의 상환, 금융리스부채의 지급, 자기주식의 취득, 배당금 지급이 있다. 그 결과 ㈜신일전자의 2024년 재무활동 현금 순유출액은 38.1억원이다.

요약하면, 2024년 ㈜신일전자는 영업활동을 통해 현금이 124억원 순유입

---

7) 배당금수익이 있다면 당기순손익에 배당금수익을 차감하는 조정을 하고, 현금흐름표상에 배당금수취액을 별도로 표기한다.

8) K-IFRS는 이자수취액과 배당금수취액을 영업활동 또는 투자활동으로, 이자지급액을 영업활동 또는 재무활동으로, 배당금지급액을 영업활동 또는 재무활동으로 분류하는 것을 허용한다.

9) 여기서 **계약자산**(**반환제품회수권**)은 고객이 반품 권리를 행사할 때 고객으로부터 제품을 회수할 권리를 인식한 것으로 제품의 과거 장부금액에서 제품을 회수하는데 드는 원가를 차감하여 측정한다. **계약부채**(**환불부채**)는 고객에게 환불할 것으로 예상되는 총액을 인식한 것이다(㈜신일전자 재무제표 주석 2).

되어, 투자활동에 55.8억원, 재무활동에 38.1억원을 지출하였고, 남는 현금은 약 30억원으로 그만큼 기말의 현금잔액은 기초보다 증가하였다.

투자자는 현금흐름표를 통해 영업활동과 투자활동으로 얼마의 현금이 순유입 또는 순유출되었는지, 그리고 영업활동 현금흐름으로 투자활동 현금흐름을 감당할 수 있는지, 만약 추가 자금이 필요하다면 재무활동에서 어떻게 현금을 조달하였는지를 파악할 수 있다.

한국의 기업과 경영인 ⑨

최종현과 SK그룹 – SK의 정신, 패기(일과 싸워서 이기는 기질)

최종현은 1929년 경기도 수원에서 태어났다. 1950년 서울대학교 농과대학 화학과에 입학하였으나 한국전쟁으로 학업을 이어가지 못하다 부친의 제안으로 미국으로 유학을 떠났다. 시카고대학에서 경제학 석사과정을 마친 후 형의 사업을 도우라는 부친의 편지를 받고 1962년 귀국하였다. 위기에 처한 회사(선경직물)의 이사를 맡으면서 수출을 개시하고 신제품을 출시하면서 회사를 회생시켰다. 1968년에 아세테이트 공장을, 1969년에는 일본 데이진과 공동으로 폴리에스테르 원사 공장을 설립하였다.

1970년 형이 폐암으로 세상을 떠나면서 선경그룹의 회장으로 추대되었다. 선경그룹은 1978년 폴리에스테르 필름을 개발하고, 1980년 비디오테이프를 세계 네 번째로 개발하였다. 1973년부터 정유사업을 위해 접촉한 사우디아라비아의 실권자와는 절친한 사이가 되었고, 이러한 인맥으로 최종현은 1970년대 석유파동 때 한국에 대한 석유 수출금지를 해제하는 중요한 역할을 수행하였다. 1980년 국영이던 대한석유공사(현 SK에너지)를 인수하였고, 1984년 북예멘 마리브 광구에서 유전 개발에 성공하였다.

1992년에는 제2이동통신 사업권을 큰 점수 차이로 획득하였으나 당시 노태우 대통령과 사돈이라는 이유로 특혜 시비가 일자 스스로 사업권을 포기하였다. 그 후 1994년 국영 한국이동통신(현 SK텔레콤)의 공개매각에 참여하여 인수하였고, CDMA시스템을 개발하여 1996년 상용화에 성공하였다. 최종현은 전경련 회장으로 재직하면서 1997년 금융위기가 발생하기 1년 전부터 우리 경제가 심각한 위기에 처해 있음을 주장하였다. 금융위기 직전에는 건강이 악화되어 산소호흡기를 단 채로 청와대를 방문하여 대통령께 국가위기상황이기에 긴급 조치가 필요하다고 역설하였으나 1997년 말 금융위기는 발생하고 말았다. 패기(일과 싸워서 이기는 기질)의 정신으로 SK그룹을 주도해온 최종현은 1998년에 별세하였다.

최종현은 장학사업에 관심이 많아 1973년 MBC 장학퀴즈가 시작할 때부터 후원하기 시작하여 EBS에서 진행하는 현재까지도 이어지고 있다. 1974년에는 개인 주식 50%를 출연하여 한국고등교육재단을 설립하였고, 5년간의 유학비를 지원하는 해외유학 장학프로그램을 시작하여 지금까지도 계속하고 있다.

참고문헌: 최종현처럼(이경윤, 2013, FKI미디어), 나는 한없이 살았다(홍사중, 2002, 살림출판사)

요 약

1. 직접법과 간접법은 영업활동 현금흐름의 산출방법에서만 차이가 있고, 투자활동 및 재무활동 현금흐름의 작성방법에는 차이가 없다. 간접법은 당기순이익(손실)에서 출발하여 현금 유입과 유출이 동반되지 않는 수익과 비용, 투자 및 재무활동과 관련된 손익, 그리고 영업활동으로 인한 자산과 부채의 변동에 대한 조정을 거쳐 영업활동 현금흐름을 산출한다.

2. 간접법은 첫째, 현금유출이 없는 비용과 영업활동이 아닌 투자활동 또는 재무활동과 관련된 손실을 당기순이익(손실)에 가산한다. 둘째, 현금유입이 없는 수익과 투자활동 또는 재무활동과 관련된 이익을 차감한다. 셋째, 영업활동으로 인한 자산의 증가(감소)는 차감(가산)하고, 마지막으로 영업활동으로 인한 부채의 증가(감소)는 가산(차감)하여 최종적으로 영업활동 현금흐름을 산출한다.

3. K-IFRS는 현금흐름표에 이자의 수취와 지급액, 배당금 수취액, 법인세납부액을 별도로 표기할 것을 요구한다. 따라서 간접법을 사용하고 이자 수취, 이자 지급, 배당금 수취를 영업활동으로 분류하는 경우, 당기순이익(손실)에 포함된 이자수익과 배당금수익은 차감하고, 이자비용과 법인세비용은 가산한 후, 실제 이자수취액, 이자지급액, 배당금수취액, 법인세납부액을 별도로 표기한다.

4. 투자활동 현금흐름은 기업의 영업활동을 유지, 성장시키기 위한 유형자산 및 무형자산의 취득과 처분, 그리고 여유자금을 이용하여 금융상품, 다른 회사가 발행한 주식과 사채 등의 취득과 처분에 관련된 현금흐름을 포함한다.

5. 재무활동 현금흐름은 자금조달을 위한 차입과 상환, 회사채 발행과 상환, 주주의 출자와 배당금 지급, 자기주식의 취득과 재발행 등 사업자금의 조달과 상환에 관련된 현금흐름을 포함한다.

6. 영업활동, 투자활동, 재무활동 현금흐름을 모두 합하면 당기 현금의 증가 또는 감소액이 되며, 여기에 기초 현금 잔액을 더하면 기말 현금 잔액이 된다. 현금흐름표의 현금은 현금에 현금성자산을 포함한 개념이고, 현금 및 현금성자산에 외화가 포함되어 있을 경우 환율변동으로 인한 원화의 차이를 현금 및 현금성자산에 대한 환율변동효과로 별도로 표기한다.

O×퀴즈 아래 문장이 옳으면 o, 틀리면 ×로 답하고 틀린 곳은 올바르게 고치시오.

1. 간접법은 투자자들이 영업활동 현금유입액은 원천별로, 현금유출액은 용도별로 분류하여 영업활동 현금흐름을 쉽게 파악할 수 있다는 장점이 있으나 작성의 어려움이 있어 실무에서는 직접법을 주로 사용한다.

2. 직접법과 간접법은 영업활동 현금흐름의 산출방법에서만 차이가 있고, 투자활동 현금흐름과 재무활동 현금흐름의 작성방법에는 차이가 없다.

3. 현금 유출이 없는 비용에는 감가상각비, 무형자산상각비, 퇴직급여가 포함된다.

4. 간접법은 당기순손익에 투자활동 또는 재무활동과 관련된 손실을 차감한다. 이러한 예로 자산처분손실, 채무상환손실을 들 수 있다.

5. 간접법은 당기순손익에 현금 유입이 없는 수익을 가산하고, 영업활동이 아닌 투자활동 또는 재무활동과 관련된 이익을 가산한다.

6. 간접법은 영업활동으로 인한 자산의 증가는 당기순손익에 차감하는 조정을 한다.

7. 간접법은 영업활동으로 인한 부채의 감소는 당기순손익에 가산하는 조정을 한다.

8. 투자활동 현금흐름은 기업의 영업활동을 유지, 성장시키기 위한 유형자산 및 무형자산의 취득과 처분을 포함한다.

9. 재무활동 현금흐름은 여유자금을 이용하여 금융상품, 다른 회사가 발행한 주식과 사채 등의 취득과 처분에 관련된 현금흐름을 포함한다.

10. 재무활동 현금흐름은 주주에 대한 현금배당 지급액과 자기주식의 취득과 재발행을 포함한다.

11. K-IFRS는 현금흐름표에 이자의 수취와 지급액, 배당금 수취액, 법인세납부액을 별도로 표기할 것을 요구한다.

12. 현금흐름표는 현금성자산의 취득과 처분으로 인한 현금의 유출과 유입도 투자활동 현금흐름에 포함한다.

13. 영업활동 현금흐름, 투자활동 현금흐름, 재무활동 현금흐름의 합은 항상 0이다.

14. K-IFRS는 이자수취액과 배당금수취액은 투자활동 현금흐름으로, 이자지급액은 재무활동 현금흐름으로 분류하는 것을 허용한다.

15. 투자활동 현금 순유출액이 영업활동 현금 순유입액보다 크면 재무활동 현금흐름은 양수(+)이다.

16. 금융회사의 경우, 이자 수입은 영업활동 현금흐름으로 분류한다.

제9장 객관식 문제

1. 다음 자료를 토대로 (주)서울의 재무상태표에 표시될 매출채권 기말잔액을 계산하면 얼마인가? 〈TAT 2급, 2024〉

· 기초 매출채권	80,000원	· 매출채권회수액	180,000원
· 당기 현금매출액	50,000원	· 당기 총매출액	300,000원

① 120,000원 ② 150,000원 ③ 180,000원 ④ 300,000원

2. 다음 중 현금흐름표상 재무활동 현금흐름으로 구분할 수 있는 항목으로 옳지 않은 것은? 〈재경관리사, 2023〉

① 지분상품의 취득으로 인한 현금흐름
② 차입금의 상환으로 인한 현금흐름
③ 배당의 지급으로 인한 현금흐름
④ 이자의 지급으로 인한 현금흐름

3. 다음은 ㈜서울의 현금흐름표상 활동별 현금 유출·입을 표시한 것이다. ㈜서울의 현금흐름표에 관한 분석으로 옳지 않은 것은? 〈재경관리사, 2023〉

영업활동 현금흐름	투자활동 현금흐름	재무활동 현금흐름
현금 유입(+)	현금 유출(-)	현금 유출(-)

① 재무활동 현금흐름이 (-)이므로 차입금상환 등이 있었을 것이다.
② 영업활동 현금흐름을 증가시키기 위해 배당금의 지급액은 재무활동 현금흐름으로 분류할 수 있다.
③ 유형자산의 처분으로 투자활동 현금흐름을 증가시킬 수 있다.
④ 영업활동 현금흐름이 (+)이므로, 분명 당기순이익이 발생했을 것이다.

4. 다음은 ㈜서울의 현금흐름표에서 영업활동으로 인한 현금흐름 금액을 계산하기 위한 재무상태표 및 포괄손익계산서 자료이다. 다음 자료를 이용하여 영업활동으로 인한 현금흐름을 계산하시오. 〈재경관리사, 2023〉

· 당기순이익	50,000원	· 매출채권의 감소	15,000원
· 감가상각비	2,500원	· 재고자산의 증가	10,000원
· 유형자산처분손실	1,800원	· 매입채무의 감소	22,000원

① 23,700원　② 33,700원　③ 35,500원　④ 37,300원

5. ㈜한국의 다음 회계자료를 이용한 '영업활동으로 인한 현금흐름'은? 〈국가직 9급, 2023〉

· 손익계산서상 당기순이익	20,000원
· 감가상각비 계상액	3,000원
· 미지급비용 증가액	2,000원
· 매출채권 증가액	5,000원
· 선급비용 증가액	4,000원

① 12,000원　② 15,000원　③ 16,000원　④ 24,000원

제9장 주관식 문제

1. ㈜세종산업의 20×1년도 당기순이익이 100,000원이고, 감가상각비가 10,000원, 유형자산처분이익이 8,000원이다. 영업활동과 관련 있는 자산과 부채의 변동이 다음과 같을 때, ㈜세종산업의 20×1년 영업활동 현금흐름은 얼마인가? (단, 이자지급은 영업활동으로 분류)

· 매출채권	₩9,000 증가	· 선급보험료	₩4,000 감소
· 재고자산	₩7,000 감소	· 매입채무	₩5,000 증가
· 미지급급여	₩1,000 증가	· 미지급이자	₩3,000 감소

2. ㈜해성공업의 20×1년 손익계산서의 당기순이익은 1,800,000원이다. 다음에 제시된 자료를 이용하여, 간접법에 의한 영업활동 현금흐름을 산출하시오.

항목	금액	항목	금액
· 매출채권 증가	200,000	· 매입채무 감소	300,000
· 재고자산 감소	500,000	· 미지급비용 증가	40,000
· 감가상각비	80,000	· 무형자산상각비	3,000
· 투자자산처분이익	100,000	· 외환환산이익	1,000
· 기계장치 처분	900,000	· 차입금 상환	800,000

3. 다음은 제3장 〈주관식 문제〉 2번에 나오는 (주)안전유통의 5월 손익계산서와 5월 말 재무상태표이다. 간접법에 따라 영업활동 현금흐름을 계산하시오.

손익계산서

20×1년 5월 1일부터 5월 31일까지

(주)안전유통 (단위: 원)

매 출		15,750,000
매출원가		(10,500,000)
기초상품재고액	1,000,000	

당기상품매입액	10,000,000	
기말상품재고액	(500,000)	
매출총이익		5,250,000
판매관리비		(4,890,000)
급 여	3,500,000	
임차료	1,000,000	
수도광열비	100,000	
비품감가상각비	100,000	
보험료	40,000	
소모품비	150,000	
영업이익		360,000
기타수익		0
기타비용		0
금융수익		0
금융비용		(50,000)
이자비용	50,000	
법인세비용차감전순이익		310,000
법인세비용		0
당기순이익		310,000

재무상태표

20×1년 5월 31일

(주)안전유통 (단위: 원)

	5월 말	4월 말
자 산:		
유동자산		
현 금	7,570,000	14,921,000
매출채권	15,750,000	13,500,000
상 품	500,000	1,000,000
선급보험료	400,000	440,000
소모품	50,000	0
유동자산 합계	24,270,000	39,860,000

비유동자산		
임차보증금	20,000,000	20,000,000
비　품	6,000,000	6,000,000
비품감가상각누계액	(200,000)	(100,000)
비유동자산 합계	25,800,000	25,900,000
자산총계	50,070,000	55,760,000
부　채:		
유동부채		
매입채무	10,000,000	10,000,000
미지급이자	50,000	50,000
미지급금	0	6,000,000
단기차입금	10,000,000	10,000,000
유동부채 합계	20,050.000	26.050.000
부채총계	20,050,000	26.050.000
자　본:		
자본금	30,000,000	30,000,000
이익잉여금(결손금)	20,000	(290,000)
자본총계	30,020,000	29,710,000
부채 및 자본총계	50,070,000	55,760,000

4. 다음은 제4장에 나오는 ㈜제일모자의 6월 말 재무상태표이다. 6월 손익계산서에 포함된 당기순이익은 7,690,000원, 감가상각비는 400,000원일 때, 간접법으로 영업활동 현금흐름을 산출하시오(감가상각비 외에 현금 유출(유입)이 없는 비용(수익) 등의 조정사항은 없음).

재무상태표

20×1.6.30.

(주)제일모자 (단위: 천원)

	6월 말	5월 말		6월 말	5월 말
자　산			부　채		
유동자산	51,440	37,350	유동부채	27,100	31,100
현　금	21,690	16,580	매입채무	7,000	5,000

매출채권	27,000	19,000	미지급이자	100	100
원재료	700	0	미지급금*	0	6,000
제 품	1,050	670	단기차입금	20,000	20,000
선급보험료	1,000	1,100	부채총계	27,100	31,100
비유동자산	55,200	55,600			
기계장치	20,000	20,000	자 본		
기계장치감가상각누계액	(600)	(300)	자본금	70,000	60,000
비 품	6,000	6,000	이익잉여금	9,540	1,850
비품감가상각누계액	(200)	(100)	자본총계	79,540	61,850
임차보증금	30,000	30,000			
자산총계	106,640	92,950	부채와 자본총계	106,640	92,950

*미지급금은 5월 비품의 외상구입으로 발생하였고, 6월 현금으로 상환됨.

5. 다음은 상품매매기업인 (주)고양산업의 재무상태표와 손익계산서이다. 이 재무제표와 아래의 추가자료를 이용하여 20×1년 간접법에 의한 현금흐름표를 작성하시오. 단, 이자 지급은 영업활동, 배당금 지급은 재무활동으로 분류한다.

재무상태표

20×1.12.31.

(주)고양산업 (단위: 백만원)

	20×1년 말	20×0년 말		20×1년 말	20×0년 말
자 산			부 채		
현 금	940	900	매입채무	470	450
매출채권	720	600	미지급급여	160	210
재고자산	290	300	단기차입금	300	400
선급보험료	80	50	장기차입금	900	700
지분법적용투자주식	990	910			
토 지	2,500	2,500	자 본		
기계장치	1,500	1,300	자본금	4,000	4,000
기계장치감가상각누계액	(600)	(400)	이익잉여금	590	400
자산총계	6,420	6,160	부채와 자본총계	6,420	6,160

손익계산서 20×1.1.1.~20×1.12.31. (주)고양산업		(단위: 백만원)
매출액		5,300
매출원가		3,200
매출총이익		2,100
판매관리비		1,450
급 여	1,000	
감가상각비	300	
보험료	150	
영업이익		650
기타손실		(60)
유형자산처분손실	60	
금융원가		(60)
이자비용	60	
지분법이익		80
당기순이익		610

(단위: 백만원)

① 새로운 기계장치를 ₩800 현금으로 구입하였다.
② 취득원가 ₩600(장부금액 ₩500)인 구 기계장치를 ₩440 현금에 처분하였다.
③ 20×1년 초 단기차입금 중 ₩100을 상환하였고, 기중에 장기차입금 ₩200을 다시 조달하였다.
④ 주주들에게 ₩420의 현금배당을 지급하였다.

6. 다음은 (주)삼일화학의 현금흐름표이다. ①~⑥에 들어갈 금액을 구하시오.

(단위: 백만원)

Ⅰ. 영업활동 현금흐름	①
(1) 영업에서 창출된 현금	34,084
1. 당기순이익(손실)	②
2. 비현금항목 및 운전자본의 조정	20,273
(2) 이자 수취	302
(3) 이자 지급	(2,454)
(4) 배당금 수취	53
(5) 법인세 납부	(10,265)
Ⅱ. 투자활동 현금흐름	(43,673)
(1) 투자활동으로 인한 현금유입액	10,820
(2) 투자활동으로 인한 현금유출액	③
Ⅲ. 재무활동 현금흐름	④
(1) 재무활동으로 인한 현금유입액	195,000
(2) 재무활동으로 인한 현금유출액	(170,588)
Ⅳ. 현금및현금성자산의 순증가(감소)	⑤
Ⅴ. 현금및현금성자산에 대한 환율변동 효과	73
Ⅵ. 기초 현금및현금성자산	9,591
Ⅶ. 기말 현금및현금성자산	⑥

7. 다음은 상품매매기업인 (주)개원산업의 20×1년 자산, 부채, 자본 계정의 기초 및 기말 잔액과 20×1년 손익계정별 합계를 표시한 것이다. 다음 물음에 답하시오.

재무상태표 계정	기초잔액(20×1.1.1)	기말잔액(20×1.12.31.)
현 금	5,117,000	4,758,000
매출채권	8,540,000	10,764,000
상 품	4,358,000	4,268,000
비 품	10,000,000	12,000,000
비품감가상각누계액	2,000,000	4,000,000
매입채무	5,942,000	6,102,000
미지급이자	120,000	180,000
장기차입금	2,000,000	3,000,000
자본금	12,000,000	12,000,000
이익잉여금	5,953,000	6,508,000
손익계정	20×1년 계정별 합계	
매 출	13,734,000	
매출원가	6,388,000	
이자비용	180,000	
급 여	3,811,000	
감가상각비	2,000,000	
임차료	800,000	

1) 20×1년의 당기순이익(손실)은 얼마인가? (법인세비용은 없는 것으로 가정)

2) 간접법을 사용하여 20×1년 영업활동 현금흐름을 산출하시오.

3) 아래의 추가정보를 이용하여 20×1년도 현금흐름표를 작성하시오.

• 20×1년 12월 31일 비품을 현금 2,000,000원을 지불하고 구입하였다.

• 20×1년 1월 2일 은행으로부터 1,000,000원을 추가로 차입하였다.

실제 기업 사례 문제

1. 다음은 상장기업인 (주)한화오션의 2024년 연결현금흐름표의 요약이다. 아래 물음에 답하시오.

연결현금흐름표

한화오션주식회사와 그 종속기업 (단위: 백만원)

	2024년
영업활동으로 인한 현금흐름	(2,904,574)
영업에서 창출된 현금흐름	(2,803,727)
당기순이익(손실)	528,213
조정	(174,178)
영업활동으로 인한 자산 부채의 변동	(3,157,762)
배당금 수취	1,054
이자의 수취	58,425
이자의 지급	(157,847)
법인세 부담액	(2,481)
투자활동으로 인한 현금흐름	(1,110,138)
투자활동으로 인한 현금유입액	387,323
투자활동으로 인한 현금유출액	(1,497,461)
재무활동으로 인한 현금흐름	2,803,001
재무활동으로 인한 현금유입액	2,939,394
현금및현금성자산의 증가(감소)	(1,211,711)
기초 현금및현금성자산	1,799,308
외화표시 현금및현금성자산의 환율변동 효과	663
기말 현금및현금성자산	588,260

1) 당기순이익이 5,282억원인데 비해 영업활동 현금흐름은 −2조 9,046억원으로 큰 차이가 나는 이유는 어디에 있는지 연결재무제표 주석36을 참조하여 답하시오.
2) 투자활동 순현금흐름은 −1조 1,101억원으로 순현금유출을 기록하고 있다. 순현금유출의 가장 큰 이유가 무엇인지 전자공시시스템에서 (주)한화오션의 연결현금흐름표를 찾아 답해 보시오.
3) (주)한화오션은 영업활동과 투자활동 결과 현금의 순유출이 4조 147억원(=−2조 9,046억원−1조 1,101억원)에 이른다. 지출된 현금은 어떻게 조달되었는지 답해 보시오.

2. 다음은 (주)퍼시스의 2024년도 현금흐름표의 요약이다. 아래 물음에 답하시오.

제 42 기　　2024년 1월 1일부터 2024년 12월 31일까지
제 41 기　　2023년 1월 1일부터 2023년 12월 31일까지

주식회사 퍼시스 (단위: 백만원)

	제42기	제41기
영업활동현금흐름	14,882	45,520
영업에서 창출된 현금	18,289	55,981
당기순이익	43,457	64,672
당기순이익에 대한 조정 (주31)	(4,728)	(8,958)
영업활동 자산부채의 증감 (주31)	(20,440)	267
이자수취	5,730	4,128
이자지급	(197)	(257)
배당금수취	4,252	1,406
법인세환급(납부)	(13,191)	(15,737)
투자활동현금흐름	38,946	(39,531)
재무활동현금흐름	(12,074)	(11,380)
현금및현금성자산에 대한 환율변동 효과	1,430	600
현금및현금성자산의 증가(감소)	43,184	(4,790)
기초 현금및현금성자산	63,441	68,231
기말 현금및현금성자산	106,625	63,441

1) 간접법으로 영업활동 현금흐름을 산출하는 방법은 ① 당기순이익에 현금 유출이 없는 비용과 ② 투자 및 재무활동 관련 비용을 가산하고, ③ 현금 유입이 없는 수익과 ④ 투자 및 재무활동 관련 수익을 차감한다. 재무제표 주석30의 조정내역을 참조하여 ①~④에 해당하는 항목을 찾아보시오(예: 현금 유출이 없는 비용--감가상각비).
2) 영업활동으로 인한 자산·부채의 변동은 주로 어떤 계정에서 발생하였는가?
3) 2024년 투자활동 현금흐름이 38,946백만원의 현금 순유입인 이유는 무엇인지 전자공시시스템에서 해당 연결현금흐름표를 찾아 답하시오.
4) 2024년 재무활동 현금흐름이 12,074백만원의 현금 순유출인 이유는 무엇인가?

3. 다음은 (주)제주항공의 2024년도 연결현금흐름표이다. 아래 물음에 답하시오.

제 20 기 2024년 1월 1일부터 2024년 12월 31일까지
제 19 기 2023년 1월 1일부터 2023년 12월 31일까지

주식회사 제주항공과 그 종속기업 (단위: 백만원)

	제20기	제19기
영업활동 현금흐름	163,292	388,250
당기순이익	21,740	134,329
당기순이익에 대한 조정	299,754	244,863
영업활동 자산,부채의 증감	(130,259)	32,289
이자수취	12,781	13,682
이자지급	(31,795)	(33,937)
법인세환급(납부)	(8,928)	(2,976)
투자활동 현금흐름	(21,672)	(77,236)
금융자산의 감소	462,661	530,930
보증금의 감소	16,535	17,669
대여금의 감소	126	137
유형자산의 처분	5	73,419
파생상품의 정산	1,776	9,669
사업결합으로 인한 순현금유입	0	9,883
금융자산의 증가	(363,093)	(461,493)

유형자산의 취득	(119,693)	(247,283)
무형자산의 취득	(1,277)	(53)
보증금의 증가	(13,705)	(9,871)
대여금의 증가	(5,000)	(180)
파생상품의 정산	(7)	(62)
재무활동 현금흐름	(164,992)	(298,288)
차입금의 차입	272,001	30,000
주식발행비의 환급	0	3
차입금의 상환	(324,700)	(96,630)
리스부채의 상환	(110,443)	(104,785)
배당금의 지급	(1,850)	(7,844)
신종자본증권의 상환	0	(119,000)
주식발행비	0	(32)
현금및현금성자산의 환율변동 효과	1,402	(1,206)
현금및현금성자산의 순증가(감소)	(21,970)	11,519
기초 현금및현금성자산	211,816	200,298
기말 현금및현금성자산	189,847	211,816

1) (주)제주항공의 영업활동 현금흐름은 2년 연속 당기순이익보다 크다. 그 이유는 무엇인가?
2) 2024년 투자활동 현금지출은 대부분 어디에 사용되었는가?
3) 재무활동에 포함된 배당금 지급이 주주에 대한 배당인지를 별도재무제표 주석 24의 이익잉여금처분계산서를 보고 답하시오.
4) (주)제주항공은 영업활동 현금 순유입이 투자활동 현금 순유출보다 크다. 남는 자금을 어디에 주로 사용하였는지 답하시오.

제 10 장

재무제표 분석

회계를 배우는 사람의 목적은 앞으로 거래를 분개하고 재무제표를 작성하는 업무에 종사하기 위해서라기보다는, 다른 기업이 작성한 재무제표를 보고 필요한 정보를 얻어내는 능력을 얻기 위해서이다. 본 장은 지금까지 배운 회계의 기본 개념, 회계순환과정, 주요 계정별 회계처리의 지식을 바탕으로 다른 기업이 작성한 재무제표를 분석하는 방법을 설명한다.

10.1 기본 개념과 방법

재무제표 분석(financial statement analysis)이란 재무제표에 포함된 회계정보를 이용하여 해당 기업의 재무 상태, 경영성과, 그리고 현금흐름을 파악하는 것이다. 재무제표 분석은 기업 내부의 경영진이 영업성과의 평가, 원자재 또는 상품을 공급할 업체의 선정, 외상거래의 승인 등을 위한 의사결정을 위해 필요하고, 기업 외부의 투자자와 채권자도 주식 또는 채권 투자, 자금 대출, M&A(인수 및 합병) 등을 위한 의사결정을 위해 필요하다. 재무제표 분석을 통해 궁극적으로 얻으려는 정보는 해당 기업 재무 상태의 안정성, 사업의 수익성과 미래 성장성에 관한 것이다.

상장기업의 연도별 재무제표는 전자공시시스템(dart.fss.or.kr)에서 해당 기업의 정기공시 중 사업보고서에서 열람할 수 있고, 엑셀파일로 다운로드가 가능하다. 비상장 외부감사 대상 기업의 연도별 재무제표는 전자공시시스템 외부감사 관련 항목 중 감사보고서에서 볼 수 있다. 재무제표는 일반적으로 당기와 전기를 함께 보여주므로 계정별로 전기 대비 증가 또는 감소 여부를 쉽게 파악할 수 있다.

재무제표 분석은 손익계산서, 재무상태표, 현금흐름표의 순서로 진행한다.

Accounting in practice

전자공시시스템

전자공시시스템(DART, Data Analysis, Retrieval and Transfer System)은 상장법인 등이 공시서류를 인터넷으로 제출하고, 투자자 등 이용자는 인터넷을 통해 조회 및 열람할 수 있도록 금융감독원이 구축한 종합적 기업공시시스템이다. 누구든 원하는 장소에서 언제든지 금융감독원에 제출된 공시서류를 웹사이트(dart.fss.or.kr)에 접속하여 볼 수 있다.

상장기업의 경우, 회사명을 입력한 후 '정기공시'에서 '사업보고서'를 선택하여 검색하고, 검색 결과에서 해당 사업보고서를 클릭하면, 'Ⅲ. 재무에 관한 사항' 항목에서 재무제표를 열람할 수 있다. 또한 검색된 사업보고서 옆에 표시되는 XBRL Viewer를 클릭하면, 재무제표를 엑셀파일로 다운로드할 수 있는 버튼이 제공된다. 사업보고서는 재무제표 이외에도 회사의 개요, 사업의 내용, 이사의 경영진단 및 분석의견, 회계감사인의 감사의견 등 기업과 관련된 다양한 정보를 포함하고 있다. 한편, 비상장 외부감사 대상 기업의 재무제표는 '외부감사 관련'의 '감사보고서'를 선택하여 검색하면 열람할 수 있다.

먼저, 손익계산서에서 해당 기업의 매출액 규모와 전기 대비 증가 또는 감소 여부를 살펴보고, 당기순손익(당기순이익 또는 당기순손실)을 통해 흑자 또는 적자 여부와 전기 대비 증가 또는 감소 여부를 파악한다. 다음으로 당기순손익 증감의 원인이 영업손익의 증감 때문인지 아니면 영업외손익의 증감 때문인지를 확인한다.

예를 들어, 영업활동의 부진으로 영업손익은 전기보다 감소하였으나 대규모 일회성 영업외수익의 발생으로 당기순손익이 전기보다 증가한 경우와, 주로 영업손익의 증가로 당기순손익이 증가한 경우는 해당 기업의 미래 수익성을 예측하는 판단이 크게 달라질 수 있다. 끝으로 매출액의 감소가 있다면 사업 부진의 신호탄이 될 수 있으므로 그 원인과 향후 매출액 회복 가능성을 추가로 알아보는 것이 필요하다.

다음으로 재무상태표에서는 자산총계를 통해 회사의 규모를 살펴보고, 부채의 상대적 크기를 파악하기 위해 부채비율을 산출한다. 부채비율은 부채총계를 자본총계로 나눈 것으로 실무에서는 기업의 부채비율이 200%를 초과하면 부채비율이 높은 것으로 평가한다. 다음으로 부채, 자본, 자산의 전기 대비 증감 여부를 파악하고, 어떤 계정이 주로 증가 또는 감소했는지를 확인한다. 예를 들어, 차입금이 증가했고, 주로 유형자산이 증가했다면 차입으로 조달한 자금을 유형자산의 취득에 사용했다는 의미가 된다.

재무상태표에서 주목할 부분은 자본의 이익잉여금이다. 이익잉여금은 창업 이래 배당하지 않은 누적 이익을 의미하므로, 일반적으로 금액이 클수록 우량 기업임을 뜻한다. 다만, 회사는 이익잉여금만큼 현금을 보유하고 있는 것은 아니며 그동안 취득한 기계장치, 시설장치, 건물, 토지, 타기업 주식 등 다양한 형태의 자산으로 보유하고 있다.

현금흐름표에서는 영업활동 현금흐름이 양수인지, 영업활동 현금 순유입으로 투자활동 현금 순유출을 감당할 수 있는지, 그리고 만약 감당할 수 없다면 재무활동 현금흐름을 통해 어떻게 자금을 조달하고 있는지를 파악한다. 만약 흑자인 회사의 영업활동 현금흐름이 연속적으로 순유출이라면(유출이 유입보다 많다면) 발생주의로 측정한 경영성과는 좋더라도 현금 사정이 양호하지 않을 수 있으므로 추가로 부채비율과 유동비율에 이상이 없는지 유심히 살펴보는 것이 필요하다.

자본변동표는 해당 기간 당기순손익 이외에 자본을 변동시킨 거래가 어떤 것이 있는지를 파악하기 위한 재무제표이다. 유상증자, 유상감자, 무상증자, 무상감자로 자본금에 변동이 있었는지, 배당금 지급 여부와 규모, 자기주식의 취득 여부 등을 확인할 수 있다.

한편, 상장기업의 사업보고서에는 재무제표뿐만 아니라 'Ⅱ. 사업의 내용'과 'Ⅳ. 이사의 경영진단 및 분석의견'과 같이 기업과 관련된 의미 있는 정보가 포함되어 있을 수 있다. 예를 들어 매출액 증가 또는 감소의 원인, 부채 증가의 이유, 연구와 개발(R&D)의 규모와 내용, 원자재 또는 제품의 가격 변동 등에 대한 설명은 주식 투자자에게 중요한 정보가 될 수도 있다.

10.2 재무비율

재무제표 분석은 동일 기업의 전기와 당기 재무제표를 사용할 수도 있고, 유사한 산업에 소속된 기업들의 동일 기간 재무제표를 사용할 수도 있다. 매출액 또는 총자산의 크기가 다른 두 기업의 비교에서는 재무제표의 회계정보를 그대로 비교하기보다는 규모의 차이를 고려하는 것이 필요하다. 이때 서로 다른 기업 규모를 감안하기 위해 재무제표에 포함된 두 개 이상의 회계정보로 산출한 비율을 많이 사용하는데 이러한 비율을 **재무비율**(financial ratio)이라고 한다.

예를 들어, 매출액의 크기가 다른 기업 간 수익성을 평가할 때 당기순손익을 그대로 비교하기보다는 당기순손익을 매출액으로 나눈 비율을 비교하는 것이 합리적이다.

재무비율은 〈표 10.1〉과 같이 안정성(safety ratio), 유동성(liquidity ratio), 수익성(profitability ratio), 성장성(growth ratio) 등으로 분류된다.

표 10.1 재무비율의 분류와 계산 공식

분 류	재무비율	계산 공식	의 미
안정성	부채비율	$\frac{\text{부채총계}}{\text{자본총계}}$	자본 대비 부채의 상대적 크기, 재무위험
	자기자본비율	$\frac{\text{자본총계}}{\text{자산총계}}$	자산총계에서 자본총계의 구성비율
	이자보상비율*	$\frac{\text{(당기순이익+법인세비용+이자비용)}}{\text{이자비용}}$	이자 지급능력
유동성	유동비율	$\frac{\text{유동자산}}{\text{유동부채}}$	단기채무 상환능력
수익성	매출액총이익률	$\frac{\text{매출총이익}}{\text{매출액}} = 1 - \frac{\text{매출원가}}{\text{매출액}}$	매출 대비 매출총이익의 크기
	매출액영업이익률	$\frac{\text{영업이익}}{\text{매출액}}$	매출 대비 영업이익의 크기
	매출액세전이익률	$\frac{\text{법인세비용차감전순이익}}{\text{매출액}}$	매출 대비 법인세비용차감전이익의 크기
	매출액순이익률	$\frac{\text{당기순이익}}{\text{매출액}}$	매출 대비 당기순이익의 크기
	자기자본이익률	$\frac{\text{당기순이익}}{\text{평균자본총계}}$	자기자본 1원 투입 대비 당기순이익의 크기
	총자산이익률	$\frac{\text{당기순이익}}{\text{평균자산총계}}$	총자산 1원 투입 대비 당기순이익의 크기
성장성	매출액성장률	$\frac{\text{당기매출액}-\text{전기매출액}}{\text{전기매출액}}$	매출액의 증감 정도

* 법인세비용 대신 법인세수익이 있다면 법인세수익을 차감한다.

1) 안정성 비율

안정성 비율은 **레버리지**(leverage) 비율이라고도 불리며, 기업이 앞으로 도산하지 않고 영업활동을 계속할 수 있는지를 평가하는 비율로서, 채무(빚)의 상대적 크기와 채무 상환능력을 보여준다. 안정성 비율에 포함되는 대표적인 것으로 **부채비율**(debt to equity ratio)과 **자기자본비율**(equity to total assets ratio)이 있다.

부채비율은 부채총계를 자본총계로 나눈 것으로 자본총계 대비 부채총계의 상대적 크기를 나타낸다. 자기자본비율에서 '자기자본'은 자본총계를 의미하며, 자기자본비율은 자본총계를 자산총계로 나누어 계산한다. 이는 자산총계 중 자기자본이 차지하는 비율을 나타낸다.

부채비율이 100%이면 부채총계와 자본총계의 크기가 같음을 의미하고, 자본총계는 자산총계의 절반을 의미하므로 자기자본비율은 50%가 된다. 부채비율이 200%이면 부채총계는 자본총계의 2배임을 뜻하고, 자기자본비율은 자본총계가 자산총계의 1/3이므로 33.3%가 된다.

은행과 같은 채권자의 입장에서는 부채비율이 높은 기업일수록 원금이 회수되지 않을 가능성, 즉 원금회수위험이 높기 때문에 대출을 꺼리게 된다. 기업의 입장에서는 부채비율이 높을 경우, 추가적인 자금조달이 어려울 수 있고, 자금조달이 가능하더라도 채무불이행 가능성이 상대적으로 높기 때문에 높은 이자를 지급해야 한다.[1)]

또한 부채비율이 높으면 차입금도 많을 것이므로 차입금에서 발생하는 이자비용으로 인해 경영성과가 좋지 않을 가능성이 커진다. 특히, 불경기나 예상치 못한 금융위기가 발생한다면 지불할 이자비용은 정해져 있는데 영업은 부진하게 되므로 부채비율이 높은 기업은 타격이 클 수밖에 없다.

부채비율은 부채의 상대적 수준을 알려주지만 해당 기업이 이자를 지급할

---

1) 은행, 증권, 보험사와 같은 금융회사는 고객들의 예금, 투자금, 보험료 등이 부채로 인식되기 때문에 부채비율이 다른 산업보다 현저히 높은 특징이 있다.

능력이 있는지에 관한 정보는 제공하지 않는다. 부채비율이 높더라도 이자 지급능력이 충분하다면 큰 문제는 없을 것이다. **이자보상비율**(interest coverage ratio)은 기업의 이자 지급능력을 나타내는 것으로 이자비용차감전이익(=당기순이익+이자비용+법인세비용)을 이자비용으로 나누어 산출한다. 분모인 이자비용이 법인세 효과를 반영하기 전의 금액이므로 분자도 법인세 차감 전 금액을 사용한다. 이자보상비율이 높을수록 이자비용을 감당할 수익이 많음을 의미한다.

2) 유동성 비율

유동성 비율은 기업의 단기채무 지급능력을 나타내는 비율이다. 대표적인 유동성 비율로 **유동비율**(current ratio)은 유동자산을 유동부채로 나누어 산출한다. 유동비율이 1보다 작다는 것은 유동부채가 유동자산보다 큼을 의미하므로 추가적인 자금조달이 필요할 수 있음을 의미한다.

부채비율이 낮은 경우는 유동비율이 1보다 작더라도 차입금을 추가로 조달할 수 있으므로 크게 문제가 되지는 않는다. 그러나 부채비율이 높고 유동비율이 1보다 작다면 차입금을 추가로 조달하기 쉽지 않은 상태에서 1년 이내에 상환할 부채가 유동자산보다 큰 상황이므로 재무적 곤경에 처할 수 있다.[2)]

3) 수익성 비율

수익성 비율은 기업의 이익창출능력을 보여주는 비율이다. 다단계 손익계산서상의 매출총이익, 영업이익, 법인세비용차감전순이익, 당기순이익을 매

---

2) 유동성 비율은 산업별로 차이가 있는데 상품매매기업(유통기업)은 다른 산업과 비교할 때 유동비율이 낮은 특징이 있다. 상품매매기업은 제조업체로부터 외상으로 상품을 매입하여 현금 또는 신용카드로 판매한다. 신용카드 매출의 경우 약 3일 후에 신용카드사로부터 현금이 회수되므로 유통기업은 매출채권은 적고, 매입채무는 비대칭적으로 크다. 이러한 산업적 특성으로 인해 상품매매기업의 유동비율이 낮은 경향이 있다(이민주. 『대한민국 업종별 재무제표 읽는 법』, (스프링, 2011), p.270).

출액으로 나누면 각각 **매출액총이익률**(gross profit margin), **매출액영업이익률**(operating profit margin), **매출액세전이익률**(pretax profit margin), **매출액순이익률**(profit margin 또는 return on sales)이 된다.

매출액순이익률은 매출당 얼마의 이익이 나는지를 나타내는 지표로 매출액순이익률만으로도 기업의 상대적 수익성 측정이 가능하다. 그러나 매출액으로 나눈 네 개의 수익성 비율을 모두 산출하여 직전 기간과 비교하면 매출액순이익률의 변동에 가장 큰 영향을 준 요인이 어느 단계에서 발생했는가를 파악할 수 있다.

한편, 투자자의 입장에서는 매출 대비 이익의 지표도 중요하지만, 사업에 투입된 자금을 고려한 수익성 지표도 중요하다. 100억의 자금을 투입하여 1억원의 이익을 내는 것보다는 10억을 투입하여 5,000만원의 이익을 내는 것이 더 효율적이다.

자기자본이익률(ROE, return on equity)은 주주 입장의 수익률 비율로서 당기순이익을 평균자본총계로 나눈 것이며, 자기자본(자본) 대비 이익의 상대적 크기를 나타낸다. 여기서 평균자본총계는 기초 자본총계와 기말 자본총계를 더한 후 2로 나누어 산출한다. **총자산이익률**(ROA, return on asset)은 당기순이익을 평균자산총계로 나눈 것으로 총자산 대비 이익의 상대적 크기를 나타낸다.

영업을 위해 투입된 자금은 자기자본(자본총계)뿐만 아니라 타인자본(부채총계)도 있으므로 ROA는 경영진의 입장에서 이들을 구분하지 않고, 전체 투입된 자본 대비 얼마의 이익이 난 것인가를 측정한 것이다. 반면, ROE는 투입한 자본에서 타인자본은 제외하고, 자기자본만을 사용하여 산출한 것으로 이익을 배당하지 않고 회사 내부에 유보하여 재투자할 경우, 이후 얼마의 이익을 낼 수 있는가를 예측하는데 유용한 정보이다.[3]

---

3) 은행, 증권, 보험사와 같은 금융회사는 각주 1)에서 설명하였듯이 부채의 규모가 커서 자기자본이 상대적으로 매우 적은 특징이 있다. 따라서 금융기관의 수익성 측정은 ROE보다는 ROA

4) 성장성 비율

성장성 비율은 기간별 증가 또는 감소의 상대적 크기를 측정한 비율이다. **매출액성장률**(sales growth ratio)은 당기 매출액에서 전기 매출액을 차감한 후 전기 매출액으로 나누어 산출하며, 전기 대비 당기 매출액이 얼마나 증가 또는 감소하였는가를 나타낸다.

5) 상장기업의 주요 재무비율 통계

〈표 10.2〉는 2024년도 상장비금융기업 주요 재무비율의 중간값(median)을 보여준다.[4] 재무비율은 산업별로 차이를 보일 수 있으므로 동일한 산업 내에 있

표 10.2 2024년 상장비금융기업의 주요 재무비율 중간값(median)

	유가증권시장(코스피)	코스닥시장
기업수	770개	1,669개
부채비율	87%	56%
자기자본비율	53%	64%
이자보상비율	2.93	1.24
유동비율	1.35	1.84
매출액총이익률	16.43%	22.47%
매출액영업이익률	3.59%	1.65%
매출액순이익률	2.67%	1.23%
자기자본순이익률(ROE)	4.93%	1.75%
총자산순이익률(ROA)	2.54%	1.07%
매출액성장률	1.79%	1.89%
총자산	7,648억원	1,244억원
매출액	6,514억원	717억원

가 더 적합하다(이민주, 『대한민국 업종별 재무제표 읽는 법』, (스프링, 2011), p.79, 82).

4) 재무비율 자료 중에 극단적으로 높거나 낮은 값이 포함될 경우 평균값은 왜곡될 수 있으므

는 기업 간에서만 재무비율을 비교하는 것이 바람직하다.

2024년 유가증권시장 비금융기업의 총자산 중간값은 코스닥시장 비금융기업보다 약 6배 더 크고, 매출액 중간값은 약 9배 더 크다. 이를 통해 규모가 큰 기업은 대체로 유가증권시장에 상장되어 있음을 알 수 있다.

2024년 부채비율의 중간값은 유가증권시장이 87%로 코스닥시장 56%보다 높은 수준이다. 이는 일반적으로 기업 규모가 클수록 부채비율이 높음을 보여준다. 매출액총이익률을 제외한 대부분의 수익성 비율에서 유가증권시장 비금융기업이 코스닥시장보다 우수하다.

2024년 유가증권시장 비금융기업의 ROE 중간값은 4.93%로 2024년 은행 정기예금(1년) 평균 이자율 3.48%보다 1.5% 포인트 더 높지만, 코스닥시장 비금융기업의 ROE 중간값은 1.75%에 그쳐 코스닥 비금융기업의 수익성이 대체로 양호하지 않았음을 의미한다.

2024년의 매출액성장률은 코스닥시장 비금융기업이 1.89%로 유가증권시장 비금융기업의 1.79%보다 약간 더 높다. 벤처기업의 비중이 높은 코스닥시장의 성장률이 유가증권시장보다 대체로 높음을 보여준다.

10.3 재무제표 분석 사례 – (주)CJ올리브영

㈜CJ올리브영(이하 올리브영)은 2024년 말 전국에 1,371개의 매장을 보유한 건강 및 미용 관련 상품의 유통기업이다. 올리브영은 비상장기업이지만 모기업인 상장기업 ㈜CJ가 K-IFRS를 적용하므로, 올리브영도 K-IFRS를 적용하고 있다. 2024년 손익계산서는 〈표 10.3〉과 같다.

로 중간값을 보는 것이 더 타당하다.

표 10.3 **(주)CJ올리브영 2024년 손익계산서** (단위: 천원)

	2024년	2023년	변동률
매출액	4,789,961,250	3,861,182,100	24.1%
매출원가	2,482,376,965	2,001,074,164	24.1%
매출총이익	2,307,584,285	1,860,107,936	24.1%
판매비와관리비	1,699,911,998	1,394,092,681	21.9%
영업이익	607,672,287	466,015,256	30.4%
기타수익	9,912,261	6,509,983	52.3%
기타비용	36,022,910	28,177,732	27.8%
금융수익	79,063,727	31,198,035	153.4%
금융비용	24,898,193	16,471,372	51.2%
법인세비용차감전순이익	635,727,171	459,074,169	38.5%
법인세비용	156,854,706	111,775,900	40.3%
당기순이익	478,872,465	347,298,269	37.9%

올리브영의 2024년 매출액은 4.79조원으로 2023년의 매출액 3.86조원보다 24.1% 증가하였다. 〈표 10.2〉에서 제시된 유가증권시장 비금융기업의 매출액성장률 중간값(1.79%)을 크게 웃도는 수준으로 급성장하고 있음을 확인할 수 있다. 전국의 올리브영 매장수도 2023년 1,338개에서 2024년 1,371개로 33개가 증가하였고, 매출액 중 온라인 비중은 28.3%이다.[5)]

2024년에는 매출원가가 매출액과 같은 비율인 24.1% 증가하였으며, 이에 따라 매출총이익 또한 24.1% 증가하였다. 2024년 영업이익은 2024년 판매관리비가 24.1%보다 직은 21.9% 증기히는 데 그쳐 2023년보다 30.4% 증가한 6,077억원이다. 또한 기타수익과 금융수익의 증가율이 기타비용과 금융비용의 증가율을 초과하므로 법인세비용차감전순이익은 2023년보다 38.5% 증가하였다. 마지막으로 법인세비용은 40.3% 증가하여 2024년 당기순이익은 2023년보

5) 정연심. "'5조 클럽' 눈앞...올리브영 키운 8할은". 코스모닝, 2025.3.19.

다 37.9% 증가한 4,789억원이다.

다음으로 올리브영의 재무상태표는 〈표 10.4〉와 같다. 올리브영의 2024년 말 자산총계는 2.27조원으로 2023년 2.01조원보다 12.8% 증가하였다. 유동자산은 0.8% 증가하였는데 단기금융상품은 69.5% 감소하였지만, 현금및현금성자산은 22%, 매출채권은 26.9%, 재고자산은 31.6% 증가하였다. 비유동자산은 전기보다 24.9% 증가하였는데 유형자산이 57.9%, 리스계약의 증가로 인해 사용권자산이 26.8%, 매장수가 늘어나면서 임차보증금 증가로 기타비유동금융자산이 13.3% 증가하였다.[6)]

부채는 2023년 1.03조원에서 2024년 1.27조원으로 22.7% 증가하였다. 매입채무가 31%, 미지급금을 포함하는 기타유동금융부채가 22.9%, 유동성리스부채가 17.2% 증가하여 유동부채는 2023년보다 22.6% 증가하였다.[7)] 비유동부채는 22.7% 증가하였는데 리스부채의 증가가 31.2%로 가장 크다.

자본은 2023년 대비 2.4% 증가하였다. 〈표 10.5〉의 자본변동표에 따르면 이익잉여금은 당기순이익으로 4,789억원 증가하였으나 배당으로 577억원이 감소하였다. 또한 자기주식의 취득으로 기타자본항목이 3,910억원 감소하였다.

〈표 10.6〉은 올리브영의 2024년 현금흐름표이다. 2024년 영업활동을 통해 현금 6,580억원이 순유입되었고, 투자활동에서는 유형자산 취득에 1,363억원, 무형자산 취득에 166억원, 종속기업 주식의 취득에 101억원, 단기금융상품의 취득에 2,150억원이 지출되었는데 대부분 단기금융상품을 처분한 4,430억원으로 충당되어 투자활동 현금흐름은 198억원의 순유입이다.

재무활동으로는 자기주식 취득에 3,910억원, 배당금 지급에 576억원 등을 지출하여 재무활동 현금흐름은 6,184억원의 순유출이다. 영업활동과 투자활동으로 순유입된 현금이 재무활동에서의 지출보다 크므로 현금및현금성자산은

---

6) 기타비유동금융자산의 내역은 2024년 ㈜CJ올리브영 재무제표 주석 9를 참조.

7) 기타유동금융부채의 내역은 2024년 ㈜CJ올리브영 재무제표 주석 17을 참조.

표 10.4 (주)CJ올리브영 2024년 재무상태표 (단위: 천원)

	2024.12.31	2023.12.31.	변동률
자 산			
유동자산	1,018,513,529	1,010,322,466	0.8%
현금및현금성자산	329,945,633	270,565,862	22.0%
단기금융상품	100,000,000	328,000,000	−69.5%
파생상품금융자산	73,286,828	0	N/A
매출채권	117,271,225	92,441,344	26.9%
재고자산	296,955,516	225,716,298	31.6%
기타유동금융자산	92,108,113	83,276,468	10.6%
기타유동자산	8,946,214	10,322,494	−13.3%
비유동자산	1,249,464,271	1,000,107,739	24.9%
당기손익-공정가치측정금융자산	7,024,140	9,277,720	−24.3%
종속기업투자주식	4,468,668	6,914,200	−35.4%
관계기업투자주식	9,000,000	3,420,000	163.2%
유형자산	250,076,802	158,387,722	57.9%
사용권자산	596,489,983	470,453,655	26.8%
무형자산	42,903,724	40,031,397	7.2%
기타비유동금융자산	283,108,463	249,956,446	13.3%
기타비유동자산	705,162	418,002	68.7%
순확정급여자산	0	6,034,587	−100%
이연법인세자산	55,687,329	55,214,010	0.9%
자산총계	2,267,977,800	2,010,430,205	12.8%
부 채			
유동부채	774,546,619	631,605,722	22.6%
매입채무	170,108,012	129,828,115	31.0%
기타유동금융부채	209,702,105	170,676,102	22.9%
기타유동부채	113,771,836	108,054,197	5.3%
유동성리스부채	156,045,210	133,099,301	17.2%

유동성계약부채	25,221,989	4,948,088	409.7%
당기법인세부채	99,697,468	84,999,919	17.3%
비유동부채	491,384,725	400,365,253	22.7%
기타비유동금융부채	300,000	1,050,000	−71.4%
기타비유동부채	74,745,262	83,870,534	−10.9%
리스부채	413,873,255	315,444,719	31.2%
순확정급여부채	2,466,207	0	N/A
부채총계	1,265,931,344	1,031,970,975	22.7%
자 본			
자본금	10,828,402	10,828,402	0%
주식발행초과금	164,711,093	414,711,093	−60.3%
기타자본항목	(390,958,670)	(1,010)	−38,708,679%
이익잉여금	1,217,465,633	552,920,746	120.2%
자본총계	1,002,046,456	978,459,230	2.4%
부채와자본총계	2,267,977,800	2,010,430,205	12.8%

표 10.5 (주)CJ올리브영 2024년 자본변동표 (단위: 천원)

구 분	자본금	주식발행초과금	기타자본항목	이익잉여금	총 계
2024년 1월 1일(당기초)	10,828,402	414,711,093	(1,010)	552,920,746	978,459,230
당기순이익				478,872,465	478,872,465
순확정급여부채 재측정요소				(6,677,209)	(6,677,209)
배당금의 지급				(57,650,370)	(57,650,370)
이익잉여금 전입		(250,000,000)		250,000,000	
자기주식 취득			(390,957,660)		(390,957,660)
2024년 12월 31일(당기말)	10,828,402	164,711,093	(390,958,670)	1,217,465,633	1,002,046,456

594억원이 순증가하였다.

올리브영은 매출의 성장과 당기순이익의 증가로 영업활동 현금흐름이 양호하고, 보유한 단기금융상품을 투자활동에 이용하고 있으며 2024년은 남는 현금으로 자기주식을 취득하였다는 특징을 갖고 있다.

〈표 10.7〉은 올리브영의 주요 재무비율이다. 2024년 말 부채비율은 126.3%로 전기보다 20.9% 포인트 증가하였다. 2024년 유가증권시장 비금융기업의 부채비율 중간값 87%보다는 높은 수준이다. 그러나 부채의 59%는 매입채무와 리스부채이고 차입금은 없으며 이자보상비율이 31.5로 이자를 지급할 충분한 능력이 있음을 보여준다. 유동비율은 전기보다 0.3이 감소한 1.3이지만 2024년 유가증권시장 비금융기업의 유동비율 중간값 1.35에 가깝고, 일반적으로 매입채무가 매출채권보다 큰 유통기업임을 감안하면 문제는 없는 것으로 판단된다.

수익성 비율로 매출액총이익률은 48.2%로 전기와 동일하다. 매출액이 24.1% 증가하였지만, 매출원가도 24.1% 증가하였기 때문에 매출액총이익률의 변동은 없다. 매출액영업이익률은 전기 12.1%에서 당기 12.7%로 0.6% 포인트가 증가하였다. 판매관리비의 증가율 21.9%가 매출액의 증가율 24.1%가 낮았기 때문에 매출액영업이익률이 증가하였다.

〈표 10.3〉에 나타난 올리브영의 기타수익과 금융수익의 증가율은 각각 기타비용과 금융비용의 증가율보다 더 높다. 따라서 매출액세전이익율도 전기보다 증가하였다. 최종적으로 매출액순이익률은 전기보다 1% 포인트가 증가한 10%이다. 올리브영의 2024년 매출액영업이익률 12.7%와 매출액순이익률 10%는 같은 기간 유가증권시장 비금융기업의 해당 비율 중간값 3.59%와 2.67%보다 각각 3.5배와 3.7배 높은 수준이다.

한편, 투입된 자기자본 대비 수익성을 나타내는 ROE는 전기 40.4%에서 당기 48.4%로 8% 포인트 증가하였다. 투입된 총자산 대비 수익성을 나타내는 ROA도 전기 19.1%에서 당기 22.4%로 3.3% 포인트 증가하였다. 이러한 증가는 모두 당기순이익이 37.9% 증가하였기 때문이다. ROE의 증가율이 ROA보다 높은 것은 자기주식의 취득으로 자본총계의 증가율이 총자산 증가율보다는 낮았기 때문이다.

표 10.6 **(주)CJ올리브영 2024년 현금흐름표** (단위: 천원)

	2024년	2023년	변동률
영업활동으로 인한 현금흐름	658,000,855	586,421,314	12.2%
영업으로부터 창출된 현금	798,236,246	684,061,088	16.7%
법인세의 납부	(140,235,391)	(97,639,774)	−43.6%
투자활동으로 인한 현금흐름	19,815,335	(291,052,422)	106.8%
이자의 수취	20,419,632	18,622,969	9.7%
장기금융상품의 증가	(1,154,999)	(577,499)	−100%
단기금융상품의 증가	(215,000,000)	(1,088,081,955)	80.2%
단기금융상품의 감소	443,000,000	870,081,955	−49.1%
유형자산의 취득	(136,307,876)	(85,539,472)	−59.4%
유형자산의 처분	31,934	0	N/A
무형자산의 취득	(16,622,365)	(10,608,852)	−56.7%
무형자산의 처분	495,914	283,821	74.7%
종속기업투자주식의 취득	(10,153,178)	(6,974,200)	−45.6%
종속기업투자주식의 처분	3,000,473	0	N/A
관계기업투자주식의 취득	(5,580,000)	(3,420,000)	−63.2%
당기손익-공정가치금융자산 취득	(1,931,425)	(80,214,995)	97.6%
당기손익-공정가치금융자산 처분	6,251,171	127,211,469	−95.1%
기타포괄손익-공정가치금융자산 처분	0	899,687	−100%
파생상품금융자산의 증가	(26,000,000)	0	N/A
기타유동금융자산의 증가	0	(17,424)	100%
기타유동금융자산의 감소	23,189	38,390	−39.6%
기타비유동금융자산의 증가	(69,389,728)	(49,661,546)	−39.7%
기타비유동금융자산의 감소	28,732,594	16,905,230	70.0%
재무활동으로 인한 현금흐름	(618,436,420)	(246,025,920)	−151.4%
이자의 지급	(20,065,434)	(13,783,538)	−45.6%
리스부채 원금의 지급	(149,844,475)	(132,528,843)	−13.1%
자기주식의 취득	(390,957,660)	0	N/A
배당금의 지급	(57,568,850)	(99,713,539)	42.3%
현금및현금성자산의 증가	59,379,771	49,342,971	20.3%
기초의 현금및현금성자산	270,565,862	221,222,891	22.3%
기말의 현금및현금성자산	329,945,633	270,565,862	22.0%

표 10.7 (주)CJ올리브영 2023~2024년 주요 재무비율

	2024년	2023년	변 동	변동률
부채비율	126.3%	105.5%	20.8%p	19.7%
자기자본비율	44.2%	48.7%	-4.5%p	-9.2%
이자보상비율*	31.5	33.0	-1.5	-4.5%
유동비율	1.3	1.6	-0.3	-18.8%
매출액총이익률	48.2%	48.2%	0.0%p	0.0%
매출액영업이익률	12.7%	12.1%	0.6%p	5.0%
매출액세전이익률	13.3%	11.9%	1.4%p	11.8%
매출액순이익률	10.0%	9.0%	1.0%p	11.1%
ROE	48.4%	40.4%	8.0%	19.8%
ROA	22.4%	19.1%	3.3%	17.3%
매출액성장률	24.1%	39.0%	-14.9%p	-38.2%

* 2024년과 2023년 이자비용은 각각 20,865,614천원과 14,358,528천원이고, 2023년 평균자본, 평균자산, 매출액성장률의 산출에 필요한 2022년 자본총계, 자산총계, 매출액은 각각 739,592,328천원, 1,619,407,825천원, 2,777,471,419천원이다.

끝으로, 매출액성장률은 전기 39%보다는 낮은 24.1%이지만 2024년 코스피 상장 비금융기업의 매출액성장률 중간값 1.79%보다는 월등히 높으며 아직도 높은 성장 추세를 유지하고 있다.

지금까지 올리브영의 2024년 재무비율을 전기와 비교하였으나 동일한 산업에 소속된 경쟁기업과 비교해 보는 것이 올리브영의 장단점을 파악하기 위해 필요하다. 〈표 10.8〉은 최근 빠른 성장세를 보이고 있는 온라인 유통기업 ㈜쿠팡(이하 쿠팡)과 오프라인 유통기업 ㈜아성다이소(이하 다이소)의 재무비율을 올리브영과 비교하여 나타내었다.

먼저, 세 기업의 매출액성장률은 각각 24.1%, 17.8%, 14.7%로 모두 두 자릿수의 성장률을 기록하고 있어, 최근 가파르게 성장하고 있음이 확인된

표 10.8 2024년 (주)CJ올리브영과 (주)쿠팡, (주)아성다이소의 주요 재무비율 비교

	㈜CJ올리브영	㈜쿠팡	㈜아성다이소*
부채비율	126.3%	352.0%	58.1%
자기자본비율	44.2%	22.1%	63.2%
이자보상비율**	31.5	7.4	N/A
유동비율	1.3	1.0	1.6
매출액총이익률	48.2%	29.8%	37.9%
매출액영업이익률	12.7%	3.6%	9.4%
매출액세전이익률	13.3%	3.7%	10.1%
매출액순이익률	10.0%	2.2%	7.8%
ROE	48.4%	25.8%	32.5%
ROA	22.4%	5.3%	19.0%
매출액성장률	24.1%	17.8%	14.7%

* ㈜아성다이소는 ㈜CJ올리브영, ㈜쿠팡과 달리 일반기업회계기준을 적용한다.
** ㈜아성다이소는 이자비용이 0이기 때문에 이자보상비율을 산출할 수 없다.

다. 안정성 비율로 부채비율은 쿠팡이 352%로 가장 높고, 다음으로 올리브영 126.3%, 다이소 58.1% 순이다.

쿠팡은 부채비율은 높지만, 부채의 87%가 매입채무와 리스부채로 구성되어 있고, 이자보상비율이 7.4이므로 이자 지급에는 문제가 없다. 또한 영업활동 현금 순유입액 2.3조원이 투자활동 현금 순유출액 1.0조원을 초과하므로, 운영자금 조달과 부채 상환에도 문제가 없다. 다이소는 차입금과 리스부채가 아예 없어, 이자비용이 0이므로 재무 상태가 매우 안정적이다.

매출액 대비 수익성은 올리브영이 가장 높다. 다음으로 다이소, 쿠팡 순이다. 다이소는 올리브영보다는 수익성이 조금 낮지만 매출액영업이익률이 9.4%, 매출액순이익률이 7.8%로 높은 수준을 보여준다. 쿠팡은 매출액영업이익률이 3.6%로 두 기업보다 2.5배 이상 낮은데 온라인 판매로 인해 배송비가 많이 들

기 때문으로 판단된다. 쿠팡의 운반 및 임차료는 매출액의 9.3%로, 올리브영의 7%, 다이소의 6.7%보다 높다. ROE와 ROA도 올리브영이 가장 높고, 다음으로 다이소, 쿠팡 순이다.

요약하면, 올리브영, 쿠팡, 다이소는 모두 최근 빠르게 성장하는 추세를 보인다. 수익성에서는 올리브영과 다이소는 매우 높은 수준이고, 쿠팡은 매출액 대비 수익성이 다소 낮지만, 매출액이 36조원에 달하여 당기순이익은 7,850억원으로 올리브영의 당기순이익 4,789억원, 다이소의 당기순이익 3,094억원보다 더 크다. 또한 쿠팡의 부채비율은 높지만, 이자지급능력이 충분하고, 부채를 적절히 사용하여 ROE가 25.8%로 매우 높은 수준이다.

세 기업은 모두 급성장하고 있으나 당기의 성장률이 전기보다는 낮아졌기 때문에 향후 성장률의 둔화와 경쟁기업들의 도전에 어떻게 대응할 것인지가 지속적인 성공의 관건이 될 것으로 보인다.[8)]

한국의 기업과 경영인 ⑩

신격호와 롯데그룹–베르테르의 연인, '샤롯데'로부터 롯데를 짓다

신격호는 1922년 경남 울산군 상남면 둔기리에서 10남매 중의 장남으로 태어났다. 울산농업보습학교를 졸업한 후 경남도립 종축장(우수한 새끼를 낳기 위해 우량 품종의 가축을 기르는 목장)에 취직하였으나 더 큰 꿈을 이루고자 1941년 단돈 83엔만을 갖고 일본으로 떠났다. 그러나 도착하자마자 일본 형사에게 붙들려 매를 맞고 2시간 후에 풀려나기도 했다. 먹고 살기 위해 낮에는 일하고 밤에는 야간학교에서 공부했으며, 징병을 피하고자 와세다대학교 이학부의 야간부 화학과에 입학하였다.

생활비를 벌기 위해 우유 배달, 신문 배달, 공장 잡일, 전당포 점원 등 온갖 일

8) 2023년 대비 2024년의 매출액성장률은 올리브영이 39%에서 24.1%로, 쿠팡이 19%에서 17.8%로, 다이소가 17.5%에서 14.7%로 감소하였다.

을 마다하지 않았다. 우유 배달을 할 때는 새벽 배달시간을 엄수하여 주문이 크게 늘었고, 전당포에서 일하면서 주인으로부터 신임을 얻어 나중에 사업자금을 받기도 했다. 원래 작가를 지망한 신격호는 바쁜 와중에도 헌책방에서 세계문학 전집을 비롯해 많은 책을 읽었다. 그중 괴테의 '젊은 베르테르의 슬픔'에 큰 감동을 받았고, 여주인공인 '샤롯데'의 이름을 따라 후에 회사 이름을 '롯데'로 짓게 되었다.

태평양 전쟁 중에 전당포 주인으로부터 커팅오일을 만들기만 하면 얼마든지 팔 수 있다며 6만엔을 사업자금으로 받게 되었다. 그러나 공장을 가동해 보기도 전에 폭격으로 불타버렸고, 다시 세운 공장은 처음에는 순조롭게 오일을 생산하였으나 1년 반 만에 폭격으로 다시 불타는 아픔을 겪었다. 해방이 되고 그대로 귀향할 수도 있었으나 6만엔을 투자한 전당포 주인에게 보답하기 위해 '히카리특수화학연구소'를 설립하여 세탁비누 등 생필품을 생산·판매하였고, 사업이 잘되어 1년 반 만에 6만엔을 갚고 이자로 집 한 채를 선물하였다. 일본에 주둔하는 미군들이 아이들에게 나누어 주던 껌이 큰 인기를 끌자 껌 사업을 시작하였다.

1948년 롯데제과를 설립하였고, 당시 수많은 껌 생산업체가 있었으나 약제사를 고용하여 좋은 재료로 위생적인 생산에 주력하여 매출이 크게 늘었다. 본인의 아이디어로 대나무 풍선껌, 카우보이껌, 그린껌, 쿨민트껌 등 다양한 제품을 출시하였고, '입속의 연인'이라는 광고카피도 직접 만들었다. 1천만엔을 상금으로 건 이벤트를 실시하면서 신문, TV, 라디오 광고를 실시한 것을 계기로 1963년 일본 껌 점유율 1위의 업체로 등극하였다.

다음으로 초콜릿 사업에 진출하기 위해 스위스의 세계 최고 기술자를 삼고초려 끝에 영입하였고, 최고 품질의 제품을 생산할 수 있도록 재료와 설비투자를 아끼지 않았다. 제품 출시와 함께 대대적인 TV 광고를 하여, 선발주자인 메이지, 모리나가를 추격하여 1984년에는 드디어 일본 과자업계의 선두로 나섰다.

신격호는 1965년 한일 국교정상화 이후 국내 제철공장의 건립을 계획하였으나 정부의 포항제철 설립으로 좌절되었다. 1967년 국내에 롯데제과를 설립하고, 1973년 박정희 대통령의 권유로 적자상태에 있던 반도호텔을 인수하고 그 자리에 롯데호텔과 롯데쇼핑센터(현 롯데백화점)를 1979년 준공하였다. 또한 당시 허허벌판이던 잠실에 1988년 올림픽 경기대회 개최에 맞추어 롯데호텔을 건립하였고, 가족이 함께 하루를 즐겁게 보낼 수 있는 공간을 마련하고자 세계 최대 실내 테마파크 '롯데월드'를 1989년에 개장하였다. 신격호는 생애 마지막 사업으로 서울의 새로운

랜드마크인 123층, 높이 555m로 세계에서 6번째로 높은 '롯데월드타워'를 2017년 완공하였고, 2020년 영면하였다.

참고문헌: 신격호는 어떻게 거인 롯데가 되었나(김태훈, 2014, 성안북스), 신격호의 비밀(정순태, 1998, 지구촌), 신격호의 도전과 꿈(오쿠노 쇼, 2020, 나남)

요 약

1. 재무제표 분석이란 재무제표에 포함된 회계정보를 이용하여 해당 기업의 재무 상태, 경영성과, 그리고 현금흐름을 파악하는 것이다. 기업 내부의 경영진은 영업성과의 평가, 원자재 또는 상품을 공급할 업체의 선정, 외상거래의 승인 등을 위한 의사결정을 위해, 기업 외부의 투자자와 채권자는 주식 또는 채권의 투자, 자금 대출, M&A(인수 및 합병) 등을 위한 의사결정을 위해 재무제표를 분석한다.

2. 재무제표는 손익계산서, 재무상태표, 현금흐름표 순으로 분석한다. 손익계산서에서는 매출액의 규모와 전기 대비 매출액의 증감 여부, 당기순손익의 흑자 또는 적자 여부, 전기 대비 당기순손익과 영업손익의 증감 여부를 파악하고, 당기순손익 변동의 원천이 영업손익인지 아니면 영업외손익인지를 확인한다.

3. 재무상태표에서는 자산총계를 통해 기업의 규모를 파악하고, 부채비율을 산출하여 재무적 안정성을 평가한다. 부채총계와 자산총계의 전기 대비 증감 여부와 증감이 큰 계정을 분석한다. 자본의 이익잉여금 잔액은 창업 이래 배당하지 않은 누적 이익의 크기를 나타내므로 금액이 클수록 경영성과가 양호했음을 의미한다.

4. 재무비율은 재무제표에 포함된 두 개 이상의 회계정보를 이용하여 산출한 비율로서 규모가 다른 두 기업의 재무 상태와 경영성과를 비교할 때 흔히 사용된다. 재무비율은 안정성, 유동성, 수익성, 성장성 등의 비율로 분류된다.

5. 안정성 비율은 부채의 상대적 크기와 이자 지급능력을 보여주고, 유동성 비율은 단기채무 지급능력을 나타낸다. 수익성 비율은 기업의 이익 창출능력을 나타내는 비율로서 매출 대비 이익률 또는 투입된 자본 대비 이익률을 산출한다. 성장성 비율은 계정별 전기 대비 증가 또는 감소의 상대적 크기를 측정한다.

O×퀴즈 아래 문장이 옳으면 ○, 틀리면 ×로 답하고 틀린 곳은 올바르게 고치시오.

1. 손익계산서에서 영업이익은 전기보다 증가하였으나 법인세비용차감전이익은 전기보다 감소하였다면 금융손익을 포함한 영업외손익이 전기보다 감소하였음을 의미한다.

2. 재무상태표상의 자본에 결손금이 있다는 것은 창업 이래 당기순이익이 발생한 적이 없음을 의미한다.

3. 재무 상태의 안정성을 평가하는 대표적인 비율인 부채비율은 부채총계를 자산총계로 나누어 계산한다.

4. 이자의 지급능력을 나타내는 이자보상비율은 그 값이 클수록 이자 지급능력이 높음을 의미한다.

5. 유동비율은 단기채무 지급능력을 나타내는 비율로서 유동부채를 유동자산으로 나누어 산출한다.

6. 유동비율이 1.4인 기업이 유동부채에 포함된 매입채무를 현금으로 상환하면 유동비율이 증가한다.

7. 총자산이익률(ROA)은 사업에 투입된 자기자본을 사용하여 수익성을 측정한 재무비율이다.

8. 매출액총이익률은 매출액 대비 매출원가의 비중이 작을수록 증가한다.

9. 매출액총이익률이 전기보다 증가하였으나 매출액영업이익률은 전기보다 하락하였다면 매출액 대비 판매관리비의 비중이 감소하였음을 의미한다.

10. 매출액성장률이 전기에 4%이었고, 당기에 8%이라면 매출액성장률은 당기에 4% 포인트 또는 100% 증가하였다고 표현할 수 있다.

제10장 객관식 문제

※ (1번~2번) 다음의 자료는 유통업을 하는 ㈜서울의 20×1년 재무상태표 요약 자료이다.

· 유동자산	1,000,000원	· 유동부채	500,000원
· 비유동자산	5,000,000원	· 비유동부채	1,500,000원

1. ㈜서울의 20×1년 유동비율은 얼마인가?

① 50% ② 100% ③ 150% ④ 200%

2. ㈜서울의 20×1년 부채비율은 얼마인가?

① 50% ② 100% ③ 150% ④ 200%

※ (3번~4번) 다음의 자료는 유통업을 하는 ㈜서울의 20×1년 재무제표 요약 자료이다.

· 매출액	5,000,000원	· 매출원가	3,000,000원
· 임대료	400,000원	· 판매관리비	1,000,000원
· 이자비용	500,000원	· 이자수익	100,000원
· 기초자본	9,500,000원		

3. ㈜서울의 20×1년 매출액영업이익률은 얼마인가?

① 10% ② 20% ③ 30% ④ 40%

4. ㈜서울의 20×1년 자기자본순이익률은 얼마인가?

① 5% ② 10% ③ 15% ④ 20%

5. 유동비율이 150%일 때, 유동비율을 감소시키는 거래는? 〈국가직 9급, 2021〉

① 매출채권의 현금회수 ② 상품의 외상매입

③ 매입채무의 현금지급 ④ 장기대여금의 현금회수

실제 기업 사례 문제

1. 대형 할인점을 운영하는 상장기업 ㈜이마트의 2024년 말 작성 별도재무제표와 비상장기업 ㈜홈플러스의 2025년 2월 말 작성 재무제표를 전자공시시스템(dart.fss.or.kr)에서 찾은 후 아래 물음에 답하시오.

   1) 두 기업의 2024년 안정성 비율(부채비율, 자기자본비율, 이자보상비율)과 유동성비율(유동비율)을 산출하여 서로 비교해 보시오.
   2) 두 기업의 2024년 매출 대비 수익성 비율(매출액총이익률, 매출액영업이익률, 매출액세전이익률, 매출액순이익률)을 산출하여 서로 비교해 보시오.
   3) 두 기업의 2024년 투자 대비 수익성 비율(ROE, ROA)을 산출하여 서로 비교해 보시오.
   4) 두 기업의 2024년 매출액성장률을 산출하여 서로 비교해 보시오.
   5) 두 기업의 2024년 현금흐름표를 보고 전반적인 현금흐름에 관해 서술해 보시오.

2. 전자공시시스템(dart.fss.or.kr)에서 브레이크 제조업체인 (주)상신브레이크, (주)새론오토모티브, (주)KB오토시스의 2024년 사업보고서를 검색하여 연결재무제표를 찾은 후 다음 물음에 답하시오.

   1) 세 기업의 2024년 자산총계와 매출액을 말하고, (주)상신브레이크의 사업보고서 'II. 사업의 내용 7. 기타 참고사항'을 참조하여 세 기업의 시장점유율을 찾아보시오.
   2) 세 기업의 2024년 매출액성장률을 계산한 후 비교하고, 각 기업의 사업보고서 'IV. 이사의 경영진단 및 분석의견'을 참조하여 매출액 변동의 원인을 서술하시오.
   3) 세 기업의 2024년 부채비율, 이자보상비율, 유동비율을 계산한 후 세 기업의 안정성에 대해 비교해 보시오.
   4) 세 기업의 2024년 매출액총이익률, 매출액영업이익률, 매출액세전이익률, 매출액순이익률을 계산한 후 비교해 보시오.

5) 세 기업의 2024년 ROE와 ROA를 계산한 후 수익성을 비교해 보시오.

3. 전자공시시스템(dart.fss.or.kr)에서 내의류 제조업체인 (주)BYC, (주)쌍방울, (주)좋은사람들의 2024년 사업보고서를 검색하여 연결재무제표를 찾은 후 다음 물음에 답하시오.

1) 세 기업의 2024년 재무제표에 대한 외부감사인의 감사의견은 각각 무엇인가?
2) 세 기업의 2024년 자산총계와 매출액을 말하고, 재무제표 주석을 참조하여 자회사(종속회사)로는 어떤 회사가 있는지 찾아보시오.
3) 세 기업의 매출액성장률을 계산한 후 비교하고, (주)쌍방울과 (주)좋은사람들의 사업보고서 'Ⅳ. 이사의 경영진단 및 분석의견'을 참조하여 매출액 변동의 원인을 서술하시오.
4) 세 기업의 부채비율, 이자보상비율, 유동비율을 계산한 후 두 기업의 안정성에 대해 비교해 보시오.
5) 세 기업의 2024년 매출액총이익률, 매출액영업이익률, 매출액세전이익률, 매출액순이익률을 계산한 후 비교해 보시오.
6) 세 기업의 2024년 ROE와 ROA를 계산한 후 수익성을 비교해 보시오.

4. 전자공시시스템(dart.fss.or.kr)에서 라면, 스낵류 제조업체인 (주)농심과 (주)삼양식품의 2024년 사업보고서를 검색하여 연결재무제표를 찾은 후 다음 물음에 답하시오.

1) 두 기업의 2024년 자산총계와 매출액을 말하고, 사업보고서 'Ⅱ. 사업의 내용'을 참조하여 최근 3년간 라면류 시장점유율을 찾아보시오.
2) 두 기업의 매출액성장률을 계산한 후 비교하고, 사업보고서 'Ⅳ. 이사의 경영진단 및 분석의견'을 참조하여 각 기업의 매출액 변동의 원인을 서술하시오.
3) 두 기업의 부채비율, 이자보상비율, 유동비율을 계산한 후 두 기업의 안정성에 대해 비교해 보시오.
4) 두 기업의 2024년 매출액총이익률, 매출액영업이익률, 매출액세전이익률, 매출액순이익률을 계산한 후 비교해 보시오.
5) 두 기업의 2024년 ROE와 ROA를 계산한 후 수익성을 비교해 보시오.

해 답

제1장 회계와 재무제표

〈○×퀴즈〉

1. ○ 2. ○ 3. × 4. ○ 5. × 6. ○ 7. ○ 8. × 9. × 10. ○
11. × 12. × 13. ○ 14. × 15. ○ 16. ○ 17. × 18. × 19. × 20. ○

〈객관식 문제〉

1. ② 2. ④ 3. ④ 4. ① 5. ③

〈주관식 문제〉

1. 1) 순이익 = 230만원
2), 3) 자산(6,230만원) = 부채(2,000만원) + 자본(4,230만원)

2. 1) 2,500만원(자본금) 2) 3,000만원(차입금)
3) 1,220만원(비품) 4) 순이익 = 297만원
5) 자산(5,797만원) = 부채(3,000만원) + 자본(2,797만원)

3. ① 3,840만원 ② 6,956만원 ③ 4,116만원

4.

날짜	자 산		부 채	자 본	
5/1	현 금	2,000만원		자본금	2,000만원
5/2	현 금 비 품 소모품	900만원 1,000만원 100만원		자본금	2,000만원
5/3	현 금 비 품 소모품	900만원 1,000만원 100만원		자본금	2,000만원

날 짜	자 산		부 채		자 본	
5/4	현 금	1,900만원	단기차입금	1,000만원	자본금	2,000만원
	비 품	1,000만원				
	소모품	100만원				
5/8	현 금	1,400만원	단기차입금	1,000만원	자본금	2,000만원
	비 품	1,000만원			광고선전비	(500만원)
	소모품	100만원				
5/31	현 금	2,200만원	단기차입금	1,000만원	자본금	2,000만원
	비 품	1,000만원			컨설팅수익	800만원
	소모품	100만원			광고선전비	(500만원)
5/31	현 금	1,695만원	단기차입금	1,000만원	자본금	2,000만원
	비 품	1,000만원			컨설팅수익	800만원
	소모품	100만원			광고선전비	(500만원)
					급 여	(400만원)
					임차료	(100만원)
					전력비	(5만원)

5. ① 73억원　　② 182억원　　③ 104억원

6. 1) 자산: 감소, 부채: 감소, 자본: 변동 없음
2) 자산: 증가, 부채: 변동 없음, 자본: 증가
3) 자산: 증가, 부채: 증가, 자본: 변동 없음
4) 자산: 변동 없음 (비품 증가, 현금 감소), 부채: 변동 없음, 자본: 변동 없음
5) 자산: 감소, 부채: 변동 없음, 자본: 감소
6) 자산: 증가, 부채: 변동 없음, 자본: 증가
7) 자산: 감소, 부채: 감소, 자본: 변동 없음

7. 1) 순이익 = 900,000원　　2) 현금 = 31,800,000원

8. ① 관리회계　② 재무제표　③ 자산　④ 자본
⑤ 계정　⑥ 회계기준　⑦ 한정의견　⑧ 적정의견
⑨ 의견거절

제2장 회계순환과정

〈○×퀴즈〉

1. ○　2. ○　3. ×　4. ○　5. ×　6. ×　7. ○　8. ×　9. ×　10. ○
11. ×　12. ×　13. ×　14. ×　15. ×　16. ○　17. ○　18. ×

〈객관식 문제〉

1. ② 2. ① 3. ④ 4. ① 5. ①

〈주관식 문제〉

1. 1)

날 짜	차변 (왼쪽)		대변 (오른쪽)	
4월 1일	현 금	50,000,000	자본금	50,000,000
4월 2일	차량운반구	18,500,000	현 금	18,500,000
	비 품	15,000,000	현 금	15,000,000
4월 3일	비 품	9,000,000	현 금	9,000,000
	소모품	200,000	현 금	200,000
4월 4일	현 금	5,000,000	단기차입금	5,000,000
4월 7일	소모품	500,000	현 금	500,000
4월 30일	현 금	7,000,000	서비스수익	7,000,000
	급 여	4,000,000	현 금	5,200,000
	임차료	1,000,000		
	유류비	200,000		

2) 현금 계정의 4/30 잔액은 13,600,000원

3) 시산표의 차변과 대변 합계는 62,000,000원

4) 결산수정분개

날 짜	차변 (왼쪽)		대변 (오른쪽)	
4월 30일	차량운반구감가상각비	300,000	차량운반구감가상각누계액	300,000
	비품감가상각비-청소기	250,000	비품감가상각누계액	250,000
	비품감가상각비-책상 등	150,000	비품감가상각누계액	150,000
	소모품비	600,000	소모품	600,000
	이자비용	25,000	미지급이자	25,000

5) 수정후시산표의 차변과 대변 합계는 62,725,000원

6) • 손익계산서의 당기순이익은 475,000원

• 재무상태표의 자산총계는 55,500,000원

• 현금흐름표의 영업활동 현금흐름은 1,100,000원, 투자활동 현금흐름은 (42,500,000원), 재무활동 현금흐름은 55,000,000원

2. 개인기업은 소유주가 출자할 경우 주식회사와 동일하게 자본금 계정을 사용한다. 다만, 소유주의 급여가 따로 없고, 개인기업이 소유주에게 현금을 지급할 경우 '인출금'이라는 자본차감계정

을 사용한다[(차변)인출금, (대변) 현금]. 회계연도 말 재무상태표 작성 시에는 자본금 잔액에서 인출금 잔액을 차감한 금액을 자본금 기말잔액으로 표기한다.

1)

날 짜	차 변		대 변	
4월 1일	현 금	30,000,000	자본금	30,000,000
4월 2일	비 품	20,000,000	현 금	20,500,000
	소모품	500,000		
4월 3일	현 금	5,000,000	단기차입금	5,000,000
4월 4일	광고선전비	480,000	현 금	480,000
4월 30일	현 금	4,000,000	서비스수익	4,000,000
	임차료	1,000,000	현 금	1,400,000
	수도광열비	400,000		
	인출금	1,000,000	현 금	1,000,000

2) 현금 계정의 잔액은 15,620,000원

3) 시산표의 차변과 대변 합계는 39,000,000원

4) 결산수정분개

날 짜	차 변		대 변	
4월 30일	비품감가상각비	330,000	비품감가상각누계액	330,000
	소모품비	400,000	소모품	400,000
	이자비용	20,000	미지급이자	20,000

5) 수정후시산표의 차변과 대변 합계는 39,350,000원

6) • 손익계산서의 당기순이익은 1,370,000원
• 재무상태표의 자산총계는 35,390,000원, 부채총계는 5,020,000원,
자본금은 30,370,000원(= 자본금 − 인출금 + 당기순이익)

3. 1) 손익계산서의 당기순이익은 15,000천원 　2) 재무상태표의 자산총계는 272,000천원

4. 1) 현금잔액 = 15,500 − 15,130 = 370백만원, 수정후시산표의 차변과 대변 합계는 15,500백만원
2) 손익계산서의 당기순이익은 870백만원
3) 재무상태표의 자산총계는 3,070백만원

5. 1) 당기순손실 20,800,000원 　2) 이익잉여금 39,200,000원
3) 방송장비: 취득원가 2,100,000,000, 장부가 770,000,000원
비품: 취득원가 48,000,000, 장부가 19,200,000

4) 자산총계 3,409,200,000원 = 부채총계 1,370,000,000원 + 자본총계 2,039,200,000원

6. 1)

날짜	차 변		대 변	
5월 1일	미지급이자	50,000	현 금	50,000
5월 2일	소모품	200,000	현 금	200,000
5월 12일	복리후생비	250,000	현 금	250,000
5월 19일	접대비	100,000	현 금	100,000
5월 31일	현 금	12,000,000	경비서비스수익	12,000,000
5월 31일	급 여	8,000,000	현 금	9,080,000
	임차료	1,000,000		
	수도광열비	80,000		

2) 현금 계정의 잔액은 37,170,000원

3) 시산표의 차변과 대변의 합계는 52,800,000원

4) 결산수정분개

날짜	차 변		대 변	
5월 31일	비품감가상각비	100,000	비품감가상각누계액	100,000
	이자비용	50,000	미지급이자	50,000
	소모품비	100,000	소모품	100,000

5) 수정후시산표의 차변과 대변의 합계는 52,950,000원

6) • 손익계산서의 당기순이익은 2,320,000원
   • 재무상태표의 자산총계는 43,070,000원

7. 자산총계 21,170,000원, 부채총계 10,050,000원, 자본총계 11,120,000원

제3장 상품매매기업의 회계

〈○×퀴즈〉

1. ○ 2. × 3. × 4. × 5. ○ 6. ○ 7. ○ 8. × 9. ○ 10. ○
11. × 12. × 13. ○ 14. × 15. × 16. ○

〈객관식 문제〉

1. ② 2. ④ 3. ① 4. ③ 5. ① 6. ③

〈주관식 문제〉

1. ① 210,000　② 30　③ 110　④ 450,000
⑤ 20　⑥ 160　⑦ 480,000　⑧ 140
⑨ 700,000

2. 1)

날짜	차변		대변	
5월 1일	미지급이자	50,000	현 금	50,000
5월 2일	임차료	1,000,000	현 금	1,000,000
5월 3일	미지급금	6,000,000	현 금	6,200,000
	소모품	200,000		
5월 6일	매입채무	4,500,000	현 금	4,500,000
5월 10일	현 금	6,000,000	매출채권	6,000,000
5월 15일	매입채무	5,500,000	현 금	5,500,000
5월 16일	상 품	10,000,000	매입채무	10,000,000
5월 25일	매출채권	15,750,000	매 출	15,750,000
	매출원가	10,500,000	상 품	10,500,000
5월 28일	현 금	7,500,000	매출채권	7,500,000
5월 31일	급 여	3,500,000	현 금	3,600,000
	수도광열비	100,000		

2) 현금 계정 잔액은 7,570,000원

3) 시산표의 차변과 대변 합계는 65,850,000원

4) 결산수정분개

날짜	차변		대변	
5월 31일	비품감가상각비	100,000	비품감가상각누계액	100,000
	이자비용	50,000	미지급이자	50,000
	보험료	40,000	선급보험료	40,000
	소모품비	150,000	소모품	150,000

5) 수정후시산표의 차변과 대변 합계는 66,000,000원

6) • 손익계산서의 당기순이익은 310,000원
• 재무상태표의 자산총계는 50,070,000원
• 자본변동표의 기말 자본총계는 30,020,000원

- 현금흐름표의 영업활동 현금흐름은 (1,350,000원), 투자활동 현금흐름은 (6,000,000원), 재무활동 현금흐름은 0원

3. 1) 손익계산서의 당기순이익은 116,000천원
   2) 재무상태표의 자산총계는 2,264,000천원, 부채총계는 1,398,000천원, 자본총계는 866,000천원,

4. 1) (단위: 천원)

날짜	차 변		대 변	
3월 3일	임차료	1,000	현 금	1,000
3월 5일	배당금(또는 이익잉여금)	1,000	현 금	1,000
3월 6일	현 금	2,000	매출채권	2,000
3월 10일	상 품	4,000	매입채무	4,000
3월 15일	매입채무	2,000	현 금	2,000
3월 23일	접대비	60	현 금	60
3월 25일	매출채권	10,000	매 출	10,000
	매출원가	7,000	상 품	7,000
3월 30일	미지급이자	20	현 금	30
	이자비용	10		

2) (단위: 천원)

날짜	차 변		대 변	
3월 31일	보험료	10	선급보험료	10
	급 여	600	미지급급여	600
	비품감가상각비	100	비품감가상각누계액	100
	차량운반구감가상각비	200	차량운반구감가상각누계액	200

3) 손익계산서의 당기순이익은 1,020천원

4) 재무상태표의 자산총계는 17,020천원, 부채총계는 7,100천원, 자본총계는 9,920천원

5. ① 17, 5, 40,000 ② 16, 3, 130,000 ③ 10, 13, 900,000
   ④ 15, 8, 1,000,000 ⑤ 14, 7, 20,000 ⑥ 2, 13, 2,000,000

6. 1) ① 500,000 ② 60,000,000 ③ 8,000,000 ④ 200,000
   ⑤ 8,500,000 ⑥ 100,000

2)

날 짜	차 변		대 변	
6월 30일	소모품비	450,000	소모품	450,000
	급 여	1,500,000	미지급급여	1,500,000
	보험료	100,000	선급보험료	100,000
	비품감가상각비	1,000,000	비품감가상각누계액	1,000,000
	이자비용	50,000	미지급이자	50,000

7. 1) 수정후시산표의 차변과 대변의 합계는 31,914,788천원

2) 손익계산서의 당기순이익은 465,018천원

3) 재무상태표의 자산총계는 18,167,175천원, 부채총계는 15,403,623천원, 자본총계는 2,763,552천원

제4장 제조기업의 회계

〈○×퀴즈〉

1. ○ 2. × 3. × 4. ○ 5. × 6. × 7. ○ 8. × 9. × 10. ○
11. ○ 12. ×

〈객관식 문제〉

1. ④ 2. ② 3. ② 4. ② 5. ④

〈주관식 문제〉

1. 1)

날 짜	차 변		대 변	
5월 1일	현 금	30,000,000	자본금	30,000,000
5월 2일	기 계	20,000,000	현 금	20,000,000
5월 3일	현 금	10,000,000	단기차입금	10,000,000
5월 4일	원재료	2,000,000	현 금	2,000,000
5월 7일	광고선전비-판관비	1,000,000	현 금	1,000,000
5월 20일	접대비-판관비	60,000	현 금	60,000
5월 28일	현 금	7,000,000	인쇄제품매출	7,000,000

날 짜	차 변		대 변	
5월 31일	임차료-제조경비	800,000	현 금	4,500,000
	임차료-판관비	200,000		
	급여-노무원가	3,000,000		
	급여-판관비	500,000		

2) 현금 계정의 잔액은 19,440,000원

3) 시산표의 차변과 대변 합계는 47,000,000원

4) 결산수정분개

날 짜	차 변		대 변	
5월 31일	기계장치감가상각비-제조경비	300,000	기계장치감가상각누계액	300,000
	이자비용	50,000	미지급이자	50,000
5월 31일	재공품	5,600,000	원재료	1,500,000
			급여-노무원가	3,000,000
			임차료-제조경비	800,000
			기계장치감가상각비-제조경비	300,000
5월 31일	제 품	5,600,000	재공품	5,600,000
5월 31일	매출원가	5,600,000	제 품	5,600,000

5) 수정후시산표의 차변과 대변 합계는 47,350,000원

6) • 손익계산서의 당기순이익(손실)은 (410,000원)
- 재무상태표의 자산총계는 39,640,000원, 부채총계는 10,050,000원, 자본총계는 29,590,000원
- 자본변동표의 기말 자본총계는 29,590,000원
- 현금흐름표의 영업활동 현금흐름은 (560,000원), 투자활동 현금흐름은 (20,000,000원), 재무활동 현금흐름은 40,000,000원

2. 1)

날 짜	차 변		대 변	
7월 1일	현 금	50,000,000	자본금	50,000,000
7월 2일	임차보증금	30,000,000	현 금	31,000,000
	임차료-제조경비	800,000		
	임차료-판관비	200,000		
7월 3일	기계장치	5,000,000	미지급금	9,200,000
	비 품	4,200,000		

7월 4일	원재료	1,500,000	매입채무	1,500,000
7월 30일	급여-노무원가 급여-판관비 전력비-제조경비 전력비-판관비 광고선전비-판관비	4,000,000 2,000,000 450,000 50,000 500,000	현 금	7,000,000
7월 31일	현 금	9,000,000	매 출	9,000,000

2) 현금 계정의 잔액은 21,000,000원

3) 시산표의 차변과 대변 합계는 69,700,000원

4) 결산수정분개

날 짜	차 변		대 변	
7월 31일	기계장치감가상각비-제조경비 비품장치감가상각비-판관비	80,000 70,000	기계장치감가상각누계액 비품감가상각누계액	80,000 70,000
7월 31일	재공품	6,680,000	원재료 급여-노무원가 임차료-제조경비 전력비-제조경비 기계장치감가상각비-제조경비	1,350,000 4,000,000 800,000 450,000 80,000
	제 품	6,680,000	재공품	6,680,000
	매출원가	6,012,000	제 품	6,012,000

5) 수정후시산표의 차변과 대변 합계는 69,850,000원

6) • 손익계산서의 당기순이익은 168,000원

- 재무상태표의 자산총계는 60,868,000원, 부채총계는 10,700,000원, 자본총계는 50,168,000원
- 자본변동표의 기말 자본총계는 50,168,000원
- 현금흐름표의 영업활동 현금흐름은 1,000,000원, 투자활동 현금흐름은 (30,000,000원), 재무활동 현금흐름은 50,000,000원

3. 1) 손익계산서의 당기순이익은 171,000천원

2) 재무상태표의 자산총계는 3,843,000천원, 부채총계는 1,574,000천원, 자본총계는 2,269,000천원

4. 가구제조용 원목: ①, 급여-판매직원: ④, 감가상각비-공장기계: ③, 이자비용: ④, 감가상각비-트럭(제품배송용): ④, 급여-공장근로자: ②, 보험료-공장기계: ③, 수선비-공장기계: ③, 광고선전비: ④, 가구제조용 나사, 못, 접착제, 페인트: ①

5. 1) 재공품으로 이전되는 항목: 원재료 16,000, 급여-노무원가 15,000, 임차료-제조경비 4,000, 전력비-제조경비 110, 감가상각비-제조경비 3,000, 합계 = 38,110

2) 34,299　　　　　　3) 870

4) 7,811

6.

번호	차 변		대 변	
1)	재공품	14,340,000	원재료	5,000,000
			급여-노무원가	6,500,000
			임차료-제조경비	2,000,000
			보험료-제조경비	100,000
			수도광열비-제조경비	240,000
			기계장치감가상각비-제소경비	500,000
2)	제 품	14,340,000	재공품	14,340,000
3)	매출원가	1,100,000	제 품	1,100,000
	매출원가	12,619,200	제 품	12,619,200

4) 원재료와 제품, 2,720,800원

7. 1)

날짜	차 변		대 변	
6월 1일	미지급이자	100,000	현 금	100,000
6월 2일	원재료	7,000,000	매입채무	7,000,000
6월 3일	임차료-제조경비	1,800,000	현 금	2,000,000
	임차료-판관비	200,000		
6월 4일	현 금	10,000,000	자본금	10,000,000
6월 5일	미지급금	6,000,000	현 금	6,000,000
6월 8일	매입채무	5,000,000	현 금	5,000,000
6월 9일	광고선전비-판관비	500,000	현 금	500,000
6월 20일	교육훈련비-판관비	60,000	현 금	60,000
6월 28일	현 금	19,000,000	매출채권	19,000,000
6월 29일	급여-노무원가	6,000,000	현 금	10,000,000
	급여-판관비	4,000,000		
	전력비-제조경비	200,000	현 금	230,000
	전력비-판관비	30,000		
6월 30일	매출채권	27,000,000	매 출	27,000,000

2) 현금 계정의 잔액은 21,690,000원

3) 시산표의 차변과 대변의 합계는 126,250,000원

4) 결산수정분개

날 짜	차 변		대 변	
6월 30일	이자비용	100,000	미지급이자	100,000
	기계장치감가상각비-제조경비	300,000	기계장치감가상각누계액	300,000
	비품감가상각비-판관비	100,000	비품감가상각누계액	100,000
	보험료-제조경비	100,000	선급보험료	100,000
6월 30일	재공품	14,700,000	원재료	6,300,000
			급여-노무원가	6,000,000
			임차료-제조경비	1,800,000
			전력비-제조경비	200,000
			기계장치감가상각비-제조경비	300,000
			보험료-제조경비	100,000
6월 30일	제　품	14,700,000	재공품	14,700,000
6월 30일	매출원가	670,000	제　품	670,000
	매출원가	13,650,000	제　품	13,650,000

5) 수정후시산표의 차변과 대변의 합계는 126,750,000원

6) • 손익계산서의 당기순이익은 7,690,000원
   • 재무상태표의 자산총계는 106,640,000원, 부채총계는 27,100,000원, 자본총계는 79,540,000원

제5장 유동자산의 주요 계정

〈○×퀴즈〉

1. × 2. × 3. ○ 4. ○ 5. × 6. × 7. ○ 8. × 9. × 10. ○
11. × 12. × 13. × 14. ○ 15. ○ 16. ○

〈객관식 문제〉

1. ② 2. ② 3. ④ 4. ① 5. ③

〈주관식 문제〉

1. 1) 유동자산 = 1,066,500백만원　2) 미수금
3) 미수수익　4) 선급금

5) 선급비용　　6) 현금 및 현금성자산

7) 단기금융상품　　8) 대손충당금 4,500백만원

9) 매출채권, 미수금, 미수수익, 현금및현금성자산, 대여금, 단기금융상품

2. 1) 1,190,000원

2) (차변) 대손상각비 190,000원　(대변) 대손충당금 190,000원

3) (차변) 대손충당금 10,000원　(대변) 대손충당금환입 10,000원

4) (차변) 대손충당금 700,000원　(대변) 매출채권 700,000원

3. 1) 기대신용손실 충당금 합계는 395,000원

2) (차변) 대손상각비 260,000원　(대변) 대손충당금 260,000원

3) (차변) 대손충당금 150,000원　(대변) 매출채권 150,000원

4) 대손확정 시:

(차변) 대손충당금 500,000원　(대변) 매출채권 500,000원

1월 말 수정분개:

(차변) 대손상각비 505,000원　(대변) 대손충당금 505,000원

5) (차변) 대손충당금 45,000원　(대변) 대손충당금환입 45,000원

4. 1) 선입선출법

매출원가 = 3,290,000원　기말상품액 = 560,000원

2) 총평균법

매출원가 = 3,279,630원　기말상품액 = 570,370원

3) 이동평균법

매출원가 = 3,287,535원　기말상품액 = 562,465원

5. 1) 선입선출법

기말재고자산 = 50,000원　매출원가 = 72,000원

2) 이동평균법

기말재고자산 = 49,400원　매출원가 = 72,600원

3) 총평균법

기말재고자산 = 48,800원　매출원가 = 73,200원

6. 1) 75,000원　2) 135,000원

3) 5,690,000원

7. 1) 현금 = 13,704,600원

2) 현금성자산 = 8,523,000원

제6장 비유동자산의 주요 계정

〈○×퀴즈〉

1. ○ 2. × 3. ○ 4. × 5. × 6. ○ 7. ○ 8. ○ 9. × 10. ○
11. × 12. ○ 13. × 14. × 15. ○ 16. ○ 17. ×

〈객관식 문제〉

1. ① 2. ④ 3. ③ 4. ③ 5. ② 6. ③

〈주관식 문제〉

1. 1) 정액법

① 기계장치1: (10,000,000 − 500,000) ÷ 4 = 2,375,000원

② 기계장치2: (60,000,000 − 6,000,000) ÷ 5 = 10,800,000원

2) 정률법

① 기계장치1

	기초 장부가	감가상각률	감가상각비	기말 장부가
1차 연도	10,000,000	0.527	5,270,000	4,730,000
2차 연도	4,730,000	0.527	2,492,710	2,237,290
3차 연도	2,237,290	0.527	1,179,052	1,058,238
4차 연도	1,058,238	0.527	558,238	500,000

② 기계장치2

	기초 장부가	감가상각률	감가상각비	기말 장부가
1차 연도	60,000,000	0.369	22,140,000	37,860,000
2차 연도	37,860,000	0.369	13,970,340	23,889,660
3차 연도	23,889,660	0.369	8,815,285	15,074,375
4차 연도	15,074,375	0.369	5,562,445	9,511,931
5차 연도	9,511,931	0.369	3,511,931	6,000,000

3)

차 변		대 변	
현 금	2,000,000	기계장치	10,000,000
기계장치감가상각누계액	7,125,000		
유형자산처분손실	875,000		

4) 유형자산처분이익 = 925,625원

2.

	20×1년	20×2년	20×3년	20×4년	20×5년	20×6년
1) 비 품	1,050,000	1,800,000	1,800,000	1,800,000	1,800,000	750,000
2) 기계장치	1,230,000	6,926,130	4,370,388	2,757,715	1,740,118	975,649

3. 영업권: 3,210백만원

4.

번호	분 류
1	당기손익-공정가치금융자산
2	관계기업투자
3	기타포괄손익-공정가치금융자산
4	당기손익-공정가치금융자산
5	상각후원가금융자산
6	당기손익-공정가치금융자산
7	기타포괄손익-공정가치금융자산

5. 1) 15,280,000천원 2) 2,180,000천원
3) 6,000,000천원 4) 600,000천원
5) 토지(공장부지), 건설중인자산
6) 영업권 7) 개발비

6. 토지 209,100,000원 기계장치 16,500,000원 특허권 1,450,000원

7. 특허권: 20×4년 상각비 250,000원, 20×4년 말 장부가 4,250,000원
콘도회원권: 20×4년 상각비 0원, 20×4년 말 장부가 12,000,000원
소프트웨어: 20×4년 상각비 140,000원, 20×4년 말 장부가 8,260,000원
개발비: 20×4년 상각비 4,000,000원, 20×4년 말 장부가 15,000,000원

8. 영업권 241,400,000원

9. ① 회원권 ② 건설중인자산 ③ 영업권 ④ 프랜차이즈
⑤ 전속계약권 ⑥ 구축물 ⑦ 저작권 ⑧ 라이선스
⑨ 투자부동산-건물

제7장 부채의 주요 계정

〈○×퀴즈〉

1. ○　2. ×　3. ×　4. ○　5. ○　6. ×　7. ○　8. ○　9. ○　10. ×
11. ○　12. ×　13.○　14. ○　15. ○

〈객관식 문제〉

1. ③　2. ③　3. ③　4. ④　5. ①　6. ②

〈주관식 문제〉

1.

자 산	부 채
매출채권-외상매출금	매입채무-외상매입금
매출채권-받을어음	매입채무-지급어음
미수금	미지급금
미수수익	미지급비용
선급금	선수금
선급비용	선수수익
부가세대급금	부가세예수금
보증금	예수보증금

2. 단기차입금 = 17,000,000원

3.

내 용	계정과목
20×5년 10월 1일 K은행으로부터 만기 1년으로 10억원을 차입함.	단기차입금
20×4년 7월 1일 만기 3년의 회사채를 100억원에 발행함.	사 채
20×3년 9월 15일 W은행으로부터 만기 3년으로 20억원을 차입함.	유동성장기차입금
20×1년 12월 1일 만기 5년의 회사채를 150억원에 발행함.	유동성사채

4. 1) 비유동부채

사 채	100억원
사채할인발행차금	(1억원)

2) 6억원

3) 만기일: 20×6년 12월 31일, 106억원(액면금액 + 액면이자)

5. 1) 미지급금 2) 선수수익
3) 예수보증금 4) 부가세예수금
5) 당기법인세부채 6) 미지급비용
7) 선수금 8) 제품보증충당부채
9) 유동성장기차입금 10) 순확정급여부채

6. 1) 보증수리의 의무가 있고, 자원 유출 가능성이 높으므로 충당부채로 인식한다.
2) 배상의무가 없다고 판단되므로 자원 유출 가능성이 희박하지 않다면 우발부채로 주석에 공시한다.
3) 배상의무가 있다고 판단되고, 자원 유출 가능성이 높으므로 충당부채로 인식한다.

7. 1) 예수보증금(임대보증금) 2) 소득세예수금 3) 미지급금
4) 선수금 5) 선수수익 6) 미지급비용
7) 매입채무-지급어음 8) 부가세예수금

8. ① 전자어음 ② 추심 ③ 진성어음 ④ 융통어음 ⑤ 어음할인

제8장 자본의 주요 계정

〈○×퀴즈〉

1. ○ 2. × 3. ○ 4. × 5. ○ 6. × 7. × 8. × 9. ○ 10. ○
11. × 12. ○ 13. ○ 14. × 15. × 16. ○ 17. ×

〈객관식 문제〉

1. ② 2. ① 3. ③ 4. ③ 5. ④ 6. ④

〈주관식 문제〉

1. 20×0년 유상증자로 자본금 15억원과 주식발행초과금이 3억원 증가하여 자본총계가 18억원 증가한다. 20×1년 자기주식 취득으로 자본차감계정인 자기주식이 7천만원 증가하여 자본총계는 7천만원 감소한다.

2. 1) 300,000주 2) 100,000주, 10,000원
3) 2,800,000,000원 4) 10,100원
5) 298,000주 6) 396,352,000원
7) 당기순이익 = 50,965,000원

3.

	자본금	자본총계	발행주식수	유통주식수
유상증자	증가	증가	증가	증가
자기주식 취득	불변	감소	불변	감소
배당금 지급승인	불변	감소	불변	불변
유상감자	감소	감소	감소	감소
자기주식 재발행	불변	증가	불변	증가
무상증자	증가	불변	증가	증가
무상감자(액면불변)	감소	불변	감소	감소

4. 1) 330,000천원 2) 540,000천원

3) 233,432천원

4) 당기순이익은 미처분이익잉여금에, 기타포괄손실은 기타포괄손익누계액에 포함된다.

5) 미처분이익잉여금은 현금배당금 지급과 이익준비금 적립으로 총 11,000천원이 감소, 이익준비금은 1,000천원이 증가. 재무상태표 상의 이익잉여금은 총 10,000천원이 감소한다.

5. 1) 700,000주

2) (차변) 현 금 60,000,000 (대변) 자본금 30,000,000
주식발행초과금 30,000,000

3) 이익준비금 2,000,000원, 미처분이익잉여금 10,790,000원, 이익잉여금 잔액 12,790,000원

4) 자본금 110,000,000원, 발행주식수 1,100,000주

5) (차변) 자기주식 2,100,000 (대변) 현 금 2,100,000

6. 1) 1,000원

2) 자본총계(= 60,500,000원)가 자본금(= 70,000,000원)보다 작으므로 자본잠식에 해당한다.

3) PBR = 시가총액 / 자본총계 = (800원 × 70,000주) / 60,500,000원 = 0.9256

4) 유통주식수는 60,000주, 자본금은 60,000,000원,
결손금은 0, 자본총계는 60,500,000원이다.

7. ① 무상증자 ② 자본잠식 ③ 유상감자 ④ 자기주식
⑤ 시가총액 ⑥ 무상감자 ⑦ PBR(주가순자산비율) ⑧ 유상증자

제9장 현금흐름표

〈○×퀴즈〉

1. × 2. ○ 3. ○ 4. × 5. × 6. ○ 7. × 8. ○ 9. × 10. ○
11. ○ 12. × 13. × 14. ○ 15. × 16. ○

〈객관식 문제〉

1. ② 2. ① 3. ④ 4. ④ 5. ③

〈주관식 문제〉

1. 영업활동 현금흐름은 107,000원
2. 영업활동 현금흐름은 1,822,000원)
3. 영업활동 현금흐름은 (1,350,000원)
4. 영업활동 현금흐름은 1,110,000원
5. 영업활동 현금흐름은 720백만원, 투자활동 현금흐름은 (360백만원)
   재무활동 현금흐름은 (320백만원)
6. (단위: 백만원)
   ① 21,720 ② 13,811 ③ (54,493) ④ 24,412 ⑤ 2,459 ⑥ 12,123
7. 1) 당기순이익은 555,000원
   2) 영업활동 현금흐름은 641,000원
   3) 투자활동 현금흐름은 (2,000,000원)
      재무활동 현금흐름은 1,000,000원

제10장 재무제표 분석

〈○×퀴즈〉

1. ○ 2. × 3. × 4. ○ 5. × 6. ○ 7. × 8. ○ 9. × 10. ○

〈객관식 문제〉

1. ④ 2. ① 3. ② 4. ② 5. ②

찾아보기

국문 찾아보기

영문 찾아보기

[A]

[B]

[C]

[D]

[E]

[F]

[G]

[I]

[Q]

[R]

[S]

[T]

[U]

[V]

[W]

저자 약력

박보영

現 서일대학교 스마트경영학과 교수(20170065@seoil.ac.kr)
서울시립대학교 경영학박사(2014. 회계학전공)
아시아나IDT 회계팀 근무, 2006~2008
경희대학교, 서울시립대학교, 한국외국어대학교 강사
강의우수교수상, 서울시립대학교
경영교육연구 우수논문상, 2018
'회계저널', '회계·세무와 감사연구', '회계정보연구', '경영교육연구' 등의 학술저널에 다수의 논문 게재

박종찬

現 서울시립대학교 경영대학 교수(jcpark@uos.ac.kr)
서울대학교 사회과학대학 국제경제학과 졸업(1995)
코오롱상사, LG전자 근무
University of Southern California, 회계학석사(1999)
University of Wisconsin-Madison, 경영학박사(2004, 재무회계 전공)
Douglas Clarke Memorial Teaching Award, University of Wisconsin-Madison, 2001
회계학 교육혁신상, 한국회계학회, 2019
강의우수교수상, 서울시립대학교
회계학연구 우수논문상, 한국회계학회, 2010
'회계학연구', '회계저널', '경영학연구', '회계 · 세무와 감사연구', '회계정보연구', '경영교육연구', 'Korea Business Review', 'Bank Accounting & Finance' 등의 학술저널에 다수의 논문 게재

스마트시대의 **회계**의 **이해** (제4판)

2017년 1월 25일 초판 발행
2019년 8월 25일 개정 2판 발행
2021년 8월 25일 제3판 발행
2025년 8월 25일 제4판 발행

저　자 박보영 · 박종찬
발행인 윤 동 구
발행처 **창 민 사**
주　소 서울시 마포구 창전로 46 4층 401호
등　록 1999. 10. 28/제10-1846호
전　화 3272-1243~4
팩　스 3272-1245
e-mail cmbooks@hanmail.net

정가 30,000원　　ISBN 979-11-92272-34-4 93320